普通高等院校经济管理类"十三五"应用型规划教材
【经济管理类专业基础课系列】

计量经济学基础
BASIC ECONOMETRICS
第2版

张兆丰 主编

机械工业出版社
China Machine Press

图书在版编目（CIP）数据

计量经济学基础 / 张兆丰主编. —2 版. —北京：机械工业出版社，2018.10
（普通高等院校经济管理类"十三五"应用型规划教材·经济管理类专业基础课系列）
ISBN 978-7-111-61077-9

I. 计⋯ II. 张⋯ III. 计量经济学 – 高等学校 – 教材 IV. F224.0

中国版本图书馆 CIP 数据核字（2018）第 228451 号

本书以经典计量经济学内容为主，着重体现计量经济学理论、方法与应用的结合。通过实际案例，深入浅出地讲解了计量经济学的基本理论和基本方法。各章后面设计了上机实验的内容，一方面突出计量经济学的应用性，另一方面便于教师组织实验课的教学。本书以初级水平为主，包含了高等院校经济学科本科计量经济学课程教学基本要求的全部内容，较好地体现了系统性、实用性和适用性。

本书既可作为高等院校经济学和管理学专业本科生计量经济学课程的教材，也可作为经济管理工作者和研究人员的参考读物。

出版发行：机械工业出版社（北京市西城区百万庄大街 22 号 邮政编码：100037）
责任编辑：鲜梦思   责任校对：李秋荣
印　　刷：三河市宏图印务有限公司   版　　次：2019 年 1 月第 2 版第 1 次印刷
开　　本：185mm×260mm 1/16   印　　张：14
书　　号：ISBN 978-7-111-61077-9   定　　价：35.00 元

凡购本书，如有缺页、倒页、脱页，由本社发行部调换
客服热线：（010）88379210　88361066   投稿热线：（010）88379007
购书热线：（010）68326294　88379649　68995259 读者信箱：hzjg@hzbook.com

版权所有·侵权必究
封底无防伪标均为盗版
本书法律顾问：北京大成律师事务所　韩光 / 邹晓东

Preface 前言

计量经济学是教育部规定的高等学校经济管理类专业的核心课程之一，是人们对经济现象进行定量分析的基本方法论，是经济管理类专业重要的专业基础课。

本书根据经济管理类专业的特点、国内外优秀计量经济学教材的成果、作者多年总结的计量经济学教学与科研的经验编写而成。本书自出版发行以来，受到读者的广泛好评，但读者也反馈了一些不足之处，这促使我们对教材进行了本次再版修订。

第2版除了保持上一版的特点之外，还在以下几个方面进行了完善。

（1）调整了内容结构。根据近年来使用教材的经验，结合应用技术型大学的教学目标，将内容结构进行了调整，增加了基础性内容的比重，减少了一些要求较高的内容，使整体的教学内容更加凸显基本理论和基本方法。

（2）丰富了例题和上机实验。为了使学生更广泛地接触到实际问题，在例题和上机实验的选择上，本书注重内容上的新颖性和实用性，希望能够较好地引导学生运用计量经济学的方法解决实际问题。

（3）制作了实验操作微课。在教学实践中，我们了解到学生经常遇到的一个问题是实验的操作问题，针对这些情况，我们运用多媒体技术和互联网技术制作了实验操作微课，方便学生自学，能够有效地提高学习效率。

（4）更新了数据。经过最近几年的发展，我国经济形势发生了很大的变化，也出现了一些新问题。我们在第2版中运用了新的经济数据，并且采用了不同时间频率的数据，使表述的问题与经济形势的发展相一致。

本书配套教学资源（数据、上机实验、答案、PPT课件、微课）可在http://www.hzbook.com/ps/免费下载。微课为实验操作内容，可以用手机微信扫描二维码进入链接观看。

本书主编张兆丰负责本书内容的总体设计和总纂，并编写了第1章、第2章、第

5~10章，还编写了附录的内容；周鑫编写了第3章、第4章、第11章和第12章，并制作了实验操作微课。

第2版中的计算结果均是使用EViews 9计算得到的。

在本书的编写和出版过程中，编者参阅了大量的国内外文献和相关资料，在此向这些文献的作者表示感谢。

在本书的出版过程中，机械工业出版社华章公司的编校人员给予了很多帮助和支持，高伟编辑在其中做了大量的工作，在此一并表示感谢。

由于编者水平有限，本书难免有疏漏和不当之处，恳请同行和读者指正。

编者

2018年10月

Suggestion 教学建议

计量经济学是高等院校经济管理类专业的核心课程,是培养高素质应用型人才的重要专业基础课,任课教师要充分认识到这门课程的重要地位,认真准备,切实提高这门课程的教学质量。

《计量经济学基础》(第 2 版)调整了内容结构,强调基本理论与基本方法的学习,加强了实践教学内容,设置了更多的例题和上机实验。

我们以 64 课时为例说明课时分配,仅供参考。

课时分配表

教学内容	理论课时	实验课时
第 1 章　导论	4	
第 2 章　回归与回归分析	2	
第 3 章　一元线性回归模型的估计	4	2
第 4 章　一元线性回归模型的推断	4	2
第 5 章　一元线性回归模型的扩展	4	2
第 6 章　多元线性回归模型的估计	2	2
第 7 章　多元线性回归模型的推断	2	2
第 8 章　多重共线性	4	2
第 9 章　虚拟变量回归	4	2
第 10 章　异方差	4	2
第 11 章　自相关	4	2
第 12 章　时间序列模型	4	2
复习	2	
合计	44	20
总计	64	

目 录 Contents

前　言

教学建议

第1章　导论　/1

1.1　计量经济学的产生与发展　/1

1.2　计量经济学的性质　/2

1.3　计量经济学的研究方法　/3

1.4　数据　/6

1.5　预备知识：统计学基础　/8

本章小结　/14

学习建议　/14

核心概念　/14

课后思考与练习　/14

第2章　回归与回归分析　/15

2.1　回归的基本问题　/15

2.2　相关分析　/17

2.3　一元线性回归分析　/20

2.4　不同类型数据构建的模型　/25

本章小结　/26

学习建议　/26

核心概念　/26

课后思考与练习　/26

第3章　一元线性回归模型的估计　/27

3.1　普通最小二乘法　/27

3.2　样本回归直线的代数性质　/35

3.3　拟合优度的度量　/35

3.4　案例分析　/38

本章小结　/40

学习建议　/40

核心概念　/41

课后思考与练习　/41

上机实验3-1　/41

上机实验3-2　/42

第4章　一元线性回归模型的推断　/44

4.1　古典假定　/44

4.2　OLS估计量的统计性质　/45

4.3　参数的检验与区间估计　/48

4.4　预测　/50

4.5　案例分析　/52

本章小结 /55

学习建议 /55

核心概念 /56

课后思考与练习 /56

上机实验 4-1 /56

上机实验 4-2 /57

第 5 章 一元线性回归模型的扩展 /59

5.1 过原点的回归 /59

5.2 对数模型 /63

5.3 倒数模型 /68

5.4 模型函数形式的选择 /70

5.5 案例分析 /72

本章小结 /73

学习建议 /73

核心概念 /73

课后思考与练习 /73

上机实验 5-1 /74

上机实验 5-2 /75

第 6 章 多元线性回归模型的估计 /76

6.1 多元线性回归模型的设定 /76

6.2 多元线性回归模型的矩阵表示 /78

6.3 多元线性回归模型的估计 /79

6.4 多元线性模型最小二乘估计量的代数性质 /81

6.5 案例分析 /83

本章小结 /84

学习建议 /85

核心概念 /85

课后思考与练习 /85

上机实验 6-1 /85

上机实验 6-2 /86

第 7 章 多元线性回归模型的推断 /88

7.1 多元线性回归模型的古典假定 /88

7.2 多元线性回归 OLS 估计量的统计性质 /90

7.3 多元线性回归模型参数的检验与区间估计 /91

7.4 多元线性回归模型的预测 /94

7.5 案例分析 /95

本章小结 /96

学习建议 /97

核心概念 /97

课后思考与练习 /97

上机实验 7-1 /97

上机实验 7-2 /98

第 8 章 多重共线性 /100

8.1 多重共线性的含义 /100

8.2 产生多重共线性的原因 /102

8.3 多重共线性对 OLS 估计量的影响 /104

8.4 多重共线性的检验 /107

8.5 多重共线性的修正 /109

8.6 案例分析 /113

本章小结 /116

学习建议 /116

核心概念 /117

课后思考与练习 /117

上机实验 8-1 /117

上机实验 8-2 /118

第9章 虚拟变量回归 /120

9.1 虚拟变量 /120
9.2 虚拟变量回归模型 /122
9.3 参数的结构变化 /127
9.4 案例分析 /130
本章小结 /131
学习建议 /132
核心概念 /132
课后思考与练习 /132
上机实验9-1 /132
上机实验9-2 /133

第10章 异方差 /135

10.1 异方差概述 /135
10.2 异方差产生的原因 /136
10.3 异方差的后果 /137
10.4 异方差的检验 /138
10.5 异方差的修正 /146
10.6 案例分析 /150
本章小结 /154
学习建议 /154
核心概念 /154
课后思考与练习 /154
上机实验10-1 /155
上机实验10-2 /156

第11章 自相关 /157

11.1 自相关的含义 /157
11.2 自相关产生的原因 /159
11.3 自相关的后果 /160
11.4 自相关的检验 /163
11.5 自相关的修正 /170
11.6 案例分析 /172
本章小结 /174
学习建议 /174
核心概念 /175
课后思考与练习 /175
上机实验11-1 /175
上机实验11-2 /176

第12章 时间序列模型 /178

12.1 时间序列中的基本概念 /179
12.2 时间序列平稳性检验 /181
12.3 协整 /185
12.4 案例分析 /192
本章小结 /195
学习建议 /195
核心概念 /196
课后思考与练习 /196
上机实验 /196

附录A 标准正态分布表 /198

附录B t 分布表 /200

附录C χ^2 分布表 /203

附录D F 分布表 /205

附录E DW 检验临界值表 /210

参考文献 /213

Chapter 1 第 1 章

导　　论

> 📖 **学习目标**
> - 了解计量经济学的产生与发展过程
> - 理解计量经济学的含义
> - 了解计量经济学的研究过程
> - 掌握统计学的基本方法

著名的经济学家保罗·萨缪尔森曾说过："第二次世界大战后的经济学是计量经济学的时代。"计量经济学是现代经济学的重要分支，在经济学、金融学、管理学、营销学以及一些相关学科的研究中，定量分析用得越来越多，而计量经济学是进行定量分析的重要工具，就如 R. 克莱因所说："在大多数大学和学院中，计量经济学的讲授已成为经济学课程表中最有权威性的一部分。"

1.1　计量经济学的产生与发展

在现实的经济活动中，我们经常要对诸如国民生产总值（GNP）、失业、通货膨胀、进口、出口等经济现象进行定量分析，如何对这些经济现象进行测量呢？

计量经济学是利用经济理论、数学、统计推断等知识对经济现象进行分析的一门社会科学。计量经济学运用数理统计知识分析经济数据，对构建于数理经济学基础之上的数学模型提供经验支持，并得出量化的结果。

计量经济学（econometrics）这个词是挪威经济学家、第一届诺贝尔经济学奖获得者弗里希（R. Frisch）1926 年在《论纯经济问题》一文中，按照"生物计量学"

(biometrics)一词的结构仿造出来的。econometrics 一词的本意是指"经济度量",研究经济现象和经济关系的计量方法,因此 econometrics 有时也译为"经济计量学"。将 econometrics 译为计量经济学,是为了强调计量经济学是一门经济学科,不仅要研究经济现象的计量方法,而且要研究经济现象发展变化的数量规律。

计量经济学的产生源于对经济问题的定量研究,这是社会经济发展到一定阶段的客观需要。经济现象本来就充满着数量关系,人们很早就在探索用定量的方式研究经济问题。早在17世纪,英国经济学家、统计学家威廉·配第在《政治算术》中就运用统计方法研究社会经济问题,主张用"数字、重量和尺度"来阐明经济现象。以后的相当一段时间内,经济学家也力图运用数学方法研究经济活动,用数学语言和公式表达经济范畴和经济规律,但这些都还没有形成计量经济学。计量经济学作为经济学的一门独立学科被正式确立,其标志一般被认为是 1930 年 12 月弗里希和丁伯根(J. Tinbergen)等经济学家在美国克里夫兰发起成立国际计量经济学会。

第二次世界大战以后,计量经济学在西方各国的影响迅速扩大,并发展成为经济学的重要分支。特别是 20 世纪 40~60 年代,经典计量经济学逐步完善并得到广泛应用。美国著名经济学家、诺贝尔经济学奖获得者萨缪尔森认为:"第二次世界大战后的经济学是计量经济学的时代。"事实上,在世界诺贝尔经济学奖获得者中,相当一部分都是计量经济学家。

20 世纪 70 年代以来,计量经济学的理论和应用又进入一个新阶段。首先是计算机的广泛应用和新的计算方法的大量提出,所使用的计量经济模型的规模越来越大。更重要的是,非经典计量经济学的理论和应用有了新的突破。微观计量经济学、非参数计量经济学、时间序列计量经济学和动态计量经济学等的提出,使计量经济学产生了新的理论体系,协整理论、面板数据、对策论、贝叶斯方法等理论在计量经济学中的应用已成为新的研究课题。

应该看到,计量经济学的发展是与现代科学技术成就结合在一起的,它反映了社会化大生产对各种经济因素和经济活动进行数量分析的客观要求。经济学从定性研究向定量分析的发展,是经济学逐步向更加精密、更加科学发展的表现。正如马克思强调的:一种科学只有成功地运用了数学以后,才算达到了完善的地步。因此另一获得诺贝尔经济学奖的经济学家克莱因认为:"计量经济学已经在经济学科中居于最重要的地位。"

1.2　计量经济学的性质

计量经济学的奠基人弗里希在《计量经济学》的创刊词中说道:"用数学方法探讨经济学可以从好几个方面着手,但任何一方面都不能与计量经济学混为一谈。计量经济学与经济统计学绝非一码事；它也不同于我们所说的一般经济理论，尽管经济理论大部分都具有一定的数量特征；计量经济学也不应被视为数学应用于经济学的同义语。经验表明，统计学、经济理论和数学这三者对于真正了解现代经济生活中的数量关系来说，都是必要的，但各自并非是充分条件。而三者结合起来，就有力量，这种结合便构成了计量经济学。"

后来美国著名计量经济学家克莱因也认为：计量经济学是数学、统计技术和经济分析的综合。也可以说，计量经济学不仅是指对经济现象加以测量，而且是根据一定的经济理论进行计量的。

尽管这些经济学家对计量经济学定义的表述各不相同，但可以看出，计量经济学不是对经济的一般度量，它与经济理论、统计学、数学都有密切的关系。事实上，计量经济学是以经济理论和经济数据的事实为依据，运用数学、统计学的方法，通过建立数学模型来研究经济数量关系和规律的一门经济学科。应当注意，计量经济学所研究的主体是经济现象及其发展变化的规律，所以它是一门经济学科。计量经济学当然会运用大量的数学方法，特别是许多数理统计方法，但是数学在这一学科中只是工具，而不是研究的主体。

计量经济学的用途或目的主要有两个方面：其一是理论检验，这是计量经济学用途最为主要的和可靠的方面，也是计量经济学本身的一个主要内容；其二是预测应用，从理论研究和方法的最终目的来看，预测（包括政策评价）当然是计量经济学的最终任务，必须注意学习和了解，但其预测的可靠性或有效性是我们应该特别注意的。

1.3 计量经济学的研究方法

运用计量经济方法研究经济问题一般可以分为以下步骤：理论或假说的陈述→建立理论的数学模型→建立理论的计量经济学模型→抽样、收集数据→估计回归系数→参数的假设检验→模型的应用。

为了阐明计量经济学的方法论，我们来考虑这样一个问题：居民的消费支出与居民的家庭收入之间有什么关系？或者说居民的家庭收入不同对于居民的消费支出会有影响吗？

1.3.1 理论或假说的陈述

根据经济学中的凯恩斯消费理论可知：随着收入水平的提高，消费也会增加，但消费的增加不及收入增加得多。这个理论我们如何来验证它呢？居民的家庭收入变动，会引起居民的消费支出发生多大的变化呢？

这个问题可以用计量经济学的方法来回答。我们可以建立相应的模型来"计量"因收入变化而使消费变化的程度。这个问题中涉及两个经济变量：收入和消费。由经济理论可知，收入影响消费，即收入是"自变量"，消费是"因变量"。我们应该用哪种函数形式来描述这两个经济变量的关系呢？

1.3.2 建立理论的数学模型

经济学理论和大量事实证明，收入与消费是线性关系。于是，我们可以建立数学模型：

$$Y = \beta_0 + \beta_1 X \tag{1-1}$$

式中　Y——消费；

　　　X——收入；

　β_0，β_1——回归系数。

我们将式(1-1)称为一元线性回归方程。这个方程从数学意义上刻画两个变量之间的关系，而且斜率项系数有着特定的经济学意义——边际消费倾向。根据斜率项系数的几何意义可知：$\beta_1 = \Delta Y/\Delta X$，即消费的增量比收入的增量，表示边际消费倾向。

1.3.3 建立理论的计量经济学模型

由于消费是随机变量，故这两个变量之间的关系不会表现出像式(1-1)那样严格的函数关系。也就是说，式(1-1)是"近似"地表示消费与收入的关系，那么这两个经济变量之间的真实关系应该是：

$$Y = \beta_0 + \beta_1 X + u \tag{1-2}$$

式中　u——误差项。

我们将式(1-2)称为一元线性回归模型。与式(1-1)相比，式(1-2)多了一个误差项，这是因为对于同一收入水平(X)的居民，他们的消费(Y)也会有差异，有非常多的偶然因素影响到消费行为，这些因素都归结到误差项中。

误差在计量经济学分析中有着非常重要的意义，我们认为这样的误差是随机误差。

1.3.4 抽样、收集数据

式(1-1)和式(1-2)描述的是总体情形。我们知道，一般来说，总体是不可全面观测的，虽然斜率项系数表示边际消费倾向，但是我们相信，总体中一部分人群的消费与收入的关系和总体人群的消费与收入的关系具有相同的特性，可以建立相同形式的样本一元线性回归方程和模型。于是，我们抽样并收集样本数据，并用样本数据得到样本的斜率项系数，即样本的边际消费倾向，再用样本边际消费倾向推断总体边际消费倾向，这个过程是可以实现的。

1.3.5 估计回归系数

收集到样本数据后，我们可以用相应的统计方法得到样本的截距项系数和斜率项系数。假如我们用某一个样本数据得到如下结果：

$$\hat{Y} = 235.60 + 0.65X \tag{1-3}$$

其中 $\hat{Y}$ 读作"Y 帽"，其含义是消费（Y）的估计值。

在这个结果里，斜率项系数为 0.65，即样本边际消费倾向是 0.65，表示收入增加 1 元，消费会增加 0.65 元。但是，这个结果是一个样本得到的结果，我们认为样本是随机抽取的，所以，样本边际消费倾向是一个随机的结果，我们的目的是希望用样本结果对总体特征做出估计。

如何得到式(1-3)的结果，我们会在第 3 章中介绍。

1.3.6 参数的假设检验

式(1-3)得到的结果是一个样本结果，样本结果带有偶然性，那么这样一个结果在统计意义上显著吗？

为什么要提出这样的问题呢？这是因为由样本得到的斜率项系数为 0.65，是不等于 0 的，这是一个偶然的结果吗？或者说，我们是不是偶然得到了一个不等于 0 的斜率项系数呢？而总体的斜率实际是等于 0 的。

这个问题的另外一个表达方式是，由样本的这个结果能判断总体的 β_1 也不等于 0 吗？我们建立模型式(1-2)的含义是"计量" X 对 Y 影响的程度，如果 $\beta_1 = 0$，则式(1-2)变为 $Y = \beta_0 + u$，这说明 X 没有对 Y 产生影响，这个结果显然与我们最初建立模型的意图是不相符的，或者说建立这样的模型是不可靠的。

这样的一个问题就是参数的假设检验。如果通过检验可以证实 $\beta_1 \neq 0$，那么说明我们建立的模型式(1-2)是可靠的。

1.3.7 模型的应用

如果通过了检验，说明模型是可靠的，那么我们就可以对模型进行应用了。模型的应用主要是两个方面：一是对总体的系数做估计，例如，在消费模型中，斜率项系数表示边际消费倾向，我们只能得到样本的边际消费倾向，我们可以运用统计学的方法对总体的边际消费倾向进行估计;另一个是预测,对于样本以外的 X 值,我们可以通过样本方程预测其对应的 Y 值,例如,当收入(X)达到 8 000 元时,对应的消费大约为 5 435.60 元。

1.4 数据

由上述分析可知,要"计量"收入对消费的影响,必须要有数据,对于不同的现象表现出来的数据类型是不一样的。最常用的数据有时间序列数据、截面数据和面板数据。

1. 时间序列数据

时间序列数据(time series data)是同一总体在不同时间上的统计数据。比如不同年份的 GNP、失业率、就业率、货币供给、政府赤字等数据就可以构成不同的时间序列。表 1-1 为中国近三年季度国内生产总值及构成数据,这些数据按照时间先后的原则进行排列,反映了我国(同一总体)在近三年各季度(不同时间)国内生产总值及构成的情况。

表 1-1　中国近三年各季度国内生产总值及构成　　(单位:万亿元)

时间	国内生产总值	其中		
		第一产业	第二产业	第三产业
2014Q1	138 763.7	7 540.5	57 917.3	73 305.9
2014Q2	294 012.2	19 990.3	126 003.1	148 018.8
2014Q3	457 293.3	37 247.9	195 559.3	224 486.1
2014Q4	635 910.3	58 336.1	271 764.5	305 809.7
2015Q1	150 986.7	7 770.4	60 724.7	82 491.6
2015Q2	313 337.2	20 257.1	128 158.8	164 921.3
2015Q3	490 535.2	38 344.6	197 872.5	254 318.1
2015Q4	681 289.6	60 862.1	274 277.8	346 149.7
2016Q1	161 572.7	8 803	61 325	91 444.7
2016Q2	340 636.7	22 096.7	134 250.4	184 289.6
2016Q3	532 845.9	40 665.7	210 534.5	281 645.7
2016Q4	744 127.2	63 670.7	296 236	384 220.5

资料来源:新浪财经。

2. 截面数据

截面数据(cross-sectional data)是不同总体在同一时间截面上的调查数据。例如,各国或各地区的工业普查数据、人口普查数据等。如表1-2为2013年我国华北地区人均可支配收入与消费支出的相关数据,是不同地区(总体)在同一时间截面(2013年)的数据。

表1-2 2013年我国华北地区人均可支配收入与消费支出 (单位:元)

地区	人均可支配收入	消费支出
北京	40 830.0	29 175.6
天津	26 359.2	20 418.7
河北	15 189.6	10 872.2
山西	15 119.7	10 118.3
内蒙古	18 692.9	14 877.7

资料来源:《中国统计年鉴2014》。

3. 面板数据

面板数据(panel data)中既有时间序列数据又有截面数据。例如表1-3的数据,是巴西、中国、南非、印度、俄罗斯等不同的国家(总体),在不同时间的GDP增长率的数据。

表1-3 金砖国家GDP年增长率 (%)

年份	巴西	中国	南非	印度	俄罗斯
2000	4.3	8.4	4.2	4.0	10.0
2001	1.3	8.3	2.7	4.9	5.1
2002	2.7	9.1	3.7	3.9	4.7
2003	1.2	10.0	3.0	7.9	7.3
2004	5.7	10.1	4.6	7.9	7.2
2005	3.2	11.3	5.3	9.3	6.4
2006	4.0	12.7	5.6	9.3	8.2
2007	6.1	14.2	5.6	9.8	8.5
2008	5.2	9.6	3.6	3.9	5.3
2009	−0.3	9.2	−1.5	8.2	−7.8
2010	7.5	10.4	2.9	9.6	4.3
2011	2.7	9.3	3.1	6.9	4.3
2012	0.9	7.8	2.6	3.2	3.4
2013	2.5	7.7	1.9	5.0	1.3
2014	0.1	7.4	1.5	7.4	0.6
2015	−3.9	6.9	1.3	7.6	−3.7
2016	−3.6	6.7	0.3	7.1	−0.2

资料来源:新浪财经。

1.5 预备知识：统计学基础

1.5.1 随机现象、随机试验与概率

随机现象是无法事先准确确定其结果的现象。在社会经济领域中，随机现象是普遍存在的，研究随机现象，对认识这些现象是非常必要的。

观察随机现象或为了观察随机现象而进行的试验称为随机试验。随机现象具有可以重复多次；可能的结果不止一个，但事先可知；每次试验都会出现上述结果中的某一个，但事先不能预知是哪一个等特点。

随机试验的每个可能结果称为一个样本点，全体样本点的集合称为样本空间。随机试验的结果称为随机事件，随机事件由一系列样本点组成。

某随机事件 A 发生的可能性称为事件 A 发生的概率，记为 $p(A)$，$(0 \leq p(A) \leq 1)$。$p(A)=0$ 表示不可能发生的事件，$p(A)=1$ 表示必然发生的事件。

1.5.2 随机变量

以随机试验的结果为取值的变量称为随机变量。一个随机变量具有下列特性：可以取许多不同的数值，取这些数值的概率为 p。

重复抽样得到的样本就是一个随机变量，所谓"样本容量为 n 的样本"就是 n 个相互独立且与总体有相同分布的随机变量 $X_1, \cdots, X_n$。每次具体抽样所得的数据，就是 n 元随机变量的一个观察值，记为 $(X_1, \cdots, X_n)$。

随机变量可以分为离散随机变量和连续随机变量。一个离散随机变量只能取有限（或可数无穷）多个值，例如，投掷骰子的所有可能点数为 1~6 中的任何一个，我们就可以定义随机变量为点数 $X=1,2,3,4,5,6$，因此它是一个离散随机变量。连续随机变量可以取某一区间的任意值，如人的身高、体重、学生的分数等都是连续随机变量。

若 X 为一随机变量，对任意实数 x，称 $F(x)=p(X<x)$ 为随机变量 X 的分布函数。对于连续随机变量如果有：

$$F(x) = \int_{-\infty}^{x} f(t)\,dt \tag{1-4}$$

其中 $f(x) \geq 0$。

我们称 $f(x)$ 为 X 的概率分布密度函数，简称为分布密度。

分布密度函数具有如下性质：

(1) $f(x) \geq 0$

(2) $\int_{-\infty}^{+\infty} f(x)\mathrm{d}x = 1$

(3) $p(a < X \leqslant b) = \int_a^b f(x)\mathrm{d}x$

(4) $F'(x) = f(x)$

如果 X 的分布密度为 $f(x)$，则记为 $X \sim f(x)$。

1.5.3 随机变量的数字特征

1. 数学期望

数学期望也称为均值，它描述随机变量(总体)的一般水平，从计算方法上来看它是一个加权平均值。

离散随机变量 X 的数学期望记为 $\mathrm{E}(X)$ 或 μ，定义如下：

$$\mathrm{E}(X) = \sum x p(x) = \mu \tag{1-5}$$

式中　$p(x)$——取 x 值的概率。

连续随机变量数学期望的定义如下：

$$\mathrm{E}(X) = \int_{-\infty}^{+\infty} x f(x)\mathrm{d}x = \mu \tag{1-6}$$

式中　$f(x)$——分布密度。

数学期望具有如下性质：

(1) 如果 a，b 为常数，则 $\mathrm{E}(aX+b) = a\mathrm{E}(X) + b$，特别的是 $\mathrm{E}(b) = b$；

(2) 如果 X，Y 为两个随机变量，则 $(X+Y) = \mathrm{E}(X) + \mathrm{E}(Y)$；

(3) 如果 $g(x)$ 和 $f(x)$ 分别为 X 的两个函数，则 $\mathrm{E}[g(X) + f(X)] = \mathrm{E}[g(X)] + \mathrm{E}[f(X)]$；

(4) 如果 X，Y 是两个独立的随机变量，则 $\mathrm{E}(XY) = \mathrm{E}(X)\mathrm{E}(Y)$。

2. 方差

如果随机变量 X 的数学期望 $\mathrm{E}(X)$ 存在，称 $[X - \mathrm{E}(X)]$ 为随机变量 X 的离均差或离差，显然，随机变量离均差的数学期望是 0，即 $\mathrm{E}[X - \mathrm{E}(X)] = 0$

随机变量离差平方的数学期望叫作随机变量的方差，记作 $\mathrm{Var}(X)$ 或 σ^2，即：

$$\mathrm{Var}(X) = \mathrm{E}[X - \mathrm{E}(X)]^2 = \mathrm{E}[X - \mu]^2 = \sigma^2 \tag{1-7}$$

方差的算术平方根称为标准差，即：

$$\sqrt{\mathrm{Var}(X)} = \sigma \tag{1-8}$$

方差和标准差刻画了随机变量取值相对于均值的分散程度，方差或标准差的值越大，说明随机变量的取值越分散。

方差具有以下性质(c 是常数)：

(1) $\mathrm{Var}(c) = 0$

(2) $\mathrm{Var}(c + X) = \mathrm{Var}(X)$

(3) $\mathrm{Var}(cX) = c^2 \mathrm{Var}(X)$

(4) X, Y 为相互独立的随机变量，则
$$\mathrm{Var}(X + Y) = \mathrm{Var}(X) + \mathrm{Var}(Y) = \mathrm{Var}(X - Y)$$

(5) $\mathrm{Var}(X) = \mathrm{E}(X^2) - (\mathrm{E}(X))^2$

3. 协方差

设 X, Y 是两个随机变量，定义 X, Y 的协方差为：
$$\mathrm{Cov}(X, Y) = \mathrm{E}[X - \mathrm{E}(X)][Y - \mathrm{E}(Y)] \tag{1-9}$$

如果 $X = Y$，则有 $\mathrm{Cov}(X, Y) = \mathrm{E}[X - \mathrm{E}(X)]^2 = \mathrm{Var}(X) = \sigma^2$。

4. 相关系数

描述 X 与 Y 线性相关程度可以用相关系数度量，X 与 Y 的相关定义为：
$$\rho = \frac{\mathrm{Cov}(X, Y)}{\sqrt{\mathrm{Var}(X) \mathrm{Var}(Y)}} \tag{1-10}$$

相关系数的取值范围为 $[-1, 1]$，$\rho > 0$ 说明 X 与 Y 是正相关，反之为负相关；$|\rho|$ 越接近 1，说明 X 与 Y 的相关程度越高，反之越低。

1.5.4 重要的理论分布

1. 正态分布

分布密度为：
$$f(x) = \frac{1}{\sigma \sqrt{2\pi}} e^{-\frac{(x-\mu)^2}{2\sigma^2}} \tag{1-11}$$

分布密度的图像如图 1-1 所示。

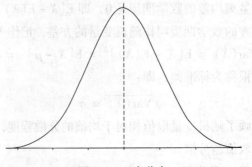

图 1-1　正态分布

正态分布取决于两个参数：均值 μ 和方差 σ^2。如果 X 服从正态分布，则记为 $X \sim N(\mu, \sigma^2)$。

如果正态分布 $\mu = 0$，$\sigma^2 = 1$，则称其为标准正态分布，记为 $Z \sim N(0, 1)$。标准正态分布的分布密度为：

$$\varphi(z) = \frac{1}{\sqrt{2\pi}} e^{-\frac{z^2}{2}} \tag{1-12}$$

标准正态分布的分布函数记为 $\Phi(Z)$，即 $\Phi(Z) = \frac{1}{\sqrt{2\pi}} \int_{-\infty}^{Z} e^{-\frac{x^2}{2}} dx$，它有三个重要的性质：

(1) $p(a < Z < b) = \Phi(b) - \Phi(a)$

(2) $\Phi(-a) = 1 - \Phi(a)$

(3) $p(|Z| \leq a) = 2\Phi(a) - 1$

利用这三个性质，可以查标准正态分布表得到相应的概率。

可以证明，对于任意一个正态分布都可以通过标准化变换为标准正态分布：

$$Z = \frac{X - \mu}{\sigma} \tag{1-13}$$

这样，我们可以求出任意一个正态分布所对应的概率。

关于正态分布还有一个重要的结论：如果 X_1，X_2，$\cdots$，X_n 都是服从 $X_i \sim N(\mu_i, \sigma_i^2)$ 的独立随机变量，那么其线性组合 $X = \sum_{i=1}^{n} k_i X_i$ 也服从均值为 $\sum_{i=1}^{n} k_i \mu_i$、方差为 $\sum_{i=1}^{n} k_i^2 \sigma_i^2$ 的正态分布，即：

$$X \sim N\left(\sum_{i=1}^{n} k_i \mu_i, \sum_{i=1}^{n} k_i^2 \sigma_i^2\right) \tag{1-14}$$

2. χ^2 分布

设 Z_1，Z_2，$\cdots$，Z_k 是互相独立的标准化的正态分布变量，则 $Z = \sum_{i=1}^{k} Z_i^2$ 服从自由度为 k 的 χ^2 分布，记为 $Z \sim \chi^2(k)$。

χ^2 分布取决于自由度 k。χ^2 分布的分布密度图像是一个右偏分布（见图1-2），当 k 的值越来越大时，χ^2 分布的分布密度图像会越来越趋于对称。一般认为，当自由度超过100时，χ^2 分布近似为正态分布。

查 χ^2 分布表可以得到给定自由度及上侧面积的临界值。

3. t 分布

如果 $Z_1 \sim N(0, 1)$，$Z_2 \sim \chi^2(k)$，则 $t = \frac{Z_1}{\sqrt{Z_2/k}}$ 服从 t 分布，记为 $t \sim t(k)$。

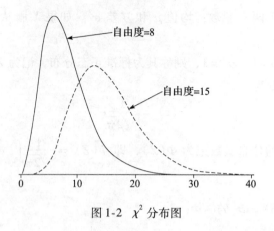

图 1-2 χ^2 分布图

t 分布取决于自由度，形态是对称分布，与标准正态分布近似，但比较平缓（见图 1-3），当自由度越来越大时，趋近于标准正态分布。

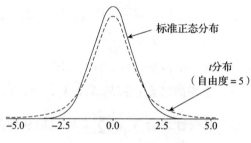

图 1-3 t 分布与标准正态分布

查 t 分布表可以得到给定自由度及上侧面积的临界值。

4. F 分布

如果 $Z_1 \sim \chi^2(k_1)$，$Z_2 \sim \chi^2(k_2)$，则 $F = \dfrac{Z_1/k_1}{Z_2/k_2}$ 服从自由度为 k_1，k_2 的 F 分布，记为 $F \sim F(k_1, k_2)$，其中 k_1 称为分子自由度，k_2 称为分母自由度。

F 分布取决于自由度，是右偏分布（见图 1-4）。

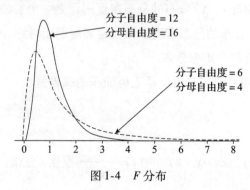

图 1-4 F 分布

查 F 分布表可以得到给定自由度及上侧面积的临界值。

1.5.5 统计推断

1. 参数估计

参数估计是用样本统计量估计总体参数的统计方法。参数估计分为点估计和区间估计两种，进行参数估计需要知道统计量的分布——抽样分布。

在参数估计中用得最多的是用样本平均数估计总体均值，关于样本平均数的抽样分布的结论是中心极限定理：

设总体均值为 μ，且存在有限方差 σ^2，从中抽取样本容量为 n 的样本。当样本容量足够大时，样本平均数 $\bar{X}$ 的抽样分布近似地服从正态分布。这个结论用数学表达式表示为：

$$\bar{X} \sim N(\mu_{\bar{X}}, \sigma_{\bar{X}}^2) = N\left(\mu, \frac{\sigma^2}{n}\right) \tag{1-15}$$

根据中心极限定理，可以认为样本平均数 $\bar{X}$ 围绕在总体均值 μ 附近，故对于某一个样本平均数 $\bar{X}_0$，可以认为 $\mu = \bar{X}_0$，即 $\bar{X}_0$ 是 μ 的一个点估计值。

在点估计的基础上，给出 μ 的一个取值范围，称为区间估计。

当总体方差已知，大样本，显著性水平为 α 时，μ 的 $1-\alpha$ 的置信区间是：

$$\left(\bar{X}_0 - Z_{\alpha/2} \frac{\sigma}{\sqrt{n}}, \bar{X}_0 + Z_{\alpha/2} \frac{\sigma}{\sqrt{n}}\right) \tag{1-16}$$

其中 $Z \sim N(0, 1)$。

当总体方差未知，大样本，显著性水平为 α 时，μ 的 $1-\alpha$ 的置信区间是：

$$\left(\bar{X}_0 - t_{\alpha/2}(n-1) \cdot \frac{s}{\sqrt{n}}, \bar{X}_0 + t_{\alpha/2}(n-1) \cdot \frac{s}{\sqrt{n}}\right) \tag{1-17}$$

如果是小样本，则要求总体服从正态分布，仍然可以用式(1-16)和式(1-17)进行估计。

此外，我们可以得到常用的统计量样本比率、样本方差的抽样分布，并运用这些分布对对应的总体比率和总体方差进行估计。

2. 假设检验

假设检验也称为"显著性检验"，是用来判断样本与样本、样本与总体的差异是由抽样误差引起还是本质差别造成的统计推断方法。其基本原理是先对总体的特征做出某种假设，然后通过抽样研究的统计推理，对此假设应该被拒绝还是接受做出推断。

假设检验的逻辑方法是反证法和小概率原理，并运用样本统计量的分布来进行判断。其基本步骤为：提出假设→建立检验统计量并确定其分布→设定显著性水平并构造拒绝域→根据检验统计量的值做决策。

假设检验的决策规则是：如果检验统计量的值落入拒绝域，则拒绝原假设，否则不拒绝。

上述决策的方法称为临界值法，我们还可以根据检验统计量的伴随概率——p 值进行检验，决策的规则是：如果 p 值小于显著性水平，则拒绝原假设，否则不拒绝。

限于篇幅，统计学的具体内容读者可参阅其他专门的统计学资料。

本章小结

计量经济学是以经济理论和经济数据的事实为依据，运用数学、统计学的方法，通过建立数学模型来研究经济数量关系和规律的一门经济学科。运用计量经济方法研究经济问题一般可以分为以下步骤：理论或假说的陈述、建立理论的数学模型、建立理论的计量经济学模型、抽样(收集数据)、估计回归系数、参数的假设检验、模型的应用。常用的数据类型有时间序列数据、截面数据和面板数据。

学习建议

本章的学习要深入理解计量经济学的重要性，了解计量经济学的研究方法，熟练掌握相关的统计学、经济学和数学知识。

1. 本章重点

计量经济学的含义　　回归方程　　回归模型

2. 本章难点

回归方程　　回归模型

核心概念

回归方程　　回归模型　　数据

课后思考与练习

1. 计量经济学的研究过程有哪些步骤？
2. 查阅《中国统计年鉴》，分别列举出三个时间序列数据、截面数据和面板数据。
3. 对于一元线性回归方程我们是更看重变量还是回归系数？为什么？
4. 如果要"计量"影响经济增长的因素，以 GDP 作为经济总量的代表变量，你认为有哪些变量会影响 GDP 的变化？
5. 你查阅的《中国统计年鉴》中的数据是总体数据还是样本数据？为什么？

Chapter 2 第 2 章

回归与回归分析

学习目标

- 掌握线性相关系数的意义及计算方法
- 理解统计关系与确定性关系的意义
- 理解总体线性回归方程与总体回归模型的意义
- 理解随机扰动项的意义
- 理解样本回归方程与总体回归模型的意义

2.1 回归的基本问题

最早使用"回归"一词的是英国遗传学家弗朗西斯·高尔顿（Francis Galton），他在研究父母身高与子女身高的关系时，发现子女身高有向平均身高"回归"的趋向，这就是古典意义上的回归。

现代意义上的"回归"已经演变成建立回归方程或模型，研究一个随机变量（Y）对另一个变量（X）或多个变量（X_1, X_2, …, X_k）的相互依存关系的统计分析方法。

在经济领域，很多变量之间都存在相互依存关系。

【例2-1】 边际消费倾向是凯恩斯宏观经济学的核心概念之一。通俗地讲，当人们的收入增加时，消费支出也会增加，但消费支出增加没有收入增加得快，而消费支出的增加值比收入的增加值就是边际消费倾向。在这个理论中，叙述了两个经济变量——收入与消费之间的关系，那么两者之间存在怎样的关系呢？我们搜集到2013年各地区居民现金可支配收入与现金消费支出的数据(数据见教学资源 data2-1,数据来源:《中国统计年鉴2014》),并绘制散点图,如图2-1所示。

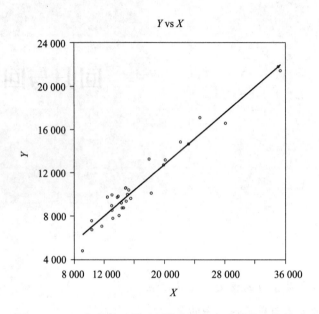

图2-1 2013年各地区居民可支配收入与消费支出的关系

其中,X 表示收入,Y 表示消费。从图2-1中可以看出,当 X 增加时,Y 也在增加,并且这些散点散布在某条直线附近。于是我们可以用一条直线"近似"地表示收入(X)与消费支出(Y)的关系:

$$Y = a + bX \tag{2-1}$$

而其中的斜率项系数 $b = \Delta Y/\Delta X$,即消费支出的增量比收入的增量,其含义是边际消费倾向。

【例2-2】 新西兰经济学家 W. 菲利普斯根据英国近百年货币工资变化的百分比(Y)与失业率(X)的经验统计资料提出了一条用以表示失业率和货币工资变动率之间交替关系的曲线(见图2-2)。这条曲线表明:当失业率较低时,货币工资增长率较高;反之,当失业率较高时,货币工资增长率较低,甚至是负数。根据成本推动的通货膨胀理论,货币工资可以表示通货膨胀率。因此,这条曲线就可以表示失业率与通货膨胀率之间的交替关系。

根据图2-2,我们可以用一条双曲线"近似"地表示货币工资增长率(Y)与失业率(X)这两个变量的规律性,即:

$$Y = a + b\frac{1}{X} \tag{2-2}$$

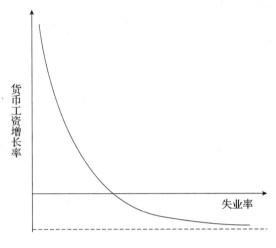

图 2-2 菲利普斯曲线

【例 2-3】 经济理论告诉我们,影响经济增长的主要因素是消费、投资和净出口,如果用 GDP 作为经济总量的代表变量,则可以用以下方程"近似"地表示这些变量的关系:

$$Y = a + bX_1 + cX_2 + dX_3 \tag{2-3}$$

式中　Y——GDP;

　　　X_1——消费;

　　　X_2——投资;

　　　X_3——净出口。

通过以上例子可以看到,我们可以用一些我们熟知的曲线"近似"地表示经济变量之间的关系,再用这些曲线的特性来对经济变量之间的关系做分析,这就是现代意义上的回归分析。但是,要进行回归分析,先要进行相关分析。

2.2　相关分析

相关分析是研究现象(变量)之间是否存在某种依存关系(相关关系)的一种统计方法,主要研究变量之间相关关系的形式、方向和密切程度。

2.2.1　统计关系与确定性关系

在我们所观察的经济变量中,存在着各种各样的关系,从整体上划分可以分为统计关系和确定性关系。

确定性关系是指经济变量之间的关系可以用精确的公式表示,如资产 = 负债 + 所有者权益、销售额＝销售量×价格等，但是这类关系在经济变量之间相对较少，大部分经济变量之间的关系是如前面所举例的关系——统计关系。

经济变量大多都是随机变量，例如消费支出、失业率、净出口等，正是由于这种随机性，导致经济变量之间很难保持确定性的关系。但是，经济运行存在的内在规律性会使经济变量之间存在着某种"相关"，这些"相关"在实践中被反复大量观察，并在某种程度上被证实，于是人们描述这些"相关"意义，总结成相应的经济理论，这些"相关"就是我们所理解的经济意义上的统计关系——相关关系。

两个变量之间存在相关关系，还需要考虑两个变量之间的逻辑关系——因果关系，即哪个变量依赖于哪个变量。例如，消费支出与收入之间的关系，一定是消费支出依赖于收入，即收入是"自变量"，消费支出是"因变量"，但是也有一些经济变量之间是互相依赖的关系，如某种商品的价格与供应量之间的关系就是互相依赖的关系。判断因果关系的依据是相关的经济理论，在统计意义上是无法判断的，所以在进行相关分析时一般不区分因果关系。

相关分析就是研究统计关系的形式、方向和密切程度的统计方法。为了表达问题的方便，我们约定在本书中，用大写字母表示变量，如 Y，X，X_1，…，X_k 等。

2.2.2 相关关系的种类

1. 按相关的程度可分为完全相关、不完全相关和不相关

当两个变量之间的关系是确定性关系时，称这两种现象间的关系为完全相关；当两个变量之间彼此互不影响，其数量变化各自独立时，称为不相关；两个变量之间的关系介于完全相关和不相关之间时，称为不完全相关，一般的相关关系就是指这种不完全相关。

2. 按相关的方向可分为正相关和负相关

当一个变量的数量增加（或减少），另一个变量的数量也随之增加（或减少）时，称为正相关；反之，当一个变量的数量增加（或减少），而另一个变量的数量向相反方向变动时，称为负相关。

3. 按相关的形式可分为线性相关和非线性相关

当两种相关变量之间的关系大致呈现为线性关系时，称为线性相关；如果两种相关变量之间，并不表现为直线的关系，而是近似于某种曲线方程的关系，则这种相关关系称为非线性相关。

4. 按所研究的变量多少可分为简单相关、复相关

两个变量之间的相关，称为简单相关；当所研究的是一个变量对两个或两个以上其他变量的相关关系时，称为复相关。

2.2.3 简单线性相关关系的度量

简单线性相关关系是最简单也是最常见的相关形式，一般用简单线性相关系数度量这种关系的密切程度。

简单线性相关系数简称相关系数（correlation coefficient），如果是根据总体全部数据计算的，则称为总体相关系数，通常记为 ρ，计算公式为：

$$\rho = \frac{\mathrm{Cov}(X, Y)}{\sqrt{\mathrm{Var}(X)\mathrm{Var}(Y)}} \tag{2-4}$$

式中　$\mathrm{Cov}(X, Y)$——变量 X 和 Y 的协方差；

　　　$\mathrm{Var}(X)$——变量 X 的方差；

　　　$\mathrm{Var}(Y)$——变量 Y 的方差。

可以证明，ρ 的取值范围为 $-1 \leq \rho \leq 1$；若 ρ 为正，则表明两个变量为正相关；若 ρ 为负，则表明两个变量为负相关；如果 $\rho = 1$ 或 -1，则表明两个变量完全相关。

根据样本数据计算的相关系数称为样本相关系数，记为 r。由于总体一般是不能全面观测的，所以相关系数一般只能计算样本相关系数，计算公式为：

$$r = \frac{\sum(X_i - \overline{X})(Y_i - \overline{Y})}{\sqrt{\sum(X_i - \overline{X})^2 \sum(Y_i - \overline{Y})^2}} \tag{2-5}$$

式中　$\overline{X}$——变量 X 的平均数；

　　　$\overline{Y}$——变量 Y 的平均数。

注意到式（2-5）中计算项都是离差，设 $x_i = X_i - \overline{X}$，$y_i = Y_i - \overline{Y}$，则有：

$$r = \frac{\sum(X_i - \overline{X})(Y_i - \overline{Y})}{\sqrt{\sum(X_i - \overline{X})^2 \sum(Y_i - \overline{Y})^2}} = \frac{\sum x_i y_i}{\sqrt{\sum x_i^2 \sum y_i^2}} \tag{2-6}$$

式（2-6）称为 r 的离差形式。

r 与 ρ 有相同的取值范围与意义，但是，r 是由样本数据计算得到的，其值会随样本的波动而波动，故 r 是统计量，我们可以用 r 检验总体是否存在相关关系。

可以证明，在 $\rho = 0$ 的条件下，关于 r 的统计量服从 t 分布：

$$t = \frac{r\sqrt{n-2}}{\sqrt{1-r^2}} \sim t(n-2) \tag{2-7}$$

式中　r——样本相关系数；

n——样本容量。

显著性检验的步骤如下：

(1) 提出假设：$H_0: \rho=0$，$H_1: \rho \neq 0$；

(2) 由式(2-7)计算检验统计量的值；

(3) 确定显著性水平，根据给定的显著性水平和自由度$(n-2)$查t分布表查构造拒绝域；

(4) 决策判断：若$|t|>t_{\alpha/2}$，拒绝H_0，表明总体的两个变量之间存在显著的线性相关关系。

2.3 一元线性回归分析

回归分析是指在相关分析的基础上，将变量之间的变动关系模型化，即寻找出一个能够"近似"刻画变量间变化关系的函数关系式，并据此"精确"地表达变量之间影响的结构、方向和程度。通过回归分析，可以将相关变量之间的不确定、不规则的数量关系一般化、规范化，从而可以根据自变量的某一个给定值推断出因变量的可能值(或估计值)。

回归分析中最简单、最基本的是一元线性回归分析，即只考虑两个变量之间的线性回归。由于回归分析要建立回归方程，故要考虑两个变量之间的因果关系。我们将数学意义上的自变量称为"解释变量"（比如X），因变量称为"被解释变量"或"响应变量"（比如Y），我们要寻找的就是用X解释Y的函数关系式。

2.3.1 总体线性回归方程与回归模型

我们通过一个人为设定的例子来说明如何建立总体线性回归方程与总体回归模型。

【例2-4】 假设一个总体中只有100个家庭。由于这个总体非常小，因此我们可以对这个总体中的所有数据进行调查。经过调查，这100个家庭的月度收入和消费支出数据如表2-1所示。

表2-1 100个家庭月度收入与消费支出数据　　　　　（单位：元）

收入(X)	4 000	4 500	5 000	5 500	6 000	6 500	7 000	7 500	8 000	8 500
消费支出(Y)	2 656	2 931	3 148	3 428	3 722	3 996	4 288	4 661	4 635	4 915
	2 687	2 934	3 173	3 564	3 772	4 169	4 379	4 694	4 857	5 214
	2 698	2 951	3 202	3 590	3 802	4 192	4 417	4 917	4 999	5 523

(续)

		2 698	2 965	3 271	3 612	3 820	4 238	4 453	5 015	5 205	5 693
		2 754	2 997	3 301	3 636	3 823	4 262	4 464	5 051	5 526	
		2 828	3 048	3 303	3 651	3 828	4 272	4 583	5 056	5 690	
			3 141	3 320	3 681	3 829	4 285	4 752	5 104		
			3 157	3 331	3 700	3 858	4 292	4 797			
			3 157	3 363	3 708	3 905	4 335	4 839			
				3 374	3 720	3 921	4 381				
消费支出(Y)				3 426	3 723	3 969	4 400				
				3 450	3 723	4 011	4 439				
					3 732	4 043	4 453				
					3 787	4 043	4 551				
					3 799	4 063					
						4 067					
						4 133					
						4 231					
Y 的条件均值		2 720	3 031	3 305	3 670	3 936	4 305	4 552	4 928	5 152	5 336

根据这些数据，说明收入对消费支出影响的规律性。

解：由经济理论可知，收入是解释变量，消费支出是被解释变量。

从这些数据可以看出，虽然每个收入水平对应下的消费支出是不相同的，但平均而言当收入增加时，消费支出也会增加。

计算每个收入水平对应的平均消费支出，由于这个平均值是在给定的收入条件下得到的，所以称为条件均值，一般用符号 $E(Y|X_i)$ 表示，如 $E(Y|X_i=4\,000)=2\,720$，表示在收入水平为 4 000 元的条件下，消费支出是 2 720 元。

绘制 X 与 Y 的散点图（见图 2-3）：

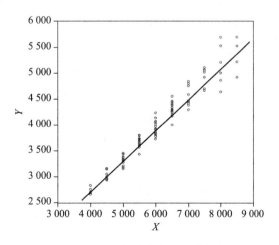

图 2-3 收入与消费支出的散点图

由图 2-3 可以看出，消费支出的条件均值可以用一条直线来表示：

$$\mathrm{E}(Y|X_i) = \beta_0 + \beta_1 X_i \tag{2-8}$$

我们称式(2-8)为总体线性回归方程,因为它是一个一元一次方程,所以也称为总体一元线性回归方程。

对于相同收入水平的家庭,消费支出并不一定相同。每个家庭的具体消费支出与其条件均值会有一个"偏差",这个偏差记为 u_i,之所以加下标是因为在同一个收入水平下,这样的偏差有多个。显然有:

$$u_i = Y_i - \mathrm{E}(Y|X_i) \tag{2-9}$$

由式(2-8)和式(2-9)可得:

$$Y_i = \beta_0 + \beta_1 X_i + u_i \tag{2-10}$$

我们称式(2-10)为总体回归模型,它是刻画总体真实统计关系的模型。

由例2-4的分析可知,斜率项系数 β_1 表示边际消费倾向。

由以上分析可知,收入对消费支出的影响可以用一元线性方程"近似"地来刻画。

对于总体线性回归方程和模型我们要做如下理解和说明:

第一,总体线性回归方程是被解释变量(Y)的条件均值与解释变量(X)真实关系的描述,总体回归模型是两者统计关系的描述。

第二,要确定总体线性回归方程,只需确定截距项系数和斜率项系数即可,而且这些系数往往表示特定的经济学含义,如在消费模型中斜率项系数表示边际消费倾向。由于在研究的同一个问题中,总体是唯一确定的,所以这些系数也是唯一确定的,或者说是一种客观存在,它们是统计意义上的参数,称为总体回归系数。

第三,u_i 表示在同一 X 水平下每个实际 Y 与其条件均值的离差,这样的偏差是一种误差,这种误差的形成是由随机原因造成的,故 u_i 是随机误差,u_i 项也称为随机扰动项。

第四,本例完全是一个假设的总体,在实际中这样小的总体是不存在的。我们可以设想,当我们观察的总体足够大时,在同一收入水平下的消费支出数据是非常多的,它们在一个比较狭小的区域中"堆积",会形成一个消费支出(Y)的分布,我们相信消费支出数据会在其均值附近集中,而偏差均值的数据是较少的。由于 $u_i = Y_i - \mathrm{E}(Y|X_i)$,所以根据 Y 的分布可以得到关于 u_i 的分布,而且这两个分布在形态上应该是相同的。那么,这个分布的形态是怎样的呢?我们用计算机随机生成10 000个收入水平为4 000元的家庭消费支出数据,这些数据以2 720元为均值,绘制消费支出和随机扰动项的直方图。可以明显看到,这个分布的形态近似的是正态分布(见图2-4)。

在模型中引入随机扰动项的原因是复杂的,归纳起来有以下几点:

(1)随机误差项代表了模型中并未包括的变量的影响。例如,我们要研究居民的收入对消费行为的影响，即用收入(解释变量 X)解释消费支出(被解释变量 Y)。但是从实际的经济活动来看，不仅仅是收入会影响消费支出，如商品的价格、营销策略、消费者对该商品的需求状况、需求偏好等因素都会对消费支出造成影响，我们就可以把这些影响因素用随机扰动项 u_i 来表示。

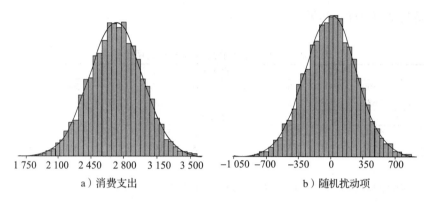

图 2-4 由 10 000 个模拟数据生成的分布图

（2）经济行为内在的随机性。虽然人类的经济行为是理性的，但也不可以完全可预测，所以这些行为的结果——经济变量是随机变量，这是我们做何种努力都无法精确解释的，随机扰动项则反映了经济行为中的一些内在随机性。

（3）数据的测量误差。一般来说消费支出的数据相对真实，但收入数据可能是有偏差的，比如有些人会夸大或隐瞒收入，有些人可能会超前消费，故与消费支出数据对应的收入数据很可能不是与实际情况相吻合的；另外在数据统计时往往会四舍五入，也会产生误差。所有这些误差我们用随机扰动项 u_i 来表示。

（4）引入随机扰动项有利于建立比较简单的模型。我们要考虑影响消费的所有因素，显然是不现实的，此外模型中的解释变量过多会使模型变得非常复杂，让我们无从下手，也会影响我们分析核心的影响因素。

特别需要说明的是，对于"线性"可以做两方面的理解：一方面的理解是，对于变量而言是线性的，即解释变量(X)与被解释变量(Y)之间是线性关系；另一方面的理解是，对于系数而言是线性的，即回归系数(β_0,β_1)与被解释变量(Y)之间是线性关系，而且这种线性对于我们而言特别重要，这在以后的内容里会表现出来。

例如，$Y=\beta_0+\beta_1 X$ 对变量而言是线性的，对系数而言也是线性的；$Y=\beta_0+\beta_1 X^2$ 对变量而言不是线性的，对系数而言是线性的；$Y=\beta_0+\sqrt{\beta_1}X$ 对变量而言是线性的，对系数而言不是线性的。

我们建立的总体的一元线性回归方程和模型，只是在总体上确立了解释变量与被解释变量之间的关系。但是总体是不能被全面观察的，例 2-4 只是假想的一个例子。如果要实际得到解释变量与被解释变量之间的关系，我们要进行抽样，用样本数据得到样本回归系数,并估计总体回归系数。

2.3.2 样本回归方程与回归模型

仍然以例 2-4 为例。对于各个收入水平,在其中随机抽取消费支出数据,表 2-2 显示的是其中两个样本结果:

表 2-2　在 100 个家庭里抽样得到的两个结果

样本 1									
收入 X	4 000	4 500	5 000	5 500	6 000	6 500	7 000	7 500	8 000	8 500
消费支出 Y	2 687	3 048	3 374	3 651	3 772	4 400	4 797	4 917	5 526	5 523
样本 2									
收入 X	4 000	4 500	5 000	5 500	6 000	6 500	7 000	7 500	8 000	8 500
消费支出 Y	2 754	2 951	3 320	3 428	4 133	4 335	4 464	5 104	4 635	4 915

对于这个问题的抽样,我们做如下理解和解释:

第一,为了保证样本有好的代表性,选取的收入(X)与总体的收入完全一致,所以我们认为 X 的取值不是随机的,或者说 X 不是随机变量。

第二,消费支出是随机变量。

第三,如果是重复抽样,在 100 个家庭里抽取 10 个家庭做样本,从理论上说最多可以得到 100^{10} 个不同的样本。也就是说,我们可以按这样的方法抽样,得到成千上万个不同的样本,表 2-2 仅仅显示了其中的两个样本。

我们将这两个样本的数据绘制成散点图,如图 2-5 所示。

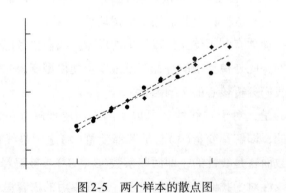

图 2-5　两个样本的散点图

从两个样本的散点图可以看到,收入(X)与消费支出(Y)之间近似一条直线,这样我们就可以用直线来"近似"地表示这两个变量之间的规律性。

设定样本回归方程为:

$$\hat{Y}_i = \hat{\beta}_0 + \hat{\beta}_1 X_i \tag{2-11}$$

我们用 $\hat{\beta}_0$,$\hat{\beta}_1$ 分别表示样本回归方程的截距项系数和斜率项系数,称为样本回归系数。这样表示样本回归系数，一是为了和总体回归系数相区别，二是一般情况下在字母上加"^"表示是估计量。

同理，$\hat{Y}_i$ 表示 Y_i 的估计值。从本质上来说，我们的思想是在给定的 X（总体和样本是相同的）条件下，用样本回归方程决定的 $\hat{Y}_i$ 去估计（近似）实际观察到的 Y_i，这样的过程也称为拟合，$\hat{Y}_i$ 也称为 Y_i 的拟合值。

既然 $\hat{Y}_i$ 是 Y_i 的拟合值，那么两者之间就会有误差，这个误差记为 e_i，称为残差。则有：

$$e_i = Y_i - \hat{Y}_i \tag{2-12}$$

由式(2-11)和式(2-12)可得：

$$Y_i = \hat{\beta}_0 + \hat{\beta}_1 X_i + e_i \tag{2-13}$$

式(2-13)称为样本回归模型。

对于样本线性回归方程和回归模型做如下理解：

第一，样本线性回归方程和回归模型是总体线性回归方程与模型的估计。我们认为，样本的解释变量(X_i)与总体的解释变量(X_i)是相同的；样本的被解释变量(Y_i)是从总体被解释变量(Y_i)中抽样得到的，$\hat{Y}_i$ 是 Y_i 的拟合值，是对总体条件均值 $E(Y|X_i)$ 的一个估计；样本的残差 e_i 是对总体随机扰动项 u_i 的一个估计，样本回归系数 $\hat{\beta}_0$，$\hat{\beta}_1$ 是对总体回归系数 β_0，β_1 的一个估计。

第二，我们只需要确定样本回归系数 $\hat{\beta}_0$，$\hat{\beta}_1$，即可确定样本回归方程。

第三，样本回归系数 $\hat{\beta}_0$，$\hat{\beta}_1$ 是统计量，是随机变量。这是因为 $\hat{\beta}_0$，$\hat{\beta}_1$ 是由样本决定的，不同的样本得到不同的 $\hat{\beta}_0$，$\hat{\beta}_1$，而样本是随机抽样得到的，故 $\hat{\beta}_0$，$\hat{\beta}_1$ 的取值是随机的，是随机变量。

第四，我们的目的是用样本回归系数 $\hat{\beta}_0$，$\hat{\beta}_1$ 对总体回归系数 β_0，β_1 做估计。要实现这个目的，需要得到对于一个抽到的特定样本（比如表2-2中的样本1）所确定的 $\hat{\beta}_0$，$\hat{\beta}_1$ 的值，以及它的抽样分布与数量特征。

用样本去推断总体，是统计学的基本思想。我们可以运用相应的统计学知识来得到样本回归系数的估计值，并推断其分布，这些问题在下一章进行介绍。

2.4 不同类型数据构建的模型

在第1章中，我们介绍了三种类型的数据——时间序列数据、截面数据和面板数据，运用不同类型的数据可以构建不同的模型，一般称为时间数据模型、截面数据模型和面板数据模型，我们可以用变量的下标来区别这些模型，例如：

时间序列数据模型变量下标用 t 表示：$Y_t = \beta_0 + \beta_1 X_t + u_t$

截面数据模型变量下标用 i 表示：$Y_i = \beta_0 + \beta_1 X_i + u_i$

面板数据模型变量下标用 it 表示：$Y_{it} = \beta_0 + \beta_1 X_{it} + u_{it}$

就经典的计量经济学模型而言，构建的是时间序列数据模型和截面数据模型。

本章小结

相关分析与回归分析是统计学的基本方法，也是计量经济学的基本内容。判断两个变量是否存在相关关系的有效方法是绘制散点图，在数量上判断线性相关程度的指标是相关系数。回归分析是建立模型来刻画变量之间的关系，由于总体往往是不能全面观测的，所以我们可以用抽样的方法得到样本，建立样本回归模型，从而对总体对应的参数做估计。

学习建议

本章的学习要深入体会其基本思想——用样本推断总体，正确理解总体线性方程与模型以及样本线性回归方程与模型所表示的意义，掌握线性相关系数的计算方法，理解其表示的意义。

1. 本章重点

散点图的绘制　　相关系数的计算　　总体线性方程与模型　　样本线性回归方程与模型

2. 本章难点

相关系数的计算　　总体线性方程与模型　　样本线性回归方程与模型

核心概念

相关分析　　回归分析　　相关系数　　回归系数　　随机扰动项　　残差

课后思考与练习

1. 相关分析与回归分析的关系是什么？
2. 如何直观地判断两个变量之间是否存在相关性？
3. 为什么在建立总体回归模型时要引入随机扰动项？
4. 总体线性回归方程与模型和样本线性回归模型是如何对应的？
5. 国家统计局发布的《中国统计年鉴2011》，公布了我国省会城市的相关经济数据，我们选取其中的地区生产总值和地方财政预算内收入两个变量的数据（数据见教学资源 data2-1）。

   （1）如果要做回归分析，这两个变量哪个是解释变量，哪个是被解释变量？

   （2）绘制其散点图，判断其相关的形式。

   （3）写出相关系数的计算公式，并用 Excel 计算其相关系数。

Chapter 3
第 3 章

一元线性回归模型的估计

学习目标

- 掌握普通最小二乘法(OLS)的基本原理
- 能够运用 OLS 估计一元线性回归模型的系数
- 了解一元线性回归线的代数性质
- 理解拟合优度的度量方法

对于一个一元线性回归模型来说,其对应的系数往往会有明确的经济学含义。例如,消费模型 $Y_i = \beta_0 + \beta_1 X_i + u_i$,其中 Y 表示消费,X 表示收入,则斜率项系数 β_1 表示边际消费倾向。

现在的问题是,上述模型是总体的模型,而总体我们一般是不能全面观察的。这也就意味着我们无法知晓表示重要经济意义的参数 β_1。于是,我们抽取样本,得到样本数据,再用样本数据来估计对应的总体参数。

3.1 普通最小二乘法

估计一元线性回归模型参数的最常用、最简洁的方法是普通最小二乘法(ordinary least squares,OLS)。

设总体一元线性回归模型为:

$$Y_i = \beta_0 + \beta_1 X_i + u_i \tag{3-1}$$

式中 u_i——随机扰动项。

样本一元线性回归模型为:

$$Y_i = \hat{\beta}_0 + \hat{\beta}_1 X_i + e_i \tag{3-2}$$

式中 e_i——残差项。

样本回归方程为：

$$\hat{Y}_i = \hat{\beta}_0 + \hat{\beta}_1 X_i \tag{3-3}$$

我们的目的是通过估计样本回归方程式(3-3)得到总体线性回归模型的系数 β_0，β_1 的估计值 $\hat{\beta}_0$，$\hat{\beta}_1$。

对于一个特定的样本数据，对应的点 (X_i, Y_i) 不一定在同一条直线上，所以这些散点会与样本回归直线有误差，这些误差就是残差项。从理论上讲，近似地表示这些样本点的直线有无数条，我们想要求的样本回归直线，是一条与所有样本数据构成的点 (X_i, Y_i) 误差最小的直线(这种情形称为拟合)。假定样本容量为 n，每个点 (X_i, Y_i) 与假设最佳的理论的样本回归直线都会有一个误差，所以就会有 n 个误差，这些误差就是残差，计算公式为：

$$e_i = Y_i - \hat{Y}_i = Y_i - \hat{\beta}_0 - \hat{\beta}_1 X_i \tag{3-4}$$

其几何意义，如图 3-1 所示：

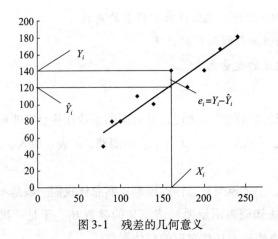

图 3-1 残差的几何意义

由于这样的残差有 n 个，直观地看，要使样本回归直线与样本的散点 (X_i, Y_i) 之间的误差最小，则需要 $\sum e_i = \sum(Y_i - \hat{Y}_i)$ 为最小。但是，残差的值可正可负(图 3-1 只绘制了正离差的情形，负离差的情形请读者自己绘制)，求和时可以正负抵消，所以 $\sum e_i = \sum(Y_i - \hat{Y}_i)$ 的值会非常接近 0，甚至为 0。这样，如果有两条样本回归直线的残差和都为 0，我们就无法准确地判断哪一条样本回归直线与散点的误差更小。

为了克服这个问题，我们可以用残差的平方和 $\sum e_i^2$ 来比较回归直线与散点误差的大小。由于残差平方后为非负数，求和时不会正负抵消，所以，能够使残差平方和为最小的回归直线，就是与散点误差最小的直线。于是由式(3-2)～式(3-4)得：

$$\sum e_i^2 = \sum (Y_i - \hat{Y}_i)^2 = \sum (Y_i - \hat{\beta}_0 - \hat{\beta}_1 X_i)^2 \tag{3-5}$$

由于样本数据 X_i，Y_i 都是已知且确定的，所以，上式中残差平方和的值取决于系数 $\hat{\beta}_0$，$\hat{\beta}_1$ 的取值。这是一个显而易见的事实，由于 $\hat{\beta}_0$，$\hat{\beta}_1$ 是样本回归直线的截距和斜率，不同的 $\hat{\beta}_0$，$\hat{\beta}_1$ 对应不同的直线，从而就有不同的残差平方和。能够使残差平方和取得最小值的 $\hat{\beta}_0$，$\hat{\beta}_1$ 所决定的直线就是我们要求的最佳的直线。

由上述分析可知，残差平方和是关于 $\hat{\beta}_0$，$\hat{\beta}_1$ 的函数，即：

$$\sum e_i^2 = Q(\hat{\beta}_0, \hat{\beta}_1) \tag{3-6}$$

由高等数学知识可知，函数 $\sum e_i^2 = Q(\hat{\beta}_0, \hat{\beta}_1)$ 取得极值的必要条件是其偏导数为 0，即：

$$\frac{\partial (\sum e_i^2)}{\partial \hat{\beta}_0} = \frac{\partial Q(\hat{\beta}_0, \hat{\beta}_1)}{\partial \hat{\beta}_0} = 0, \quad \frac{\partial (\sum e_i^2)}{\partial \hat{\beta}_1} = \frac{\partial Q(\hat{\beta}_0, \hat{\beta}_1)}{\partial \hat{\beta}_1} = 0$$

求上述两个偏导数得：

$$\frac{\partial (\sum e_i^2)}{\partial \hat{\beta}_0} = \sum 2(Y_i - \hat{\beta}_0 - \hat{\beta}_1 X_i)(-1) = -2\sum (Y_i - \hat{\beta}_0 - \hat{\beta}_1 X_i) = 0 \tag{3-7}$$

$$\frac{\partial (\sum e_i^2)}{\partial \hat{\beta}_1} = \sum 2(Y_i - \hat{\beta}_0 - \hat{\beta}_1 X_i)(-X_i) = -2\sum (Y_i - \hat{\beta}_0 - \hat{\beta}_1 X_i)X_i = 0 \tag{3-8}$$

注意到 $e_i = Y_i - \hat{Y}_i = Y_i - \hat{\beta}_0 - \hat{\beta}_1 X_i$，式(3-7)、式(3-8)也可以表示为：

$$\sum (Y_i - \hat{\beta}_0 - \hat{\beta}_1 X_i) = \sum e_i = 0 \tag{3-9}$$

$$\sum (Y_i - \hat{\beta}_0 - \hat{\beta}_1 X_i)X_i = \sum e_i X_i = 0 \tag{3-10}$$

对式(3-9)、式(3-10)进行整理得：

$$\sum Y_i = n\hat{\beta}_0 + \hat{\beta}_1 \sum X_i \tag{3-11}$$

$$\sum Y_i X_i = \hat{\beta}_0 \sum X_i + \hat{\beta}_1 \sum X_i^2 \tag{3-12}$$

式(3-11)和式(3-12)称为正规方程，其中 n 是样本容量。由这两个正规方程组成的方程组是关于 $\hat{\beta}_0$，$\hat{\beta}_1$ 的二元一次方程组，解这个方程组得：

$$\hat{\beta}_1 = \frac{n\sum X_i Y_i - \sum X_i \sum Y_i}{n\sum X_i^2 - (\sum X_i)^2} \tag{3-13}$$

$$\hat{\beta}_0 = \frac{\sum X_i^2 \sum Y_i - \sum X_i \sum X_i Y_i}{n\sum X_i^2 - (\sum X_i)^2} \tag{3-14}$$

我们称用这种方法得到的 $\hat{\beta}_0$，$\hat{\beta}_1$ 为最小二乘估计量或 OLS 估计量，对应的直线为 OLS 回归直线。由式(3-13)和式(3-14)可以看出，我们可以用样本的观测值计算出 $\hat{\beta}_0$，$\hat{\beta}_1$，由此得到的直线是最佳直线。

为了简化计算，我们可以对上述两个计算式进行简化，得：

$$\hat{\beta}_1 = \frac{\sum (X_i - \bar{X})(Y_i - \bar{Y})}{\sum (X_i - \bar{X})^2} = \frac{\sum x_i y_i}{\sum x_i^2} \qquad (3\text{-}15)$$

$$\hat{\beta}_0 = \bar{Y} - \hat{\beta}_1 \bar{X} \qquad (3\text{-}16)$$

式中 $\bar{X}, \bar{Y}$——X_i, Y_i 的平均值，$x_i = X_i - \bar{X}$，$y_i = Y_i - \bar{Y}$。

式(3-15)和式(3-16)称为最小二乘估计量的离差形式。

对于最小二乘估计量(OLS 估计量)$\hat{\beta}_0, \hat{\beta}_1$，我们要做如下一些解释：

第一，OLS 估计量 $\hat{\beta}_0, \hat{\beta}_1$ 是由给定的样本观测值计算得到的。

第二，OLS 估计量 $\hat{\beta}_0, \hat{\beta}_1$ 是总体参数 β_0, β_1 的点估计值。对于不同的样本，用最小二乘法可以计算得到不同的值，所以 $\hat{\beta}_0, \hat{\beta}_1$ 是统计量，是随机变量。我们计算得到的是由给定样本观测值计算出的特定的一个值，它是成千上万个估计值中的一个。

第三，根据给定样本观测值计算得到 $\hat{\beta}_0, \hat{\beta}_1$，便可以画出样本回归直线的图像。

虽然进行了简化，但在实际的计算过程中要得到这两个最小二乘估计量的值还是非常烦琐的。下面我们以一个实例来说明最小二乘法估计值的计算方法。

【例3-1】 我们以表2-2 中的样本1 为例。假定我们从100 个家庭中抽到一个由10 个家庭组成的样本，观测得到它们的收入和消费数据(见表3-1)，计算 OLS 估计量 $\hat{\beta}_0, \hat{\beta}_1$ 的值。

解： 用式(3-15)和式(3-16)进行计算。用 Excel 计算我们需要的各项数值，如表3-1 所示：

表3-1 样本数据和计算结果

序号	X_t 收入	Y_t 消费	$x_t = X - \bar{X}$	$y_t = Y_t - \bar{Y}$	$x_i y_t$
1	4 000	2 687	−2 250	−1 482.5	3 335 625
2	4 500	3 048	−1 750	−1 121.5	1 962 625
3	5 000	3 374	−1 250	−795.5	994 375
4	5 500	3 651	−750	−518.5	388 875
5	6 000	3 772	−250	−397.5	99 375
6	6 500	4 400	250	230.5	57 625
7	7 000	4 797	750	627.5	470 625
8	7 500	4 917	1 250	747.5	934 375
9	8 000	5 526	1 750	1 356.5	2 373 875
10	8 500	5 523	2 250	1 353.5	3 045 375
合计	62 500	41 695	0	0	13 662 750
平均	6 250	4 169.5			

再代入公式得：

$$\hat{\beta}_1 = \frac{\sum x_i y_i}{\sum x_i^2} = \frac{13\,662\,750}{20\,625\,000} = 0.662\,436\,36$$

$$\hat{\beta}_0 = \overline{Y} - \hat{\beta}_1 \overline{X} = 29.272\,727\,3$$

则所求的样本回归直线为：

$$\hat{Y}_i = 29.272\,727\,3 + 0.662\,436\,36 X_i$$

其图像，如图3-2所示。

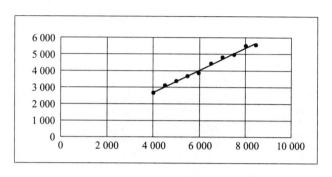

图3-2 样本回归直线

在实际运用中，我们可以用 EViews 软件得到计算结果。EViews 是 Econometrics Views 的缩写，直译为计量经济学观察，通常称为计量经济学软件包，是专门用于数据分析、回归分析和预测的工具，在科学数据分析与评价、金融分析、经济预测、销售预测和成本分析等领域应用非常广泛。

下面以例3-1的数据为例介绍 EViews 的操作方法。由于篇幅有限，所以只介绍主要的操作步骤，更为详细的操作读者可以参阅其他文献。以下操作用 EViews 9 完成，操作步骤如下。

1. 启动

双击 EViews 图标即可启动进入 EViews 主窗口，如图3-3所示。

2. 建立工作文件

在主菜单上依次点击 File/New/Workfile，将弹出一个对话框（见图3-4），即选择新建对象的类型为工作文件。在建立工作文件时，必须设定数据性质。由于本例数据是截面数据，所以在 Workfile structure type 窗口选择 Unstructured/undated（非时序数据），在 Data range 中输入数据的个数后，点击"OK"。如果是时间序列数据，则要选择 Dated – regular frequency，并在 Data specification 中选择时间单位、起始期和终止期，点击"OK"。其中时间单位有：Annual——年度、Monthly——月度、Semi-annual——半年度、Weekly——周、Quarterly——季度、Daily——日。工作文件窗口，如图3-5所示。

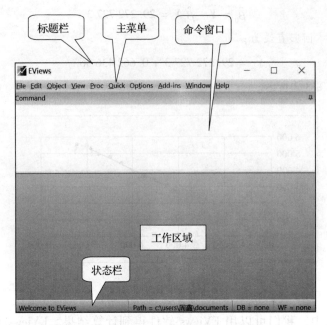

图 3-3　EViews 主窗口

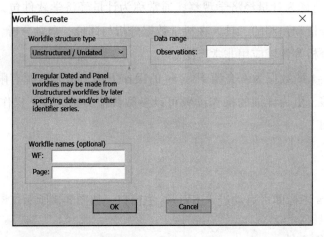

图 3-4　工作文件对话框

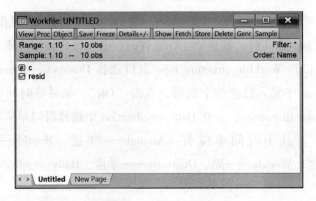

图 3-5　工作文件窗口

工作文件窗口是 EViews 的子窗口，工作文件一建立就包含了两个对象，一个是系数向量 C(用来保存估计系数)，另一个是残差序列 RESID(实际值与拟合值之差)。

3. 建立工作对象

在工作文件窗口上选择 Objects/New Object，弹出一个对象窗口，选择组(Group)对象并命名，点击"OK"，如图 3-6 所示。

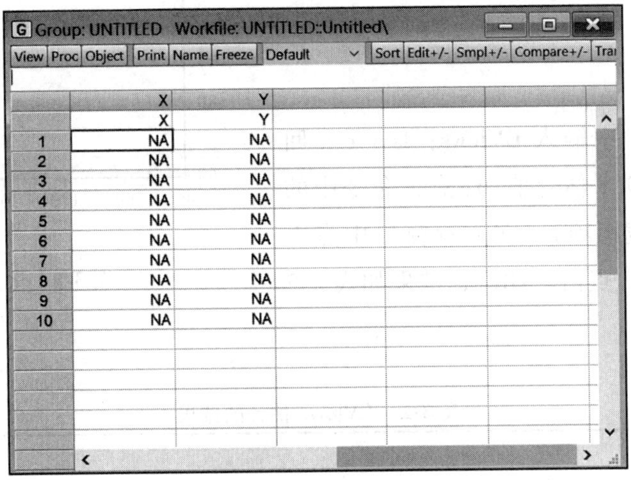

图 3-6　组对象窗口

4. 输入数据

数据可以用复制/粘贴来输入，但对应的数据文件是与 EViews 兼容的文件。为了操作方便，输入数据后可以对变量进行重新命名，命名后可以直接关闭对象窗口，文件将自动保存，同时生成组对象中对应的变量序列，如图 3-7 所示。

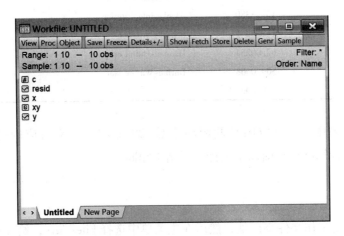

图 3-7　组文件和序列文件

5. 作图

在命令窗口中输入 EViews：scat x y 回车，即可得到散点图（注意，命令中横坐标的变量在前，纵坐标的变量在后）。在图窗口中点击"Name"，命名，点击"OK"，结果如图 3-8 所示。

6. 估计

在命令窗口中输入 EViews：ls y c x 回车，即可得到 OLS 估计值（注意，命令中的顺序，C 表示截距项）。在方程窗口中点击"Name"，命名，点击"OK"，结果如表 3-2 所示。

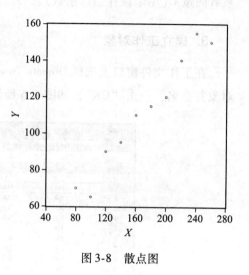

图 3-8 散点图

表 3-2 EViews 估计的结果

Dependent Variable：Y
Method：Least Squares
Date：11/22/17   Time：20:48
Sample：1 10
Included observations：10

Variable	Coefficient	Std. Error	t-Statistic	Prob.
C	29.27273	188.2824	0.155472	0.8803
X	0.662436	0.029360	22.56251	0.0000
R-squared	0.984528	Mean dependent var		4169.500
Adjusted R-squared	0.982594	S. D. dependent var		1010.662
S. E. of regression	133.3380	Akaike info criterion		12.80051
Sum squared resid	142232.1	Schwarz criterion		12.86102
Log likelihood	-62.00254	Hannan-Quinn criter.		12.73412
F-statistic	509.0668	Durbin-Watson stat		2.629012
Prob(F-statistic)	0.000000			

在这个结果中，C 对应的是截距项系数（29.27273），X 对应的是斜率项系数（0.662436），计算结果与前面手工计算的结果相同。

7. 保存

用鼠标单击工作文件空白处，然后在主菜单中选择 File/Save，给文件命名，点击"确定"。以上操作还可以用菜单命令来完成，读者可以参阅相关文献。

3.2 样本回归直线的代数性质

由 OLS 估计量所确定的样本回归直线是总体回归的估计结果,其具有以下代数性质:

(1) 样本回归直线经过 X 和 Y 的样本均值,即点 $(\overline{X}, \overline{Y})$ 在样本回归直线上。由式(3-16)整理得:

$$\overline{Y} = \hat{\beta}_0 + \hat{\beta}_1 \overline{X} \tag{3-17}$$

即点 $(\overline{X}, \overline{Y})$ 在样本回归直线上。

(2) 估计的 Y 值($\hat{Y}$)的均值等于实际观测的 Y 的均值,即 $\overline{\hat{Y}} = \overline{Y}$。由式(3-16)得:

$$\hat{Y}_i = \hat{\beta}_0 + \hat{\beta}_1 X_i = (\overline{Y} - \hat{\beta}_1 \overline{X}) + \hat{\beta}_1 X_i = \overline{Y} + \hat{\beta}_1 (X_i - \overline{X})$$

对等式两边求和,注意到 $\sum(X_i - \overline{X}) = 0$,则有 $\sum \hat{Y}_i = \sum Y_i$,再除以样本容量 n,即 $\overline{\hat{Y}} = \overline{Y}$。

由以上两条性质,我们可以得到样本回归模型和方程的离差形式。

用式(3-2)减式(3-17)得 $Y_i - \overline{Y} = \hat{\beta}_1(X_i - \overline{X}) + e_i$,则有:

$$y_i = \hat{\beta}_1 x_i + e_i \tag{3-18}$$

同理,用式(3-3)减式(3-17),由于 $\overline{\hat{Y}} = \overline{Y}$,可得:

$$\hat{y}_i = \hat{\beta}_1 x_i \tag{3-19}$$

式(3-18)、式(3-19)分别被称为样本回归模型和方程的离差形式,其中 $x_i = X_i - \overline{X}$, $y_i = Y_i - \overline{Y}$, $\hat{y}_i = \hat{Y}_i - \overline{Y}$。离差形式在以后的推导过程中起着重要的作用。

(3) 残差(e_i)的均值为 0,即 $\sum e_i = 0$,由式(3-9)可得。

(4) 残差(e_i)与估计的 Y 值($\hat{Y}$)不相关,即 $\sum \hat{Y}_i e_i = 0$。由于 $\sum e_i = 0$, $\hat{y}_i = \hat{Y}_i - \overline{Y}$,则有:

$$\sum \hat{Y}_i e_i = \sum (\hat{y}_i + \overline{Y}) e_i = \sum \hat{y}_i e_i + \overline{Y} \sum e_i = \sum \hat{y}_i e_i$$

再由式(3-18)、式(3-19)得:

$$\sum \hat{y}_i e_i = \hat{\beta}_1 \sum x_i e_i = \hat{\beta}_1 \sum x_i (y_i - \hat{\beta}_1 x_i) = \hat{\beta}_1 \sum x_i y_i - \hat{\beta}_1^2 \sum x_i^2$$

由式(3-15)可得 $\sum x_i y_i = \hat{\beta}_1 \sum x_i^2$,代入上式得 $\sum \hat{Y}_i e_i = \sum \hat{y}_i e_i = 0$。

(5) 残差(e_i)与 X 值不相关,即 $\sum X_i e_i = 0$,由式(3-10)可得。

3.3 拟合优度的度量

在第一节中,我们讲述了如何用最小二乘法求出最佳的样本回归直线,即 OLS 回归直线。在实例中,我们也求出了一条具体的样本回归直线,并绘制了图像。从图3-2可以看出,样本回归直线实际上是对样本数据所决定的散点的一种近似或者逼近。

既然是近似或者逼近,我们自然就会想到一个问题:如何度量近似的程度,或者说如何度量拟合的程度。这个问题就是拟合优度的度量。

由于对于一个给定的 X_i,对应一个实际的观测值 Y_i 和一个估计值 $\hat{Y}_i$,所以从本质上讲,这种拟合优度是由 $Y_i - \hat{Y}_i$ 决定的。因为样本容量为 n,一个最直观的想法是用 $\sum(Y_i - \hat{Y}_i)$ 来度量拟合优度,但是由 OLS 回归直线的性质可知,$\sum(Y_i - \hat{Y}_i) = \sum e_i = 0$。于是我们又会想到用 $\sum(Y_i - \hat{Y}_i)^2$ 来度量拟合优度,由于 $\sum(Y_i - \hat{Y}_i)^2 = \sum e_i^2$,用最小二乘法得到的残差平方和 $\sum e_i^2$ 取得最小值,所以我们无法从 $\sum e_i^2$ 取值来判断拟合优度。

通过上述分析可以看出,直接比较 $Y_i - \hat{Y}_i$ 不能很好地度量拟合优度,于是人们就采用间接比较的方法。考虑到 $\overline{\hat{Y}} = \overline{Y}$,我们可以以 $\overline{Y}$ 为比较的基准,分别计算 $Y_i - \overline{Y}$ 和 $\hat{Y}_i - \overline{Y}$,由于 $\sum(Y_i - \overline{Y}) = 0$、$\sum(\hat{Y}_i - \overline{Y}) = 0$,所以我们要计算 $\sum(Y_i - \overline{Y})^2$、$\sum(\hat{Y}_i - \overline{Y})^2$。注意到 $Y_i - \overline{Y} = (\hat{Y}_i - \overline{Y}) + (Y_i - \hat{Y}_i)$,即 $y_i = \hat{y}_i + e_i$。于是有:

$$\sum(Y_i - \overline{Y})^2 = \sum[(\hat{Y}_i - \overline{Y}) + (Y_i - \hat{Y}_i)]^2 \tag{3-20}$$

$$\sum y_i^2 = \sum(\hat{y}_i + e_i)^2 = \sum \hat{y}_i^2 + \sum e_i^2 + 2\sum \hat{y}_i e_i \tag{3-21}$$

由 OLS 回归直线的代数性质(4)得 $\sum \hat{y}_i e_i = 0$,代入式(3-21)有:

$$\sum y_i^2 = \sum \hat{y}_i^2 + \sum e_i^2 \tag{3-22}$$

$$\sum(Y_i - \overline{Y})^2 = \sum(\hat{Y}_i - \overline{Y})^2 + \sum(Y_i - \hat{Y}_i)^2 \tag{3-23}$$

式(3-22)和式(3-23)中各项平方和表示的意义是:$\sum y_i^2 = \sum(Y_i - \overline{Y})^2$ 是实际的样本观测值围绕其均值 $\overline{Y}$ 的总变异,称为总平方和(total sum of squares),记为 TSS,它描述了所有的观测值相对于 $\overline{Y}$ 的总偏离程度;$\sum \hat{y}_i^2 = \sum(\hat{Y}_i - \overline{Y})^2$ 是回归估计值 $\hat{Y}_i$ 围绕其均值 $\overline{Y}$ 的总变异,称为回归平方和(explained sum of squares),记为 ESS,它描述了所有的来自回归的估计值相对于 $\overline{Y}$ 的偏离程度;$\sum e_i^2 = \sum(Y_i - \hat{Y}_i)^2$ 是所有观测值围绕着 OLS 回归直线的变异,称为残差平方和(residuals sum of squares),记为 RSS,它描述了没有被 OLS 回归直线解释的偏离程度。所以有:

$$TSS = ESS + RSS \tag{3-24}$$

式(3-24)说明,Y 的观测值围绕其均值 $\overline{Y}$ 的总变异可以分解为两个部分,一部分来自回归线,另一部分来自随机的影响。其几何意义如图3-9所示:

由式(3-24)得:

$$1 = \frac{ESS}{TSS} + \frac{RSS}{TSS} = \frac{\sum(\hat{Y}_i - \overline{Y})^2}{\sum(Y_i - \overline{Y})^2} + \frac{\sum(Y_i - \hat{Y}_i)^2}{\sum(Y_i - \overline{Y})^2} \tag{3-25}$$

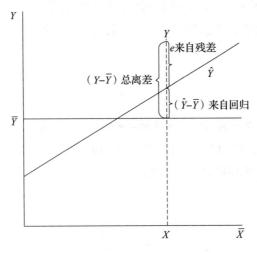

图 3-9 Y_i 变异的分解

我们定义：

$$R^2 = \frac{ESS}{TSS} = \frac{\sum (\hat{Y}_i - \overline{Y})^2}{\sum (Y_i - \overline{Y})^2} = \frac{\sum \hat{y}_i^2}{\sum y_i^2} \tag{3-26}$$

显然有：

$$R^2 = 1 - \frac{RSS}{TSS} = 1 - \frac{\sum (Y_i - \hat{Y})^2}{\sum (Y_i - \overline{Y})^2} = 1 - \frac{\sum e_i^2}{\sum y_i^2} \tag{3-27}$$

我们称 R^2 为判定系数，或可决系数。由于其描述了回归估计值对其均值偏离的程度占实际观测值对其均值偏离的程度的百分数，所以可决系数描述了拟合优度。

显然，R^2 的值为 0~1。如果 $R^2 = 1$，则有 $Y_i = \hat{Y}_i$，此时所有的观测值都在同一条直线上，是一个完全的拟合；如果 $R^2 = 0$，则有 $\hat{Y}_i = \overline{Y}$，此时估计的直线是与 x 轴平行的直线，即斜率项系数 $\hat{\beta}_1 = 0$，则 X 与 Y 没有线性关系。如果 R^2 越接近 1，则说明拟合的程度越高，反之，如果 R^2 越接近 0，则说明拟合的程度越低。例如，$R^2 = 0.95$ 说明 Y 中有 95% 的成分是由 X 做出的解释。

在一元线性回归模型中，可以证明 $R^2 = r^2$，其中 r 是 X 与 Y 的相关系数。但是，可决系数与相关系数还是有区别的，这些区别表现在以下几点。

(1) R^2 是就模型而言的，r 是就变量而言的；

(2) R^2 描述的是解释变量对被解释变量解释的程度，r 描述的是两个变量的依存关系；

(3) R^2 所度量的是非对称的关系，r 度量的是对称的关系；

(4) R^2 的取值范围是 0~1，r 的取值范围是 -1~1。

R^2 有很多种计算方法，但无论用哪种方法计算量都很大。在 EViews 中会自动给

出 R^2 的结果。如在例 3-1 中,求样本回归方程的估计结果(见表 3-2)中的 R-squared 就是 R^2,在这个问题中,其值等于 0.984 528,说明 X 对 Y 的解释大约占 98%。

3.4 案例分析

【例3-2】 GDP 是一国总体经济活动运行表现的概括性衡量指标,消费需求是经济增长的助推器。我们选取了 1978~2015 年我国 GDP 和最终消费的数据(数据见教学资源 data3-2),来分析消费对 GDP 的影响程度。

解:

1. 建立工作文件

打开 EViews,选择数据类型以及起始日期和终止日期,如图 3-10 所示。

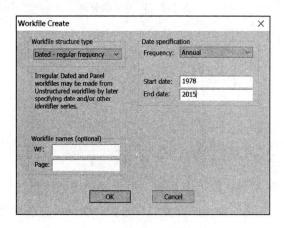

图 3-10 工作文件对话框

2. 输入数据

在命令窗口输入:data x y 回车,即可快速建立 Group。输入对应的解释变量和被解释变量,如图 3-11 所示。

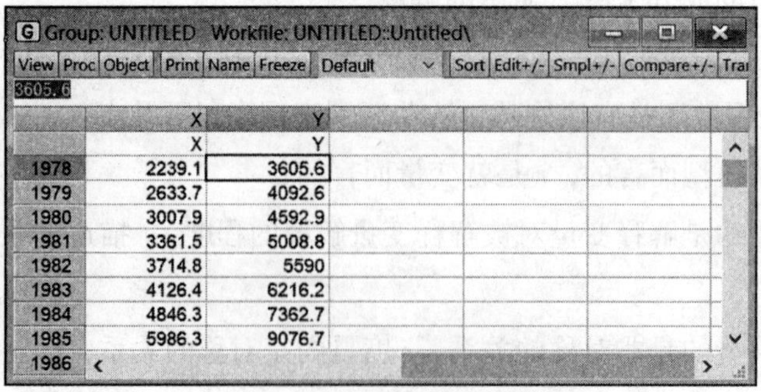

图 3-11 组对象窗口

3. 作图

在命令窗口输入：scat x y 回车，即可得到散点图。也可以在 Group 窗口中点击 View—Graph，选择 Graph type 为 scatter，也可获得散点图，如图 3-12 所示。

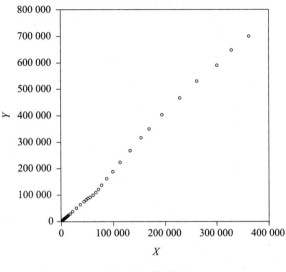

图 3-12　散点图

4. 估计

观察散点图发现，样本点近似于一条直线，于是可以考虑用一元线性回归模型来近似表示两个变量之间的规律性。在命令窗口中输入命令：ls y c x 回车，得到样本回归方程，如表 3-3 所示。

表 3-3　OLS 估计结果

Dependent Variable：Y
Method：Least Squares
Date：11/27/17　Time：17:39
Sample：1978 2015
Included observations：38

Variable	Coefficient	Std. Error	t-Statistic	Prob.
C	−6909.806	2115.230	−3.266693	0.0024
X	2.002534	0.016542	121.0599	0.0000
R-squared	0.997550	Mean dependent var		156723.5
Adjusted R-squared	0.997482	S. D. dependent var		199855.3
S. E. of regression	10029.60	Akaike info criterion		21.31566
Sum squared resid	3.62E+09	Schwarz criterion		21.40185
Log likelihood	−402.9976	Hannan-Quinn criter.		21.34633
F-statistic	14655.50	Durbin-Watson stat		0.249062
Prob(F-statistic)	0.000000			

由回归结果得到样本回归方程：$\hat{Y}_t = -6\,909.806 + 2.002\,534 X_t$。

这个结果说明，当消费增加1个单位时，GDP平均增加约2个单位。

5. 做样本回归直线

在 Group 窗口中，点击 View-Graph，选择 Graph type 为 scatter，Fit lines 选择 Regression Line，点击"OK"，即可得到如图3-13所示的样本回归直线。

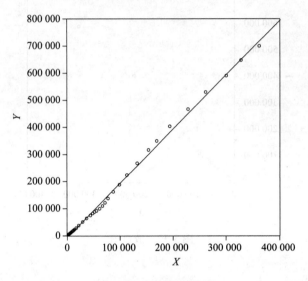

图3-13　样本回归直线

本章小结

一元线性回归模型是最简单的回归模型，它是学习计量经济学的基础性内容，并且在很多情况下有非常广泛的运用。学习本章内容要正确理解模型的设定以及系数的意义；掌握用普通最小二乘法进行估计的方法，特别是要掌握 EViews 的基本操作方法；掌握样本回归方程的代数性质；理解拟合优度的度量。

学习建议

本章是计量经济学的基础内容，在学习时要正确理解相关的基本概念，掌握基本方法，并掌握 EViews 的基本操作方法。

1. **本章重点**

模型的设定以及系数的意义　　普通最小二乘法　　拟合优度的度量

2. **本章难点**

模型的设定以及系数的意义　　普通最小二乘法

核心概念

模型的设定   随机扰动项   残差   普通最小二乘法

课后思考与练习

1. 根据最小二乘法原理，所估计的模型已经使得拟合误差达到最小，为什么还要讨论模型的拟合优度问题？
2. 为什么用决定系数 R^2 评价拟合优度，而不用残差平方和作为评价标准？
3. 表3-4列出若干对自变量与因变量。每一对变量，你认为它们之间的关系如何？是正的、负的，还是无法确定的？并说明理由。

表 3-4

因变量	自变量
GDP	利率
个人储蓄	收入
小麦产出	降雨量
发动机汽缸容量	单位汽油行驶里程数
学生计量经济学成绩	该学生的统计学成绩
个人收入	受教育年限
某种产品的单位成本	这种产品的产量
家庭住房面积	家庭月用电量

上机实验 3-1

实验目的

(1) 收集、整理数据。
(2) 掌握 EViews 的基本操作。
(3) 建立城镇居民、农村居民消费模型。

实验步骤和内容

1. 收集、整理数据

以国家统计局公布的官方数据为准。

(1) 登录国家统计局网站。
(2) 进入"统计数据"—"年度数据"—"中国统计年鉴"。
(3) 查找"各地区消费支出"和"各地区收入"的截面数据(城镇和农村)，并下载。
(4) 整理数据。设定"消费支出"为被解释变量，"收入"为解释变量。

2. EViews 的基本操作

(1) 建立"工作文件"。
(2) 建立"工作对象"。

(3) 录入数据。

(4) 绘制"城镇居民消费支出"变量、"城镇居民可支配收入"变量的线图。

(5) 绘制"农村居民消费支出"变量、"农村居民纯收入"变量的线图。

扫二维码可详细了解上机实验操作过程。

(6) 分别对以上两个变量序列进行基本分析(描述统计)。

(7) 分别计算两个变量的相关系数。

(8) 分别绘制两个变量的散点图。

(9) 分别估计城镇、农村的消费模型对应的回归方程。

3. 实验要求与结果

在实验报告中记录 EViews 的基本操作的步骤,并报告以下内容。

(1) "城镇居民消费支出"变量、"城镇居民可支配收入"变量的线图,并叙述两个线图之间有何关系。

扫二维码可详细了解上机实验操作过程。

(2) "农村居民消费支出"变量、"农村居民纯收入"变量的线图,并叙述两个线图之间有何关系。

(3) 对城镇、农村两个变量序列进行基本分析(描述统计)的结果。

(4) 城镇、农村两个变量的相关系数。

(5) 城镇、农村两个变量的散点图。

(6) 城镇、农村消费模型对应的回归方程的估计结果并画出样本回归线。

上机实验 3-2

实验目的

(1) 收集、整理数据。

(2) 掌握 EViews 的基本操作。

(3) 建立国内生产总值与货币供应量的回归方程。

实验步骤和内容

1. 收集、整理数据

以国家统计局公布的官方数据为准。

(1) 登录国家统计局网站。

(2) 进入"统计数据"—"年度数据"—"中国统计年鉴"。

(3) 查找"国内生产总值"和"货币供应量"的时间序列数据,并下载。

(4) 整理数据。设定"国内生产总值"为被解释变量,"货币供应量"为解释变量。

2. EViews 的基本操作

(1) 建立"工作文件"。

(2) 建立"工作对象"。

(3) 录入数据。

(4) 绘制每个变量的线图,并对每个变量序列做基本分析。

(5) 绘制国内生产总值与货币供应量的散点图、线图。

(6) 估计国内生产总值与货币供应量的回归方程并画出样本回归线。

3. 实验要求与结果

在实验报告中记录 EViews 的基本操作的步骤,并报告以下内容。

(1) 国内生产总值与货币供应量的散点图、线图,并说明其特点。

(2) 对变量序列进行基本分析(描述统计)的结果。

(3) 国内生产总值与货币供应量的回归方程的估计结果。

(4) 做国内生产总值与货币供应量的样本回归直线。

(5) 验证模型中的 R^2 是否等于 r^2。

扫二维码可详细了解上机实验操作过程。

Chapter 4
第 4 章

一元线性回归模型的推断

学习目标

- 理解一元线性回归模型的古典假定
- 掌握一元线性回归模型估计量的统计性质
- 掌握一元线性回归模型的检验
- 掌握一元线性回归模型的点预测和区间预测
- 能够运用一元线性回归模型解决实际问题

在上一章中,我们用最小二乘法估计了样本回归方程,得到系数$\hat{\beta}_0$,$\hat{\beta}_1$,这样做的一个重要目的是对对应的总体回归方程的参数β_0,β_1进行估计,这样的估计有其深远的经济学背景。例如,在消费模型中,斜率项系数就表示重要的经济学概念——边际消费倾向。但是,$\hat{\beta}_0$,$\hat{\beta}_1$仅是β_0,β_1的点估计值,而我们希望对β_0,β_1进行区间估计。于是我们就需要知道$\hat{\beta}_0$,$\hat{\beta}_1$的统计性质,推断其分布形态,这就需要$\hat{\beta}_0$,$\hat{\beta}_1$满足一定的条件,这样才能得到好的统计性质,这些条件就是古典假定,也称为基本假定或高斯假定。

4.1 古典假定

一般来说,古典假定可以分为两个部分:一是对模型和变量的假定,二是对随机扰动项u_i的假定。

1. 对模型和变量的假定

(1) 在重复抽样中,X的值是固定的。也就是说,我们认为,在一个回归过程中，X 是确定性变量，而不是随机变量。

（2）模型的设定是正确的。也就是说，模型没有设定偏误，即无论是从变量的设定还是函数形式的设定，模型都是正确的。

2. 对随机扰动项 u_i 的假定

（1）零均值假定。零均值假定，即 u_i 的条件均值为 0。为了方便，我们将 u_i 的条件均值简记为 $E(u_i)$，即 $E(u_i|X_i) = E(u_i) = 0$。这是一个非常直观合理的假定，因为 $E(u_i)$ 表示的是每个 Y 围绕给定的 X 均值的偏离，这种偏离可正可负，当试验的次数非常多的时候，这样的偏离就会正负抵消，其均值为 0。

（2）同方差假定。同方差假定，即 u_i 的条件方差相同。为了方便，我们将 u_i 的条件方差简记为 $Var(u_i)$，即 $Var(u_i|X_i) = Var(u_i) = E(u_i - E(u_i))^2 = E(u_i^2) = \sigma^2$。这个假定的意义是，我们希望对于不同的 X，对应的 Y 的分散程度是相同的，于是它们均值的代表程度也相同。

（3）无自相关假定。无自相关假定，即对于不同的 u_i 之间不存在线性相关性，即 $Cov(u_i, u_j) = E(u_i - E(u_i))(u_j - E(u_j)) = E(u_i u_j) = 0 (i \neq j)$。这个假定的含义是，我们不希望不同的 u_i 之间，特别是时间序列模型中前后 u_i 之间存在线性相关关系，u_i 是一个纯粹的随机误差项。

（4）u_i 与 X 之间不存在线性相关，即 u_i 与 X 的协方差为 0，即 $Cov(u_i, X_i) = E(u_i - E(u_i))(X_i - E(X_i)) = E(u_i X_i) = 0$。这个假定的含义是，我们要测定 X 对 Y 的影响，这种影响一定是"单纯"的影响，如果 u_i 与 X 之间存在线性相关，则我们无法测定 X 对 Y 的影响。

（5）正态性假定。正态性假定，即 u_i 服从正态分布。由零均值假定和同方差假定，得出 $u_i \sim N(0, \sigma^2)$。由于 u_i 是随机误差项，我们有足够的理由相信其是服从正态分布的。

我们给出了相关的古典假定，特别需要说明的是，古典假定是保证我们能够得到 OLS 估计量理想统计性质的条件。也就是说，如果模型和 u_i 满足古典假定，OLS 估计量就会有非常好的统计性质。但是，在实际运用中，古典假定是不一定能被满足的，这时就需要有其他的估计方法，本章我们假定古典假定总是被满足的。

4.2 OLS 估计量的统计性质

我们可以证明，在满足古典假定的条件下，OLS 估计量 $\hat{\beta}_0$，$\hat{\beta}_1$ 具有非常好的统计性质。

1. 线性性

线性性是指 OLS 估计量与 Y 之间是线性的。以 $\hat{\beta}_1$ 为例,即要证明 $\hat{\beta}_1$ 可以表示为 Y 的线性组合。

$$\hat{\beta}_1 = \frac{\sum x_i y_i}{\sum x_i^2} = \frac{\sum x_i Y_i}{\sum x_i^2} = \sum \frac{x_i}{\sum x_i^2} Y_i \tag{4-1}$$

设 $\frac{x_i}{\sum x_i^2} = k_i$,则 k_i 有以下性质:

(1) k_i 是非随机的。因为 k_i 的值只与 X 有关,而 X 是非随机的,所以 k_i 也是非随机的。

(2) $\sum k_i = 0$。注意到 $\sum x_i = 0$,即得。

(3) $\sum k_i^2 = 1/\sum x_i^2$。直接求和并约分即得。

(4) $\sum k_i x_i = \sum k_i X_i = 1$。运用 $\sum k_i = 0$,并且 $X_i = x_i + \bar{X}$,代入即得。

故式(4-1)可以表示为:

$$\hat{\beta}_1 = \sum k_i Y_i \tag{4-2}$$

即 $\hat{\beta}_1$ 与 Y 之间是线性关系。

同理有:

$$\hat{\beta}_0 = \bar{Y} - \hat{\beta}_1 \bar{X} = \bar{Y} - \bar{X} \sum k_i Y_i = \sum \left(\frac{1}{n} - \bar{X} k_i \right) Y_i \tag{4-3}$$

说明 $\hat{\beta}_0$ 与 Y 之间是线性关系。

2. 无偏性

无偏性是指统计量的数学期望等于要估计的参数,即 $\mathrm{E}(\hat{\beta}_1) = \beta_1$,$\mathrm{E}(\hat{\beta}_0) = \beta_0$。

由式(3-29)得:

$$\hat{\beta}_1 = \sum k_i Y_i = \sum k_i (\beta_0 + \beta_1 X_i + u_i) = \beta_0 \sum k_i + \beta_1 \sum k_i X_i + \sum k_i u_i$$

由于 $\sum k_i = 0$,$\sum k_i X_i = 1$,所以有:

$$\hat{\beta}_1 = \beta_1 + \sum k_i u_i \tag{4-4}$$

由古典假定 1 得 $\sum u_i = 0$,对式(4-4)两边取数学期望得:

$$\mathrm{E}(\hat{\beta}_1) = \mathrm{E}(\beta_1) + \mathrm{E}(\sum k_i u_i) = \beta_1 + \sum k_i \mathrm{E}(u_i) = \beta_1 \tag{4-5}$$

即 $\hat{\beta}_1$ 是 β_1 的无偏估计量。

同理有:

$$\mathrm{E}(\hat{\beta}_0) = \mathrm{E}(\bar{Y} - \hat{\beta}_1 \bar{X}) = \mathrm{E}(\bar{Y}) - \bar{X} \mathrm{E}(\hat{\beta}_1) = (\beta_0 + \beta_1 \bar{X}) - \beta_1 \bar{X} = \beta_0 \tag{4-6}$$

即 $\hat{\beta}_0$ 是 β_0 的无偏估计量。

3. 最小方差性

最小方差性，即 OLS 估计量是方差最小的估计量。

先计算 OLS 估计量 $\hat{\beta}_0$ 和 $\hat{\beta}_1$ 的方差。

由式(4-4)得：

$$\begin{aligned}
\mathrm{Var}(\hat{\beta}_1) &= \mathrm{E}(\hat{\beta}_1 - \mathrm{E}(\hat{\beta}_1))^2 = \mathrm{E}(\hat{\beta}_1 - \beta_1)^2 = \mathrm{E}(\sum k_i u_i)^2 \\
&= \mathrm{E}(k_1^2 u_1^2 + k_2^2 u_2^2 + \cdots + k_n^2 u_n^2 + 2k_1 k_2 u_1 u_2 + \cdots) \quad \text{后面省略的是交叉项} \\
&= k_1^2 \mathrm{E}(u_1^2) + k_2^2 \mathrm{E}(u_2^2) + \cdots + k_n^2 \mathrm{E}(u_n^2) + 2k_1 k_2 \mathrm{E}(u_1 u_2) + \cdots
\end{aligned}$$

由古典假定中的同方差假定和无自相关假定，有 $\mathrm{Var}(u_i) = \mathrm{E}(u_i^2) = \sigma^2$，$\mathrm{Cov}(u_i, u_j) = \mathrm{E}(u_i u_j) = 0$，则有：

$$\mathrm{Var}(\hat{\beta}_1) = \sigma^2 \sum k_i^2 = \frac{\sigma^2}{\sum x_i^2} \tag{4-7}$$

同理可得：

$$\mathrm{Var}(\hat{\beta}_0) = \frac{\sigma^2 \sum X_i^2}{n \sum x_i^2} \tag{4-8}$$

在式(4-7)、式(4-8)中，n 是样本容量，σ^2 是总体随机扰动项的方差。

我们还可以证明，用 OLS 得到的估计量的方差是所有估计方法中最小的，由于篇幅和难度的问题，这个结论读者可以参阅其他相关文献。

综合以上三点，可以归纳出一个非常重要的结论：在满足古典假定的条件下，OLS 估计量是最佳线性无偏估计量（best linear unbiased estimator，BLUE）。这个结论称为高斯－马尔可夫定理。

需要特别指出的是，得到这个结论是有条件的，这个条件就是模型和随机扰动项要满足古典假定。从证明过程可以看出，其中运用了零均值假定、同方差假定和无自相关假定，如果这些条件不满足，我们就无法得到高斯－马尔可夫定理的结论。

高斯－马尔可夫定理的结论告诉我们什么呢？首先，OLS 估计量是一个无偏估计量，也就是说，在重复抽样中，OLS 估计量以需要估计的参数为中心波动；其次，OLS 估计量不仅无偏，还是所有估计量中方差最小的，也就是说，OLS 估计量的值"紧密"地分布在要估计的参数附近，所以是误差最小的估计量；最后，OLS 估计量服从正态分布，由线性性知，OLS 估计量与 Y 之间是线性关系，Y 与随机扰动项 u_i 之间也是线性关系，而 u_i 服从正态分布，所以 OLS 估计量也服从正态分布。

由以上的分析，我们可以得到如下结论，在满足古典假定的条件下，有：

$$\hat{\beta}_1 \sim N\left(\beta_1, \frac{\sigma^2}{\sum x_i^2}\right) \tag{4-9}$$

$$\hat{\beta}_0 \sim N\left(\beta_0, \frac{\sigma^2 \sum X_i^2}{n \sum x_i^2}\right) \tag{4-10}$$

这是一个非常好的结论，说明在满足古典假定的条件下，OLS 估计量有非常好的统计性质，我们可以利用这些性质进行参数的假设检验和区间估计。

要完成这些工作，我们还要对 $\hat{\beta}_0$ 和 $\hat{\beta}_1$ 的方差或标准差进行估计。在其方差的计算式中，由于 X 是已知的，故可以计算其平方和或离差平方和的结果，但是 σ^2 是总体随机扰动项的方差，一般情况下是未知的，所以要用样本方差来进行估计。可以证明，σ^2 的样本无偏估计量为：

$$\hat{\sigma}^2 = \frac{\sum e_i^2}{n-2} \tag{4-11}$$

式中 $\hat{\sigma}^2$——样本方差；

e_i——残差；

n——样本容量。

在很多时候，我们都要用到标准差，标准差的估计值一般用 se(standard error) 表示：

$$se(\hat{\beta}_0) = \frac{\hat{\sigma}\sqrt{\sum X_i^2}}{\sqrt{n \sum x_i^2}} \tag{4-12}$$

$$se(\hat{\beta}_1) = \frac{\hat{\sigma}}{\sqrt{\sum x_i^2}} \tag{4-13}$$

由式(4-12)和式(4-13)可以看出，计算样本标准差是非常复杂的，在 EViews 的回归结果中，会自动计算出样本标准差的结果。在例 3-1 的 EViews 的回归结果中（见表 3-2），Std. Error 对应的就是样本标准差的结果，即 $se(\hat{\beta}_0) = 188.2824$，$se(\hat{\beta}_1) = 0.029360$。

4.3　参数的检验与区间估计

在满足古典假定的条件下，用最小二乘法得到的估计量是最佳线性无偏估计量，这是一个非常好的统计性质，利用这些性质，我们可以对参数进行检验和区间估计。

1. 经济意义检验

经济意义检验是检验 OLS 估计量是否符合经济学理论或是否与我们的预期相符，主要是检验系数的符号和取值范围。例如，在消费模型中，斜率项系数表示边际消费倾向，根据经济理论其取值应该为 0 ~ 1。如果 OLS 估计量的值不在这个区间内，则违背了经济学理论，说明模型的设定可能有问题。

在例 3-1 中，我们得到 $\hat{\beta}_1 = 0.662436$，即 $0 < \hat{\beta}_1 < 1$，符合经济学理论。

2. 参数的假设检验

参数的假设检验是利用样本信息，对参数取值的虚拟假设进行检验的统计方法，故也称为统计检验。

在目前的问题中，要对假设 $H_0: \beta_1 = 0$，$H_1: \beta_1 \neq 0$ 进行检验。我们为什么要进行这样的假设检验呢？我们设定的总体模型为 $Y_i = \beta_0 + \beta_1 X_i + u_i$，其含义是用 X 解释 Y。如果在这个模型中 $\beta_1 = 0$，则模型变为 $Y_i = \beta_0 + u_i$。这样，X 没有对 Y 做出任何解释，说明模型没有被正确设定。

如何进行检验呢？回忆统计学的知识可知，我们需要知道样本的信息。对于给定的样本，用最小二乘法得到 β_1 的 OLS 估计量的点估计值 $\hat{\beta}_1$，由上一段的分析可知，$\hat{\beta}_1$ 是 β_1 的最佳线性无偏估计量，且服从正态分布，其分布由式(4-9)给出。

由于总体随机扰动项的方差 σ^2 未知，故要用样本方差 $\hat{\sigma}^2$ 进行估计，估计式由式(4-11)给出。由统计学知识可知，当原假设成立、总体方差未知时，服从正态分布的统计量经过标准化变换后的随机变量服从 t 分布，自由度与样本方差的自由度相同，即：

$$t = \frac{\hat{\beta}_1}{se(\hat{\beta}_1)} \sim t(n-2) \tag{4-14}$$

对于给定的显著性水平 α，可以构造拒绝域，如图 4-1 所示：

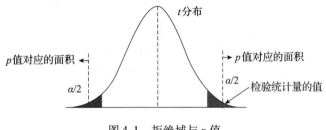

图 4-1 拒绝域与 p 值

拒绝域的临界值 $t_{\alpha/2}(n-2)$ 可查 t 分布表得到。如果计算得到的 t 检验统计量的绝对值大于拒绝域的临界值，则拒绝原假设，即 β_1 显著地不等于 0，X 显著地对 Y 做出了解释；反之，则不拒绝原假设，即 β_1 显著地等于 0，X 没有显著地对 Y 做出解释。

EViews 的回归结果中会自动计算出 t 检验统计量的值。如在表 3-2 中 t-Statistic 对应的就是 t 检验统计量的值，在本例中，$t = 22.56251$。如果 $\alpha = 0.05$，本例中 $n = 10$，查 t 分布表可得 $t_{0.025}(8) = 2.306$，则 t 检验统计量的值落入拒绝域，故拒绝原假设，即 β_1 显著地不等于 0，X 显著地对 Y 做出了解释。

上面的方法称为假设检验的临界值方法，我们还可以用 p 值方法进行检验。p 值就是检验统计量的值在对应分布的外侧面积，如果是双侧检验，则对应的 p 值面积也是双侧的，如图4-1所示。如果$p<\alpha$，则拒绝原假设；反之，则不拒绝原假设。

在EViews的回归结果中会自动计算出t检验统计量对应的p值。如在表3-2中Prob.对应的就是p值，即当$t=22.56251$时，$p=0.0000$，如果$\alpha=0.05$，则有$p<\alpha$，故拒绝原假设。

因为上述检验是以t分布为基础的检验，所以也称为t检验。如果通过了t检验，则说明X显著地对Y做出了解释，模型是可靠的。

用同样的方法，我们还可以对$H_0:\beta_0=0$，$H_1:\beta_0\neq 0$进行检验，即检验截距项系数是否为0，其意义是判断总体的回归直线是否通过原点。一般情况下，我们并不做这个检验，因为一般情况下我们都认为截距项不为0。

3. 参数的区间估计

通过了t检验后，我们认为模型是可靠的，这样，就可以对参数做区间估计了。区间估计的方法与统计学中的方法相同。首先求出参数的点估计值，并确定其分布；然后计算极限误差，得到置信区间。计算公式为：

$$(\hat{\beta}_0 - t_{\alpha/2}(n-2)se(\hat{\beta}_0), \hat{\beta}_0 + t_{\alpha/2}(n-2)se(\hat{\beta}_0)) \tag{4-15}$$

$$(\hat{\beta}_1 - t_{\alpha/2}(n-2)se(\hat{\beta}_1), \hat{\beta}_1 + t_{\alpha/2}(n-2)se(\hat{\beta}_1)) \tag{4-16}$$

仍然以例3-1为例对β_1做置信水平为95%的区间估计。由上述分析可知，估计量$\hat{\beta}_1$服从正态分布，当总体方差未知时，标准化后的统计量服从t分布。在EViews的回归结果中可以得到点估计值为$\hat{\beta}_1=0.662436$，标准差的估计值为$se(\hat{\beta}_1)=0.029360$，查表得$t_{0.025}(8)=2.306$（注意自由度为$n-2$）。计算极限误差得$t_{0.025}(8)se(\hat{\beta}_1)=0.067704$，故$\beta_1$的95%的置信区间为$(0.594732, 0.730140)$。

置信水平为95%的置信区间的含义是：我们相信用这种方法构造的成千上万个这样的区间，其中有95%的区间包含所要估计的参数。

4.4 预测

当经过检验确定模型的可靠性后，我们可以对模型进行应用，其中一个重要的内容是利用模型进行预测。

预测就是利用模型得到的结果，对样本以外的被解释变量的取值做出估计。预测一般是在时间序列数据模型中使用，如预测未来的被解释变量的取值；也可以在截面数据模型中使用，称为空间预测。此外，还可以对被解释变量的均值和个别值做预测，预测分为点预测和区间预测。

1. 被解释变量均值的预测

被解释变量均值的预测就是对给定的样本以外的X_f对应的$E(Y_f|X_f)$的取值进行

估计。由于$\hat{Y}_i$是对$E(Y_i|X_i)$的点估计，所以被解释变量均值的点预测可由回归结果直接得到，具体计算方法是将X_f代入回归方程，即可求出对应的$\hat{Y}_f$，也就是$E(Y_f|X_f)$的点预测值。例如在例3-1中，给定$X_f=9\,000$，则有$\hat{Y}_f=29.272\,727\,3+0.662\,436\,36\times 9\,000=5\,991.2$，即$E(Y_f|X_f=9\,000)=5\,991.2$。

对$E(Y_f|X_f)$做区间预测，需要知道$\hat{Y}_f$的分布情况。由于$\hat{Y}_f=\hat{\beta}_0+\hat{\beta}_1X_f$，而$\hat{\beta}_0$，$\hat{\beta}_1$都服从正态分布，故$\hat{Y}_f$也服从正态分布，可以证明：

$$E(\hat{Y}_f) = \beta_0 + \beta_1 X_f \tag{4-17}$$

$$\text{Var}(\hat{Y}_f) = \sigma^2 \left[\frac{1}{n} + \frac{(X_f - \overline{X})^2}{\sum x_i^2} \right] \tag{4-18}$$

其中，σ^2可由式(3-38)进行估计。记$se(\hat{Y}_f)$为$\hat{Y}_f$标准差的估计值，由统计知识可知：

$$t = \frac{\hat{Y}_f - E(Y_f|X_f)}{se(\hat{Y}_f)} \sim t(n-2) \tag{4-19}$$

设显著性水平为α，置信水平为$1-\alpha$，则$E(Y_f|X_f)$置信水平为$1-\alpha$的置信区间为：

$$(\hat{Y}_f - t_{\alpha/2}(n-2)se(\hat{Y}_f) < E(Y_f|X_f) < \hat{Y}_f + t_{\alpha/2}(n-2)se(\hat{Y}_f)) \tag{4-20}$$

2. 被解释变量个别值的预测

有时我们会对给定的X_f对应的个别值Y_f的取值感兴趣，这就是对被解释变量个别值的预测。

对被解释变量个别值的预测要利用关系：

$$Y_f - \hat{Y}_f = (\beta_0 - \hat{\beta}_0) + (\beta_1 - \hat{\beta}_1)X_f + u_f \tag{4-21}$$

可以证明，$\hat{Y}_f$是Y_f的最佳线性无偏估计量，即$\hat{Y}_f$是Y_f最佳的点估计，由式(4-21)可得：

$$E(Y_f - \hat{Y}_f) = 0 \tag{4-22}$$

$$\text{Var}(Y_f - \hat{Y}_f) = \sigma^2 \left[1 + \frac{1}{n} + \frac{(X_f - \overline{X})^2}{\sum x_i^2} \right] \tag{4-23}$$

并且$Y_f - \hat{Y}_f$服从正态分布。记$se(Y_f - \hat{Y}_f)$为$Y_f - \hat{Y}_f$标准差的估计值，则有：

$$t = \frac{Y_f - \hat{Y}_f}{se(Y_f - \hat{Y}_f)} \sim t(n-2) \tag{4-24}$$

设显著性水平为α，置信水平为$1-\alpha$，则Y_f置信水平为$1-\alpha$的置信区间为：

$$(\hat{Y}_f - t_{\alpha/2}(n-2)se(Y_f - \hat{Y}_f) < Y_f < \hat{Y}_f + t_{\alpha/2}(n-2)se(Y_f - \hat{Y}_f)) \tag{4-25}$$

由上面的计算结果可以看到，均值的置信区间要比个别值的置信区间窄，这是因为个别值的方差要大于均值的方差。此外,由式(4-18)和式(4-23)可以看到,这两个方差与 X_f 的取值有关,X_f 的取值越大,则方差越大,当 $X_f = \bar{X}$ 时,方差取得最小值。所以预测的置信区间在 $X_f = \bar{X}$ 处为最窄,如图 4-2 所示。

在实际运用中,我们同样可以用 EViews 软件得到预测结果。下面以例 3-1 的数据及回归结果为例进行说明。

(1)扩展样本容量。将样本容量从 10 个扩展为 11 个。在 Workfile 窗口中,点击 Proc,选择 Structure/Resize Current Page,或者输入命令:expand 1 11,将样本容量改为 11。

(2)输入预测的解释变量 X_f 的值。在 Group 窗口中,将 X_f 的值输入在变量 X 的最后一行。

(3)预测。在前面的 Equation 对话框里点击 Forecast,弹出如图 4-3 所示的对话框。在 Forecast name 中输入预测序列的名称 yf,在 S.E. 中输入保存预测值标准差的序列名称 seyf,点击"OK",在工作文件中会生成 yf 和 seyf 两个新序列,打开这两个序列即可得到所需结果。

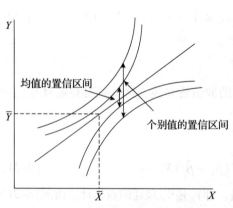

图 4-2 被解释变量均值与个别值的预测置信区间

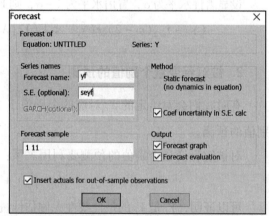

图 4-3 Forecast 对话框

4.5 案例分析

【例 4-1】 凯恩斯边际消费倾向理论认为,人们的消费会随着收入的增加而增加,但消费的增加没有收入增加得快。我们选取了湖北省统计局 1980~2016 年的城镇居民"可支配收入"和"消费性支出"数据(数据见教学资源 data4-1,数据来源:湖北省统计局),验证这个理论的正确性。

解:打开 EViews,建立工作文件和工作对象,录入数据。

1. 模型的设定

以"可支配收入"为解释变量 X,"消费性支出"为被解释变量 Y,作散点图如

图 4-4 所示。

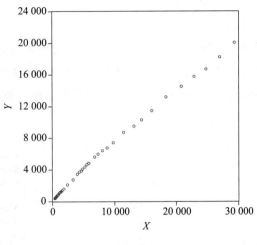

图 4-4 散点图

从散点图可以看出，X 与 Y 之间存在线性关系，故模型设定为：$Y_t = \beta_0 + \beta_1 X_t + u_t$，其中下标 t 表示时间。

2. 参数估计

用最小二乘法对参数做估计，得如表 4-1 所示的结果。

表 4-1　参数 OLS 估计结果

Dependent Variable：Y				
Method：Least Squares				
Date：11/26/17　Time：13:13				
Sample：1980 2016				
Included observations：37				
Variable	Coefficient	Std. Error	t-Statistic	Prob.
C	493.8192	77.04920	6.409141	0.0000
X	0.673951	0.006751	99.83197	0.0000
R-squared	0.996500	Mean dependent var		5806.843
Adjusted R-squared	0.996401	S. D. dependent var		5648.831
S. E. of regression	338.9058	Akaike info criterion		14.54186
Sum squared resid	4019999.	Schwarz criterion		14.62894
Log likelihood	-267.0244	Hannan-Quinn criter.		14.57256
F-statistic	9966.423	Durbin-Watson stat		0.179015
Prob(F-statistic)	0.000000			

估计结果的报告如下：

$$\hat{Y}_t = 493.8192 + 0.673951 X_t$$

$$se = (77.04920)(0.006751)$$

$$t = (6.409141)(99.83197)$$

$$p = (0.000\,0) \quad (0.000\,0)$$
$$R^2 = 0.996\,5 \quad df = 35$$

3. 随机扰动项的正态性检验

统计检验过程是建立在假设随机扰动项 u_t 服从正态分布的基础之上的。我们可以通过残差项 e_t 的分布来判断随机扰动项 u_t 的分布。打开残差(resid)文件,选择菜单 View/Descriptive statistics/Histogram and stats(显示当前序列的直方图与描述统计量的值),结果如图 4-5 所示。

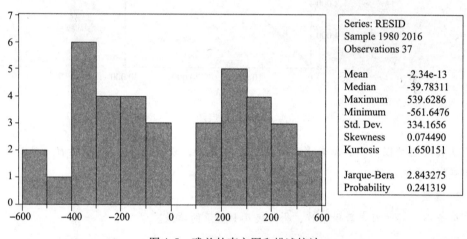

图 4-5 残差的直方图和描述统计

一种常用的正态性检验是雅克－贝拉(Jarque-Bera)检验,简称 JB 检验。其判断规则是:如果 JB 检验统计量的伴随概率的值大于给定的显著性水平 α,则不拒绝随机扰动项为正态分布,反之则拒绝。假定显著性水平 $\alpha = 0.05$,则本例中的雅克－贝拉统计量的伴随概率为 0.241 319,大于 0.05,故不拒绝随机扰动项为正态分布。

4. 检验

(1) 经济意义检验。由于斜率项系数表示边际消费倾向,且 $0 < \hat{\beta}_1 = 0.673\,951 < 1$,符合经济学理论。

(2) 拟合优度检验。由回归结果知可决系数 $R^2 = 0.996\,5$,非常接近 1,拟合的程度非常高。这时需要说明的是,拟合程度高固然好,但这并不是我们判断模型优劣的标准,在多元线性回归模型里可以看到可决系数与解释变量的个数是相关的。

(3) 统计检验。需要检验的假设为 $H_0: \beta_1 = 0$,$H_1: \beta_1 \neq 0$。

设显著性水平 $\alpha = 0.05$,查表得 $t_{0.025}(35) = 2.03$,$\hat{\beta}_1$ 对应的 t 检验统计量的值为 99.831 97,即有 $|t = 99.831\,97| > |t_{0.025}(35) = 2.03|$,故拒绝原假设,说明总体方程的斜率项系数显著地不为 0,X 显著地对 Y 做出了解释。

用 p 值方法进行检验更为简洁。$\hat{\beta}_1$ 对应的 p 值为 0.000 0,即有 $p = 0.000\,0 < \alpha = 0.05$,故拒绝原假设。

用同样的方法，还可以对总体方程的截距项系数是否为0进行检验。

5. 参数的区间估计

如果通过了各项检验，我们认为模型是可靠的，于是可以对参数做区间估计。由于在消费模型中，斜率项系数表示重要的经济学概念——边际消费倾向，这是我们非常感兴趣的参数，故先对斜率项系数做区间估计。

由 OLS 回归结果得 $\hat{\beta}_1 = 0.673951$，$se(\hat{\beta}_1) = 0.006751$，查表得 $t_{0.025}(35) = 2.03$。

将这些结果代入式(4-16)，得到 β_1 置信水平为95%的置信区间为(0.6602, 0.6877)；用同样的方法，可以得到 β_0 置信水平为95%的置信区间为(337.4093, 650.229)。

由上述结果可知，湖北省城镇居民的边际消费倾向大约为 0.66~0.69。

6. 预测

假如到2019年，湖北省城镇居民人均可支配收入达到30 000元，对对应的人均消费性支出做预测。

在 Workfile 对话框中选择菜单栏 Proc，点击 Structure/Resize Current Page，样本容量从 1980－2016 扩展为 1980－2019，或者输入命令：expand 1980 2019 回车。打开 Group 文件，将 X_f = 30 000 输入变量 X 中。在前面的 Equation 对话框中选 Forecast，在 Forecast name 中输入预测序列的名称 yf，在 S.E. 中输入保存预测值标准差的序列名称 seyf，点击"OK"，在工作文件中就会生成两个新序列文件 yf 和 seyf，打开这两个新序列文件，2017年对应的值分别是居民人均消费性支出的点预测值和标准差预测值。

设显著性水平 $\alpha = 0.05$，查表得 $t_{0.025}(35) = 2.03$。由式(4-16)得人均消费性支出95%的预测区间为(19 952.096, 21 472.584)，即湖北省城镇居民在可支配收入达到人均30 000元时，人均消费性支出将会达到 19 952~21 473 元的水平。

本章小结

学习这部分内容要正确理解古典假定的意义，掌握古典假定的基本内容；掌握 OLS 估计量的统计性质：高斯－马尔可夫定理；掌握参数的统计检验的方法和区间估计的方法，并用 EViews 做预测。

学习建议

本章是计量经济学的基础内容，在学习时要正确理解相关的基本概念，掌握基本方法，并掌握 EViews 的基本操作方法。

1. 本章重点

古典假定　　高斯－马尔可夫定理　　参数检验　　区间估计　　预测

2. 本章难点

古典假定的意义　　高斯－马尔可夫定理的意义

核心概念

古典假定　　高斯-马尔可夫定理　　假定检验　　区间估计　　预测

课后思考与练习

1. 线性回归模型有哪些基本假设？违背基本假设的计量经济学模型是否就不可估计？
2. 简述总体方差与参数估计误差的区别与联系。
3. 简述随机误差项 u_i 和残差项 e_i 的区别与联系。
4. 参数估计量的无偏性和有效性的含义是什么？从参数估计量的无偏性和有效性证明过程说明，为什么说满足基本假设的计量经济学模型的普通最小二乘参数估计量才具有无偏性和有效性？

上机实验 4-1

实验目的

（1）收集、整理数据。

（2）掌握 EViews 的基本操作。

（3）建立货币供应量与 GDP 的回归方程。

（4）建立 GDP 与财政收入的回归方程。

实验步骤和内容

1. 收集、整理数据

以国家统计局公布的官方数据为准。

（1）登录国家统计局网站。

（2）进入"统计数据"—"年度数据"—"中国统计年鉴"。

（3）查找"GDP""各项税收"和"货币供应量"的时间序列数据，并下载。

（4）整理数据。第一个回归方程设定"货币供应量"为解释变量，"GDP"为被解释变量。第二个回归方程设定"GDP"为解释变量，"财政收入"为被解释变量。

2. EViews 的基本操作

（1）建立"工作文件"。

（2）建立"工作对象"。

（3）录入数据。

（4）绘制每个变量的线图，并对每个变量序列做基本分析。

（5）绘制货币供应量与 GDP 的散点图、线图。

（6）估计货币供应量与 GDP 的回归方程。

（7）对 GDP 做点预测及区间预测。

扫二维码可详细了解上机实验操作过程。

(8) 绘制 GDP 与税收的散点图、线图。

(9) 估计 GDP 与税收的回归方程。

(10) 对税收做点预测和区间预测。

3. 实验要求与结果

在实验报告中记录 EViews 的基本操作的步骤，并报告以下内容。

(1) 货币供应量与 GDP 的散点图、线图，并说明其特点。

(2) 货币供应量与 GDP 的回归方程的估计结果。

(3) 对模型进行检验(经济意义检验、拟合优度检验、统计检验)。

(4) 参数的区间估计。

(5) 当货币 M2 达到 1 500 000 亿元时，对 GDP 的均值做点预测和区间预测。

(6) GDP 与税收的散点图、线图。

(7) GDP 与税收的回归方程。

(8) 对模型进行检验(经济意义检验、拟合优度检验、统计检验)。

(9) 参数的区间估计(置信水平为 95%)；

(10) 当 GDP 达到 800 000 亿元时，对税收的均值做点预测和区间预测。

上机实验 4-2

实验目的

(1) 收集、整理数据。

(2) 掌握 EViews 的基本操作。

(3) 建立地区一般公共预算收入与税收的回归方程。

实验步骤和内容

1. 收集、整理数据

以国家统计局公布的官方数据为准。

(1) 登录国家统计局网站。

(2) 进入"统计数据"—"年度数据"—"中国统计年鉴"。

(3) 查找"地区一般公共预算收入"的截面数据，并下载。

(4) 整理数据。设定"一般公共预算收入"为被解释变量，"税收收入"为解释变量。

2. EViews 的基本操作

(1) 建立"工作文件"。

(2) 建立"工作对象"。

(3) 录入数据。

(4) 绘制地区一般公共预算收入与税收的散点图、线图。

(5) 估计地区一般公共预算收入与税收的回归方程。

扫二维码可详细了解上机实验操作过程。

(6) 对一般公共预算收入的均值做点预测及区间预测。

3. 实验要求与结果

在实验报告中记录 EViews 的基本操作的步骤，并报告以下内容。

(1) 地区一般公共预算收入与税收的散点图、线图，并说明其特点。

(2) 地区一般公共预算收入与税收的回归方程的估计结果。

(3) 对模型进行检验（经济意义检验、拟合优度检验、统计检验）。

(4) 参数的区间估计（置信水平为95%）。

(5) 当税收达到 100 000 亿元时，对地区一般公共预算收入的均值做点预测和区间预测。

扫二维码可详细了解上机实验操作过程。

Chapter 5
第 5 章

一元线性回归模型的扩展

学习目标

- 了解可以变换成一元线性回归模型的曲线模型
- 掌握对数模型斜率项系数的经济意义
- 理解常数项的意义
- 了解模型函数形式的选择原则

前面我们讨论了一元线性回归模型，在满足古典假定的条件下，用最小二乘法得到的估计量是最佳线性无偏估计量，这是一个非常好的结论。虽然在很多情况下我们都会首先考虑线性模型，但是由于我们所研究现象的特性，或者是经济理论的背景，在很多时候我们还要考虑其他形式的模型。

5.1 过原点的回归

过原点的回归模型的基本形式为：

$$Y_i = \beta_1 X_i + u_i \tag{5-1}$$

也就是说，在一般的线性回归模型中，如果其常数项系数为零，则可得到过原点的线性回归模型。过原点的回归模型的表现形式是过原点的直线，如图5-1所示。

过原点的回归模型有具体现实背景，比较典型的如资产定价模型就表现为过原点的特性。

根据现代证券组合理论，资产定价模型可以设定为：

$$\mathrm{E}r_i - r_f = \beta(\mathrm{E}r_m - r_f) \tag{5-2}$$

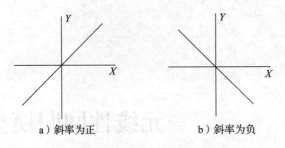

a) 斜率为正　　　　　　　b) 斜率为负

图 5-1　过原点的回归模型

式中　Er_i——第 i 种证券的期望回报率；

　　　r_f——无风险回报率；

　　　β——第 i 种证券的 Beta 系数；

　　　Er_m——市场组合证券的期望回报率。

如果资本市场是有效的，则资产定价模型要求：证券 i 的期望风险溢价（$Er_i - r_f$）等于期望市场溢价（$Er_m - r_f$）乘以该证券的 β 系数。

如果资产定价模型成立，我们就可以得到如图 5-2 所示的图形。

为了研究的需要，很多时候将式(5-2)表达为

$$Er_i - r_f = \beta(Er_m - r_f) + u_i \quad (5\text{-}3)$$

或者

$$Er_i - r_f = \alpha_i + \beta(Er_m - r_f) + u_i \quad (5\text{-}4)$$

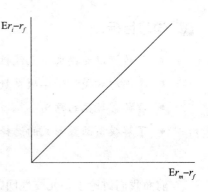

图 5-2　资产定价模型

后者称为市场模型。如果资产定价模型成立，则式(5-4)中的 α_i 为零。

可见，在这种情形下，我们要估计 β，需要做过原点的模型。那么如何估计过原点的模型呢？

对于一组样本数据，变量为 Y_i 和 X_i，则过原点的样本回归模型为：

$$\hat{Y}_i = \hat{\beta}_1 X_i + e_i \quad (5\text{-}5)$$

应用 OLS 可以得到

$$\hat{\beta}_1 = \frac{\sum X_i Y_i}{\sum X_i^2} \quad (5\text{-}6)$$

$$\text{Var}(\hat{\beta}_1) = \frac{\sigma^2}{\sum X_i^2} \quad (5\text{-}7)$$

式中的 $\sigma^2 = \text{Var}(u_i)$，一般情况下其值是未知的，我们可以用残差去估计：

$$\hat{\sigma}^2 = \frac{\sum e_i^2}{n-1} \quad (5\text{-}8)$$

我们可以将式(5-5)至式(5-7)与有截距的模型 OLS 估计式进行比较,可以发现它们之间的差异性。

与有截距的模型一样,我们也可以计算过原点的模型的 R^2,但这个 R^2 与有截距的模型的 R^2 的意义完全不同。一般可以定义过原点的模型的 R^2 为:

$$R_0^2 = \frac{(\sum X_i Y_i)^2}{\sum X_i^2 \sum Y_i^2} \tag{5-9}$$

虽然从这个公式也可以得出 $0 < R_0^2 < 1$,但是 R_0^2 却不能与平常意义上的 R^2 相比。

在过原点的回归模型中,有两个异常的特点:①过原点的模型估计式的残差和不一定为零,即 $\sum e_i = 0$ 不一定成立;②实际计算的 R_0^2 可能是负值。

正是过原点回归的特殊性,所以在实际运用中,除非有确定的理论支持,一般情况下我们都应该先采用有截距的模型。这是因为:第一,当采用有截距的模型时,如果其估计的截距项在统计意义上是显著地为零,这时我们就有理由认为实际的情况应该是一个过原点的模型;第二,如果真实的模型是有截距的,而我们一定要设定为过原点的模型,这样就会犯模型设定的错误。

【例 5-1】 data5-1 给出了工商银行(601398)和上证 50 指数(000016) 2010 年 11 月 19 日至 2017 年 7 月 14 日的周收益率的数据(数据见教学资源 data5-1,数据来源:通达信)。利用上述数据,分析工商银行收益率和上证 50 指数收益率的关系。

解:设定线性回归模型为

$$Y_t = \alpha + \beta_1 X_t + u_t$$

式中 Y_t——工商银行的周收益率;

X_t——上证 50 的周收益率;

β_1——Beta 系数;

α——截距项。

在 EViews 中,时间序列的周数据设置方法如下:

(1)建立时间序列工作文件,将 Frequency 设置为 Weekly;

(2)设置周数据需要确定开始和结束是当年的第几周,2010 年 11 月 19 日是当年的第 47 周,2017 年 7 月 14 日是当年的第 28 周,故在开始和结束的对话框里分别键入 2010w47 和 2017w28,然后确定(见图 5-3);

(3)建立工作对象,并将 data5-1 中的时间、上证 50 指数收益率、工商银行收益率的数据复制粘贴到工作对象,并分别命名为 T、X、Y,关闭工作对象;

(4)双击工作文件中的"Range",弹出"Workfile structure"对话框,在"Workfile structure type"中选择"Dated-specified by date series",在"Identifier series"中键入变量名称"t",然后确定(见图 5-4)。系统会自动将数据与时间对齐。

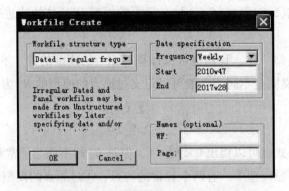

图 5-3 建立时间频率为周的工作文件

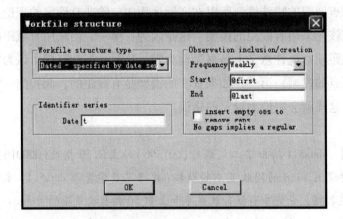

图 5-4 工作文件结构窗口

用 OLS 估计的结果如表 5-1 所示。

表 5-1 有截距的 OLS 估计结果

Dependent Variable: Y
Method: Least Squares
Date: 07/18/17   Time: 15:02
Sample (adjusted): 11/19/2010 6/02/2017
Included observations: 342 after adjustments

Variable	Coefficient	Std. Error	t-Statistic	Prob.
C	−2.76E-05	0.000511	−0.054035	0.9569
X	0.583572	0.036040	16.19239	0.0000
R-squared	0.435398	Mean dependent var		0.000126
Adjusted R-squared	0.433737	S.D. dependent var		0.012565
S.E. of regression	0.009455	Akaike info criterion		−6.478626
Sum squared resid	0.030398	Schwarz criterion		−6.456201
Log likelihood	1109.845	F-statistic		262.1936
Durbin-Watson stat	2.489347	Prob(F-statistic)		0.000000

对估计结果进行 t 检验,可以得到 X_t 显著地对 Y_t 做出了解释,但由于截距项对应的 p 值为 $0.9569 > 0.05$,故截距项显著为零。

这样我们有理由将模型设定为:

$$Y_t = \beta_1 X_t + u_t$$

估计的结果如表 5-2 所示。

表 5-2 过原点的 OLS 估计结果

Dependent Variable: Y
Method: Least Squares
Date: 07/18/17   Time: 15:02
Sample (adjusted): 11/19/2010 6/02/2017
Included observations: 342 after adjustments

Variable	Coefficient	Std. Error	t-Statistic	Prob.
X	0.583536	0.035981	16.21792	0.0000
R-squared	0.435393	Mean dependent var		0.000126
Adjusted R-squared	0.435393	S. D. dependent var		0.012565
S. E. of regression	0.009442	Akaike info criterion		-6.484466
Sum squared resid	0.030398	Schwarz criterion		-6.473253
Log likelihood	1109.844	Durbin-Watson stat		2.489334

从估计的结果看,t 检验是显著的。由估计的结果得 $\hat{\beta} = 0.583536$,说明工商银行的收益率波动比上证 50 指数收益率波动要小,属于防御型品种。

5.2 对数模型

在计量经济学中,有很多问题表现出曲线形式,故需要建立曲线模型,而其中用得最多的是对数模型。

指数模型为:

$$Y_i = \beta_0 X^{\beta_1} e^{u_i} \tag{5-10}$$

从模型的函数形式上看,该模型是一个非线性模型,如果对其两边取对数得:

$$\ln Y_i = \ln \beta_0 + \beta_1 \ln X_i + u_i \tag{5-11}$$

若令 $\ln Y_i = Y_i^*$,$\ln \beta_0 = \beta_0^*$,$\ln X_i = X_i^*$,则有:

$$Y_i^* = \beta_0^* + \beta_1 X_i^* + u_i \tag{5-12}$$

式(5-12)是一个线性模型的回归模型,但其由式(5-11)变形而来,而式(5-11)是一个由解释变量和被解释变量取对数得到的模型,这类模型称为对数模型。

从上面的表述我们可以理解什么样的模型是对数模型。由于模型中会有两个变量,那么它们取对数就可以变换成三种不同的模型。

双对数模型为:
$$\ln Y_i = \beta_0 + \beta_1 \ln X_i + u_i \tag{5-13}$$

线性到对数模型:
$$\ln Y_i = \beta_0 + \beta_1 X_i + u_i \tag{5-14}$$

对数到线性模型:
$$Y_i = \beta_0 + \beta_1 \ln X_i + u_i \tag{5-15}$$

其中式(5-14)和式(5-15)中由于只有一个变量取了对数,故称为半对数模型。

对数模型被广泛运用,一个重要的原因是在对数模型中,斜率项系数有着确定的经济学含义。

1. 双对数模型

双对数模型如式(5-13)所示,这个模型有一个特殊点,模型中的斜率项系数 β_1 表示弹性。

下面我们来证明双对数模型中的斜率项系数表示弹性。在证明过程中,要用到一个重要极限:
$$\lim_{\alpha \to 0}(1+\alpha)^{1/\alpha} = e$$

根据 β_1 的几何意义有
$$\beta_1 = \frac{\Delta \ln Y_i}{\Delta \ln X_i} = \frac{\ln(Y_i + \Delta Y) - \ln Y_i}{\ln(X_i + \Delta X) - \ln X_i} = \frac{\ln\left(1 + \frac{\Delta Y}{Y}\right)}{\ln\left(1 + \frac{\Delta X}{X}\right)}$$

令 $\frac{\Delta Y}{Y} = \alpha$,则当 $\Delta Y \to 0$ 时,$\alpha \to 0$。

则有
$$\lim_{\Delta y \to 0} \frac{\ln\left(1 + \frac{\Delta Y}{Y}\right)}{\frac{\Delta Y}{Y}} = \lim_{x \to 0} \frac{\ln(1+\alpha)}{\alpha} = \lim_{x \to 0} \ln(1+\alpha)^{1/\alpha} = \ln e = 1$$

同理
$$\lim_{\Delta x \to 0} \frac{\ln\left(1 + \frac{\Delta X}{X}\right)}{\frac{\Delta X}{X}} = 1$$

于是有:当 ΔY 和 ΔX 足够小时,
$$\ln\left(1 + \frac{\Delta Y}{Y}\right) \sim \frac{\Delta Y}{Y}, \quad \ln\left(1 + \frac{\Delta X}{X}\right) \sim \frac{\Delta X}{X}$$

所以

$$\beta_1 = \frac{\Delta \ln Y}{\Delta \ln X} = \frac{\ln\left(1+\frac{\Delta Y}{Y}\right)}{\ln\left(1+\frac{\Delta X}{X}\right)} \sim \frac{\frac{\Delta Y}{Y}}{\frac{\Delta X}{X}}$$

即 β_1 表示弹性。

如果用微分的方法，则有：

$$\beta_1 = \frac{\Delta \ln Y}{\Delta \ln X} \approx \frac{d \ln Y}{d \ln X} = \frac{\frac{dY}{Y}}{\frac{dX}{X}}$$

也证明 β_1 表示弹性。

正是由于在双对数模型中斜率项系数 β_1 表示弹性，所以在很多时候双对数模型被广泛使用。

【例5-2】 电力消费弹性系数是指一段时间内电力消费增长速度与国民生产总值增长速度的比值，用以评价电力与经济发展之间的总体关系。从世界各国长期的电力工业发展与国民经济发展的关系中可以看出，由于各国在经济发展中都致力于不断提高电气化程度，充分利用电力所具有的方便、清洁、高效率等优点来促进经济发展和提高人民的生活水平，因而在生产和生活领域中，用电范围不断扩大，用电量迅速增长，电力工业的发展速度都将快于国民经济的发展速度，所以发达国家的电力消费弹性系数一般会大于1。data5-2给出了我国2013年各地区电力消费和GDP数据（资料来源：《中国统计年鉴2014》），试测2013年度我国电力消费弹性系数。

解：由于双对数模型的斜率项系数是弹性的测度，所以我们设定双对数模型：

$$\ln Y_i = \beta_0 + \beta_1 \ln X_i + u_i$$

式中 X——GDP；

Y——电力消费量。

OLS回归结果如表5-3所示。

表5-3 电力弹性OLS估计结果

Dependent Variable：LOG(Y)
Method：Least Squares
Date：07/19/17 Time：09:14
Sample：1 31
Included observations：31

Variable	Coefficient	Std. Error	t-Statistic	Prob.
C	−0.932551	0.883623	−1.055372	0.3000
LOG(X)	0.844257	0.091819	9.194814	0.0000

				(续)
R-squared	0.744594	Mean dependent var		7.151738
Adjusted R-squared	0.735787	S. D. dependent var		0.954025
S. E. of regression	0.490385	Akaike info criterion		1.475089
Sum squared resid	6.973845	Schwarz criterion		1.567604
Log likelihood	-20.86388	F-statistic		84.54460
Durbin-Watson stat	1.025286	Prob(F-statistic)		0.000000

其中 $\hat{\beta}_1 = 0.844257$，对应的 $p = 0.0000$，说明我们设定的模型是可靠的。

由模型估计的结果可知 $\hat{\beta}_1 = 0.844257$，即平均电力消费弹性指数为 0.844257，表明我国电气化水平还有很大的发展空间。

2. 线性到对数模型

线性到对数模型是一种半对数模型，其基本形式如式(5-14)所示。

这种模型的一个经济学背景是关于复利的计算：设 r 是 Y 的复合增长率，T 表示时间，M 表示初始值，则有 $Y = M(1+r)^T$，两边取对数得 $\ln Y = \ln M + T\ln(1+r)$。

令 $\ln M = \beta_0$，$\ln(1+r) = \beta_1$，可得到线性到对数模型。

在这种模型中，T 表示时间，β_1 度量了 Y 的瞬时增长率。这是因为：

$\beta_1 = \dfrac{\Delta \ln Y}{\Delta T} = \dfrac{\dfrac{\Delta Y}{Y}}{\Delta T}$，当 $\Delta T = 1$ 时(即时间增加一个单位)，$\beta_1 = \dfrac{\Delta Y}{Y}$，表示 Y 的增长率。如果要求复合增长率，则需要利用关系式 $\ln(1+r) = \beta_1$ 求得。

【例 5-3】 给出的是我国 1980~2013 年铁路营业里程的数据(数据见教学资源 data5-3，数据来源：《中国统计年鉴 2014》)，试测度我国铁路营业里程的增长率。

解：根据前面的分析，要测度铁路营业里程的增长率，可以设定线性到对数模型：

$$\ln Y_t = \beta_0 + \beta_1 t + u_i$$

式中 Y_t——铁路营业里程；

t——时间序号。

用 OLS 得到的估计结果如表 5-4 所示。

表 5-4 我国铁路营业里程的增长率的 OLS 估计结果

Dependent Variable: LOG(Y)
Method: Least Squares
Date: 07/19/17   Time: 14:55
Sample: 1980 2013

(续)

Included observations: 34

Variable	Coefficient	Std. Error	t-Statistic	Prob.
C	1.573086	0.017831	88.22144	0.0000
T	0.018486	0.000889	20.79922	0.0000
R-squared	0.931125	Mean dependent var		1.896591
Adjusted R-squared	0.928972	S. D. dependent var		0.190775
S. E. of regression	0.050843	Akaike info criterion		-3.063107
Sum squared resid	0.082722	Schwarz criterion		-2.973321
Log likelihood	54.07282	F-statistic		432.6074
Durbin-Watson stat	0.141783	Prob(F-statistic)		0.000000

由估计的结果可知，我们设定的模型是可靠的。

由于 $\hat{\beta}_1 \approx 0.0185$，故这是铁路营业里程瞬时增长率的点估计值。如果要求复合增长率，过程如下：利用关系式 $\hat{\beta}_1 = \ln(1+r)$ 得到 $r = e^{\beta_1} - 1$，经计算 $r \approx 0.0187$，即复合增长率约为1.87%。

3. 对数到线性模型

对数到线性模型的一般形式如式(5-15)。与其他形式的对数模型一样，对数到线性模型的斜率项系数也有明确的经济学含义。

由于

$$\beta_1 = \frac{\Delta Y}{\Delta \ln X} = \frac{\Delta Y}{\Delta X / X}$$

所以

$$\Delta Y = \beta_2 \frac{\Delta X}{X}$$

那么当 $\frac{\Delta X}{X} = 1\%$ 时，$100\beta_1$ 测度了 X 变化1%时 Y 的绝对变化值，即 $\Delta Y = \frac{\beta_1}{100}$。

【例5-4】 给出了我国2013年各地区城镇居民消费性支出和食品支出的数据(数据见教学资源data5-4，数据来源：《中国统计年鉴2014》)，试测度城镇居民消费性支出每增长1%，食品支出的绝对值。

解：由上述分析，要测度消费性支出每增长1%时食品支出的绝对值，可设定对数到线性模型。

$$Y_i = \beta_0 + \beta_1 \ln X_i + u$$

式中　Y——食品支出；

　　　X——消费性支出。

OLS 估计结果如表 5-5 所示。

表 5-5　食品支出的绝对值的 OLS 估计结果

Dependent Variable: Y
Method: Least Squares
Date: 07/20/17　Time: 08:30
Sample: 1 31
Included observations: 31

Variable	Coefficient	Std. Error	t-Statistic	Prob.
C	−51557.81	5457.834	−9.446570	0.0000
LOG(X)	5930.173	560.8340	10.57385	0.0000
R-squared	0.794043	Mean dependent var		6139.448
Adjusted R-squared	0.786941	S. D. dependent var		1399.198
S. E. of regression	645.8457	Akaike info criterion		15.84134
Sum squared resid	12096383	Schwarz criterion		15.93385
Log likelihood	−243.5408	F-statistic		111.8062
Durbin-Watson stat	1.221235	Prob(F-statistic)		0.000000

由回归结果可知，我们设定的模型是可靠的。则

$$\Delta Y = \frac{\hat{\beta}_1}{100} = \frac{5\,930.173}{100} \approx 59.30$$

即当城镇居民消费性支出增长 1% 时，平均食品支出增加的绝对值约为 59.30 元。

5.3　倒数模型

在经济现象中，有很多经济现象表现出倒数的特性，比如商品流通费用率与销售额、单位成本与产量、商品的需求量与商品的价格等，而著名的菲利普斯曲线也是一个倒数模型，它描述的是工资变化率与失业率的关系。

倒数模型的一般形式为：

$$Y_i = \beta_0 + \beta_1 \frac{1}{X_i} + u_i \tag{5-16}$$

虽然倒数模型中变量之间是非线性的关系，但是 Y 与 β_0 与 β_1 之间是线性关系，所以从计量经济学意义上讲它还是一个线性回归模型。

倒数模型与其他模型相比有其独特的特点。当 X 无限增大时，$1/X$ 会趋近于 0，这时 Y 趋近于 β_0。也就是说，在倒数模型里有一条渐近线 $Y = \beta_0$，而当 β_0 与 β_1 取不

同值时，倒数模型会表现出不同的形式(见图5-5)。

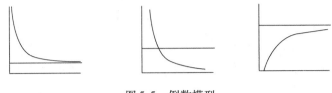

图5-5 倒数模型

【例5-5】 本例给出了美国环境保护署1991年公布的数据(数据见教学资源data5-5，数据来源：选自达摩达尔·古扎拉蒂. 计量经济学基础[M]. 费剑平，孙春霞，等译. 北京：中国人民大学出版社，2005：404)。为了了解汽车每加仑[⊖]行驶的里程数，共观测了81辆汽车的数据，显然每加仑汽油行驶的里程数会受到汽车发动机的影响。根据表中的数据，建立两者之间的关系。

解：首先我们要确定应该设定一个怎样的模型，作散点图结果如图5-6所示。

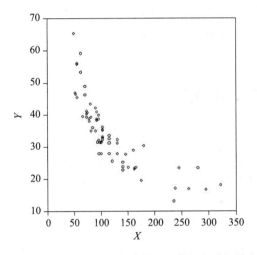

图5-6 81辆汽车每加仑汽油行驶的里程数与发动机马力散点图

从图中可以看到，两个变量之间应该是倒数关系，所以我们设定为倒数模型：

$$Y_i = \beta_0 + \beta_1 \frac{1}{X_i} + u_i$$

式中 Y——每加仑汽油行驶的里程数；

X——发动机马力。

用OLS得：

$$\hat{Y}_i = 9.757218 + 2378.491 \frac{1}{X_i}$$

⊖ 1英加仑=4.54609立方分米。
　1美加仑=3.78541立方分米。

$$se = (1.227\,937)\,(113.308\,6)$$
$$t = (7.946\,028)\,(7.946\,028)$$
$$p = (0.000\,0) \quad (0.000\,0)$$
$$R^2 = 0.847\,970$$

从回归结果看，我们设定的模型是可靠的，但是这个结果不能和一般的线性回归模型的结果一样解读，因为倒数模型有其特殊的意义。由于 $Y' = -\beta_1 \left(\dfrac{1}{X^2}\right)$，所以其斜率项系数为 $-\beta_1 \left(\dfrac{1}{X^2}\right)$。从这个式子可以看出，倒数模型的斜率是可变的，它的取值与 X 有关。例如当 $X = 100$ 时，其斜率项系数为 $-0.237\,849\,1$，其含义是当 $X = 100$ 马力时，每增加 1 马力，汽车每加仑汽油行驶的里程数会减少约 0.24 千米。

前面我们比较全面地讨论了对数模型和倒数模型，而这些模型对应的都是曲线模型。这样就引出一个问题：我们应该设定一个什么样的模型才是合适的？是设定一个线性模型还是设定一个曲线模型？这个问题我们将在后面讨论。

5.4 模型函数形式的选择

模型函数形式的选择是我们在设定模型时必须要考虑的问题。因为模型的函数形式不正确，所以设定的模型是有偏误的，如果这样，那么模型就不满足古典假定，在这种情况下用 OLS 得到的估计量就不再是最佳线性无偏估计量了。那么我们应该依据什么来选择模型的函数形式呢？

（1）模型的经济学理论背景。经济学理论背景能够帮助我们选择一个合适的函数形式，例如菲利普斯曲线，当我们研究的内容是关于通货膨胀率或工资增长率以及失业率的问题时，应该可以设定一个倒数模型。

（2）模型要满足预先的预期。例如研究民航客运量与铁路客运量的关系，我们可以预先预期其斜率项系数应该为负值；再如例 5-5，我们先利用样本的散点图判断样本的拟合程度应该是倒数形式，再去推断总体模型也应该是倒数形式。

（3）在多种不同模型之间做比较，选择一个"最好"的模型。例如例 5-5 我们可能有多种选择，下面给出的是利用例 5-5 中的数据做出的三个散点图，分别是线性、倒数和双对数（见图 5-7）。从这三个散点图中我们可以看到，这三种模型都是我们可以选择的，那么我们应该选择哪一种呢？我们要考虑两个方面的需要：一是拟合的程度，二是研究的目的。从拟合的程度上看，选择倒数模型可能会更好；如果是研究弹性，则可以选择双对数模型。

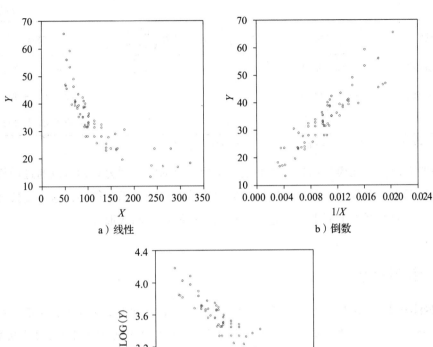

图 5-7 例 5-5 数据的三种散点图

（4）对可决系数 R^2 不做过高要求。可决系数不是我们判断一个模型好坏的重要指标，在多数情况下我们要看 OLS 估计量系数的符号，还要看对应的 t 值和 p 值，因为这些指标是我们判断模型是否正确的基础指标。

（5）对斜率项系数所表示的意义做出正确的判断。由于研究目的不同，我们可能会设定不同的模型，而其中一个重要原因是要得到不同形式模型下的斜率项系数，因为它代表着特定的经济学含义。这样我们就要对不同模型的斜率项系数所表示的意义有一个认识，表 5-6 给出了不同模型对应的斜率项系数的表达式。

表 5-6 各类模型系数的含义

模型	方程	斜率 $\left(\dfrac{dY}{dX}\right)$	弹性 $\left(\dfrac{dY}{dX}\dfrac{X}{Y}\right)$	特点
线性	$Y = \beta_0 + \beta_1 X$	β_1	$\beta_1 \dfrac{X}{Y}$	斜率不变，弹性可变
双对数	$\ln Y = \beta_0 + \beta_1 \ln X$	$\beta_1 \dfrac{Y}{X}$	β_1	斜率可变，弹性不变

(续)

模型	方程	斜率 $\left(\dfrac{dY}{dX}\right)$	弹性 $\left(\dfrac{dY}{dX}\dfrac{X}{Y}\right)$	特点
对数到线性	$Y = \beta_0 + \beta_1 \ln X$	$\beta_1 \dfrac{1}{X}$	$\beta_1 \dfrac{1}{Y}$	斜率可变，弹性可变
线性到对数	$\ln Y = \beta_0 + \beta_1 X$	$\beta_1 Y$	$\beta_1 X$	斜率可变，弹性可变
倒数	$Y = \beta_0 + \beta_1 \dfrac{1}{X}$	$-\beta_1 \dfrac{1}{X^2}$	$-\beta_1 \dfrac{1}{XY}$	斜率可变，弹性可变

注：如果 X 和 Y 均未给定，一般取 $\overline{X}$ 和 $\overline{Y}$ 作为其弹性的代表值。

一般来说，一元模型函数形式的选择是相对容易的，因为我们可以通过做样本数据的散点图来帮助判断，但多元模型函数形式的选择就要困难得多，这需要技巧和经验，我们只要遵循以上原则，还是可以找到合适的模型函数形式。

5.5 案例分析

【例 5-6】货币供应量作为货币政策的中介目标，在货币政策体系中占有重要地位。货币供应量水平是一国货币政策调节的主要对象，其变化情况则是一国制定货币政策的依据。货币供应量的大小是影响国民经济能否正常运行的重要因素，为了测试货币供应量对经济的影响，选取 1978~2016 年我国 GDP 和货币供应量(M2)的数据(数据见教学资源 data5-6，数据来源：新浪财经)建立双对数模型，来测定 GDP 对货币供应量(M2)的弹性。

解：双对数模型的估计结果如表 5-7 所示。

表 5-7　GDP 和货币供应量(M2)双对数模型估计结果

Dependent Variable: LOG(Y)
Method: Least Squares
Date: 07/20/17   Time: 09:52
Sample: 1978 2016
Included observations: 39

Variable	Coefficient	Std. Error	t-Statistic	Prob.
C	0.450739	0.020684	21.79196	0.0000
LOG(X)	0.745021	0.007262	102.5902	0.0000
R-squared	0.996497	Mean dependent var		1.758797
Adjusted R-squared	0.996402	S. D. dependent var		1.695636
S. E. of regression	0.101708	Akaike info criterion		-1.683495
Sum squared resid	0.382749	Schwarz criterion		-1.598184
Log likelihood	34.82816	F-statistic		10524.75
Durbin-Watson stat	0.294263	Prob(F-statistic)		0.000000

由估计的结果得：

$$\ln(\hat{Y}_t) = 0.450739 + 0.745021\ln(X_t)$$
$$p = (0.0000)\quad(0.0000)$$
$$R^2 = 0.996497$$

对模型进行检验，系数的符号、可决系数的值、t 检验都非常理想。

斜率项系数约等于 0.745 021，其含义是弹性，即当货币供应量(M2)增加 1% 时，GDP 会增加约 0.75%。如果这个模型是可靠的，我们可以利用广义货币供应量(M2)的变化情况来预测 GDP 的增长率，如 2016 年，广义货币供应量(M2)的增速为 11.3%，则可预测得到 GDP 的增长率约为 8.475%。2016 年 GDP 实际增长率为 6.7%，总值为 744 127 亿元，之所以有如此大的预测偏差可能是模型中存在不满足古典假定的情况以及没有考虑物价因素所致。

本章小结

一元线性回归模型是最基本的模型，由于实际的需要，我们要设定曲线模型，而有些曲线模型可以转换成一元线性回归模型，这些模型在计量经济学意义上仍然是线性的。

最常用的曲线模型有对数模型和倒数模型，而对数模型又包括双对数模型和半对数模型。在这些模型中，斜率项系数有着特定的经济学含义，运用这些模型可以帮助我们更深刻地认识经济现象。此外，对常数项也要重新认识，我们可以设定过原点的模型(常数项为零)，在倒数模型中，常数项也有特定的含义。

选择合适的模型函数形式是一个非常重要的问题，我们可以遵循一些基本的原则来选择合适的模型函数形式。

学习建议

曲线模型会在很多经济现象中表现出来，我们可以根据其表现形式，选择合适的模型来刻画这些经济现象。在学习中要重点掌握对数模型和倒数模型，特别是其斜率项系数的含义要深刻理解。此外，也要理解常数项的特定含义。

1. 本章重点

对数模型的设定　　倒数模型设定　　斜率项系数的含义

2. 本章难点

模型函数形式的选择　　斜率项系数的含义

核心概念

对数模型　　倒数模型　　弹性　　增长率　　函数形式

课后思考与练习

1. 在什么情况下，我们要考虑设定一个过原点的模型？
2. 在倒数模型 $Y_i = \beta_0 + \beta_1 \dfrac{1}{X_i} + u_i$ 中，Y 表示居民在某种商品上的消费支出，X 表示对应的居民收入，则倒数模型构成恩格尔支出曲线。试分析，当 $X \to \infty$ 时，Y 将怎样变化？

解释这个结果的含义，并推测常数项系数和斜率项系数的符号，画出草图。

3. 简述双对数模型、对数到线性模型、线性到对数模型斜率项系数的含义。

上机实验 5-1

实验目的

（1）收集、整理数据。

（2）掌握 EViews 的基本操作。

（3）建立我国 GDP 与固定资产投资双对数模型。

实验步骤和内容

1. 收集、整理数据

以国家统计局公布的官方数据为准。

（1）登录国家统计局网站。

（2）进入"统计数据"—"年度数据"—"中国统计年鉴"。

（3）查找"各地区国内生产总值和指数"和"各地区按登记注册类型分全社会固定资产投资"的截面数据，并下载。

（4）整理数据，设定"各地区国内生产总值"为被解释变量，"全社会固定资产投资"为解释变量。

2. EViews 的基本操作

（1）建立"工作文件"。

（2）建立"工作对象"。

（3）录入数据。

（4）绘制"各地区国内生产总值"变量、"全社会固定资产投资"变量的散点图。

扫二维码可详细了解上机实验操作过程。

（5）生成"各地区国内生产总值"变量的对数以及"全社会固定资产投资"变量的对数序列。

（6）绘制"各地区国内生产总值"变量的对数、"全社会固定资产投资"变量的对数的散点图。

（7）估计 GDP 与固定资产投资双对数模型。

3. 实验要求与结果

在实验报告中记录 EViews 的基本操作的步骤，并报告以下内容。

（1）绘制"各地区国内生产总值"变量、"全社会固定资产投资"变量的散点图。

（2）生成"各地区国内生产总值"变量的对数以及"全社会固定资产投资"变量的对数序列的操作过程。

（3）绘制"各地区国内生产总值"变量的对数、"全社会固定资产投资"变量的对数的散点图。

(4) GDP 与固定资产投资双对数模型的估计结果。

(5) 对模型进行检验(经济意义检验、拟合优度检验、统计检验)。

(6) 说明斜率项系数的经济意义，并分析我国 GDP 对固定资产投资的依赖程度。

(7) 对斜率项做区间估计。

(8) 思考我国 GDP 对消费的依赖程度如何？对出口的依赖程度又如何？

上机实验 5-2

实验目的

(1) 收集、整理数据。

(2) 掌握 EViews 的基本操作。

(3) 建立个人卫生支出的半对数模型。

实验步骤和内容

1. 收集、整理数据

以国家统计局公布的官方数据为准。

(1) 登录国家统计局网站。

(2) 进入"统计数据"—"年度数据"—"中国统计年鉴"。

(3) 查找"卫生总费用"的时间序列数据，并下载。

(4) 整理数据。

2. EViews 的基本操作

(1) 建立"工作文件"。

(2) 建立"工作对象"。

(3) 录入数据。

(4) 绘制"个人卫生支出"变量的线图。

(5) 绘制"个人卫生支出"变量对数的线图。

(6) 估计个人卫生支出的半对数模型，估计其增长率。

3. 实验要求与结果

在实验报告中记录 EViews 的基本操作的步骤，并报告以下内容。

(1) 绘制"个人卫生支出"变量的线图。

(2) 绘制"个人卫生支出"变量对数的线图。

(3) 说明这两个线图有何特点。

(4) 个人卫生支出的半对数模型的估计结果。

(5) 对模型进行检验(经济意义检验、拟合优度检验、统计检验)。

(6) 说明斜率项系数的经济意义，并估计我国个人卫生支出的瞬时增长率和复合增长率。

扫二维码可详细了解上机实验操作过程。

Chapter 6
第 6 章

多元线性回归模型的估计

学习目标

- 了解多元线性回归模型的设定
- 了解多元线性回归模型的矩阵表示
- 理解多元线性回归偏回归系数的意义
- 掌握多元线性回归直线的代数性质
- 掌握估计多元线性回归模型的方法

前面我们讨论了一元线性回归模型。在经济领域里,变量之间的关系是复杂的,往往一个变量会受到多个变量的影响。例如,在消费模型中,消费不仅受到收入的影响,还会受到物价的影响,这样我们就有必要考虑建立多元线性回归模型的问题。

6.1 多元线性回归模型的设定

多元线性回归模型的设定有其广阔的经济学背景,在很多情况下我们都需要设定多元线性回归模型。

【例6-1】 在多元消费回归模型中,消费不仅受到收入的影响,还会受到物价变动的影响,特别是在时间序列模型里。这样我们可以设定一个二元线性回归模型:

$$Y_t = \beta_0 + \beta_1 X_{1t} + \beta_2 X_{2t} + u_t \tag{6-1}$$

式中 Y_t——消费;

X_{1t}——收入；

X_{2t}——物价。

【例6-2】 影响经济增长的因素很多，主要的有消费、投资和净出口。以 GDP 作为一国经济状况的代表变量，则可以设定一个三元线性回归模型：

$$Y_t = \beta_0 + \beta_1 X_{1t} + \beta_2 X_{2t} + \beta_3 X_{3t} + u_t \tag{6-2}$$

式中 Y_t——GDP；

X_{1t}——消费；

X_{2t}——投资；

X_{3t}——净出口。

一般地，多元线性回归模型的基本形式为：

$$Y_i = \beta_0 + \beta_1 X_{1i} + \beta_2 X_{2i} + \cdots + \beta_k X_{ki} + u_i \tag{6-3}$$

式中 β_j——回归系数$(j = 0, 1, 2, \cdots, k)$；

u_i——随机扰动项。

随机扰动项的设定与一元线性模型是一样的，它代表了那些我们无法知道的因素或者"周边变量"，它对被解释变量的影响是随机的，我们有足够的理由认为其均值为0，即：

$$\mathrm{E}(u_i \mid X_1, X_2, \cdots, X_k) = 0 \tag{6-4}$$

因此有：

$$\mathrm{E}(Y_i \mid X_1, X_2, \cdots, X_k) = \beta_0 + \beta_1 X_{1i} + \beta_2 X_{2i} + \cdots + \beta_{ki} X_{ki} \tag{6-5}$$

我们将式(6-3)称为总体多元线性回归模型，它是真实的统计模型；式(6-5)称为总体多元线性回归方程，它是真实的回归"直线"。

和一元线性回归模型一样，总体是不能完全观测的，我们只能通过样本来对总体做推断。假如我们抽到一个样本，对应的有 n 个观测值，这样就得到了样本的回归模型和样本回归方程：

$$Y_i = \hat{\beta}_0 + \hat{\beta}_1 X_{1i} + \hat{\beta}_2 X_{2i} + \cdots + \hat{\beta}_k X_{ki} + e_i \tag{6-6}$$

式中 $\hat{\beta}_j$——参数的估计值$(j = 0, 1, 2, \cdots, k)$；

e_i——残差项。

$$\hat{Y}_i = \hat{\beta}_0 + \hat{\beta}_1 X_{1i} + \hat{\beta}_2 X_{2i} + \cdots + \hat{\beta}_k X_{ki} \tag{6-7}$$

比较式(6-6)和式(6-7)，容易得到：

$$e_i = Y_i - \hat{Y}_i \tag{6-8}$$

样本回归模型是估计的统计模型，样本回归方程是估计的回归"直线"。

在总体多元线性回归模型中，诸 $\beta_j (j = 1, 2, \cdots, k)$ 称为偏回归系数，其意义是在其他解释变量不变的条件下，某一个 X_{ji} 变动对 Y_i 平均变动的影响。例如，总体的二元线性回归模型为 $Y_i = \beta_0 + \beta_1 X_{1i} + \beta_2 X_{2i} + u_i$，其中，$Y$ 是消费，X_1 是收入，X_2 是物价。当物价保持不变，即 X_2 保持不变时，则 X_1 变动一个单位，Y 平均变动 β_1 个单位；当收入保持不变，即 X_1 保持不变时，则 X_2 变动一个单位，Y 平均变动 β_2 个单位。

6.2 多元线性回归模型的矩阵表示

设多元线性回归模型如式(6-3)所示，对应的方程为式(6-5)。假设 k 个解释变量 X 有 n 次取值，与诸 X 对应的 Y 有一"簇"取值，这样得到这些变量的 n 组观测值，则有：

$$
\begin{aligned}
Y_1 &= \beta_0 + \beta_1 X_{11} + \beta_2 X_{21} + \cdots + \beta_k X_{k1} + u_1 \\
Y_2 &= \beta_0 + \beta_1 X_{12} + \beta_2 X_{22} + \cdots + \beta_k X_{k2} + u_2 \\
&\vdots \\
Y_n &= \beta_0 + \beta_1 X_{1n} + \beta_2 X_{2n} + \cdots + \beta_k X_{kn} + u_n
\end{aligned}
\tag{6-9}
$$

于是，这个方程组可以用矩阵表示为：

$$
\begin{bmatrix} Y_1 \\ Y_2 \\ \vdots \\ Y_n \end{bmatrix} = \begin{bmatrix} 1 & X_{11} & X_{21} & \cdots & X_{k1} \\ 1 & X_{12} & X_{22} & \cdots & X_{k2} \\ \vdots & \vdots & \vdots & & \vdots \\ 1 & X_{1n} & X_{2n} & \cdots & X_{kn} \end{bmatrix} \begin{bmatrix} \beta_0 \\ \beta_1 \\ \vdots \\ \beta_k \end{bmatrix} + \begin{bmatrix} u_1 \\ u_2 \\ \vdots \\ u_n \end{bmatrix}
\tag{6-10}
$$

其中

$$
\boldsymbol{Y} = \begin{bmatrix} Y_1 \\ Y_2 \\ \vdots \\ Y_n \end{bmatrix} \quad \boldsymbol{X} = \begin{bmatrix} 1 & X_{11} & X_{21} & \cdots & X_{k1} \\ 1 & X_{12} & X_{22} & \cdots & X_{k2} \\ \vdots & \vdots & \vdots & & \vdots \\ 1 & X_{1n} & X_{2n} & \cdots & X_{kn} \end{bmatrix} \quad \boldsymbol{\beta} = \begin{bmatrix} \beta_0 \\ \beta_1 \\ \vdots \\ \beta_k \end{bmatrix} \quad \boldsymbol{u} = \begin{bmatrix} u_1 \\ u_2 \\ \vdots \\ u_n \end{bmatrix}
$$

$\boldsymbol{Y}$ 是被解释变量 Y 的数据矩阵，$\boldsymbol{X}$ 是解释变量 X 的数据矩阵，$\boldsymbol{\beta}$ 是偏回归系数矩阵，$\boldsymbol{u}$ 是随机扰动项数据矩阵。

这样，总体多元线性回归模型和方程可以写成矩阵形式：

$$\boldsymbol{Y} = \boldsymbol{X}\boldsymbol{\beta} + \boldsymbol{u} \tag{6-11}$$

$$\mathrm{E}(\boldsymbol{Y} \mid \boldsymbol{X}) = \boldsymbol{X}\boldsymbol{\beta} \tag{6-12}$$

同样，我们将样本多元线性回归模型和方程也可以写成矩阵形式：

$$\boldsymbol{Y} = \boldsymbol{X}\hat{\boldsymbol{\beta}} + \boldsymbol{e} \tag{6-13}$$

$$\hat{\boldsymbol{Y}} = \boldsymbol{X}\hat{\boldsymbol{\beta}} \tag{6-14}$$

其中 $\boldsymbol{Y}$ 是被解释变量 Y 的样本数据矩阵，$\hat{\boldsymbol{Y}}$ 是被解释变量估计值的样本数据矩阵，$\boldsymbol{X}$ 是解释变量 X 的样本数据矩阵，$\hat{\boldsymbol{\beta}}$ 是偏回归系数估计值矩阵，$\boldsymbol{e}$ 是残差项数据矩阵。

从上面的分析可以看出，多元线性回归模型用矩阵表示后，在形式上与一元线性回归模型是一样的。如果我们运用矩阵的运算法则，就可以预期能够得到与一元线性回归相似的结果。

6.3 多元线性回归模型的估计

多元线性回归模型的估计同样运用了最小二乘法，在原理上是一样的，但与一元线性回归模型不同的是计算过程要复杂一些。下面以二元线性回归模型为例来说明多元线性回归模型的估计方法。

设样本的二元线性回归模型为：

$$Y_i = \hat{\beta}_0 + \hat{\beta}_1 X_{1i} + \hat{\beta}_2 X_{2i} + e_i \tag{6-15}$$

样本的二元线性回归方程为：

$$\hat{Y}_i = \hat{\beta}_0 + \hat{\beta}_1 X_{1i} + \hat{\beta}_2 X_{2i} \tag{6-16}$$

则有：

$$e_i = Y_i - \hat{Y}_i \tag{6-17}$$

要使估计的误差为最小，则要满足 $\sum e_i^2 = \min$，即：

$$\sum e_i^2 = \sum (Y_i - \hat{Y}_i)^2 = \sum (Y_i - \hat{\beta}_0 - \hat{\beta}_1 X_{1i} - \hat{\beta}_2 X_{2i})^2 = \min \tag{6-18}$$

上式能否取得最小值取决于诸 $\hat{\beta}_j$，所以式(6-18)是关于 $\hat{\beta}_j$ 的三元函数，而这个三元函数取得最小值的必要条件是其偏导数为 0，即：

$$\frac{\partial \sum e_i^2}{\partial \hat{\beta}_0} = -2 \sum (Y_i - \hat{\beta}_0 - \hat{\beta}_1 X_{1i} - \hat{\beta}_2 X_{2i}) = 0 \tag{6-19}$$

$$\frac{\partial \sum e_i^2}{\partial \hat{\beta}_1} = -2 \sum (Y_i - \hat{\beta}_0 - \hat{\beta}_1 X_{1i} - \hat{\beta}_2 X_{2i}) X_{1i} = 0 \tag{6-20}$$

$$\frac{\partial \sum e_i^2}{\partial \hat{\beta}_2} = -2 \sum (Y_i - \hat{\beta}_0 - \hat{\beta}_1 X_{1i} - \hat{\beta}_2 X_{2i}) X_{2i} = 0 \tag{6-21}$$

注意到 $\sum e_i = \sum (Y_i - \hat{Y}_i) = \sum (Y_i - \hat{\beta}_0 - \hat{\beta}_1 X_{1i} - \hat{\beta}_2 X_{2i})$，上述三式也可以写为：

$$\sum e_i = 0 \tag{6-22}$$

$$\sum e_i X_{1i} = 0 \tag{6-23}$$

$$\sum e_i X_{2i} = 0 \tag{6-24}$$

将式(6-19)~式(6-21)整理得：

$$\sum Y_i = n \hat{\beta}_0 + \hat{\beta}_1 \sum X_{1i} + \hat{\beta}_2 \sum X_{2i} \tag{6-25}$$

$$\sum Y_i X_{1i} = \hat{\beta}_0 \sum X_{1i} + \hat{\beta}_1 \sum X_{1i}^2 + \hat{\beta}_2 \sum X_{1i} X_{2i} \tag{6-26}$$

$$\sum Y_i X_{2i} = \hat{\beta}_0 \sum X_{2i} + \hat{\beta}_1 \sum X_{1i} X_{2i} + \hat{\beta}_2 \sum X_{2i}^2 \tag{6-27}$$

式(6-25)~式(6-27)称为正规方程,由其组成的方程组称为正规方程组。这个正规方程组是一个三元一次方程组,可从中解出诸 $\hat{\beta}_j$:

$$\hat{\beta}_0 = \bar{Y} - \hat{\beta}_1 \bar{X}_1 - \hat{\beta}_2 \bar{X}_2 \tag{6-28}$$

$$\hat{\beta}_1 = \frac{\sum y_i x_{1i} \sum x_{2i}^2 - \sum y_i x_{2i} \sum x_{1i} x_{2i}}{\sum x_{1i}^2 \sum x_{2i}^2 - (\sum x_{1i} x_{2i})^2} \tag{6-29}$$

$$\hat{\beta}_2 = \frac{\sum y_i x_{2i} \sum x_{1i}^2 - \sum y_i x_{1i} \sum x_{1i} x_{2i}}{\sum x_{1i}^2 \sum x_{2i}^2 - (\sum x_{1i} x_{2i})^2} \tag{6-30}$$

式中 $\bar{Y}$, $\bar{X}_1$, $\bar{X}_2$ ——Y_i, X_{1i}, X_{2i} 的平均值;

y_i, x_{1i}, x_{2i} ——Y_i, X_{1i}, X_{2i} 的离差。

从上面各式中可以看出,二元线性回归模型的最小二乘估计结果是一元线性回归模型的最小二乘估计结果的自然推广;并且 $\hat{\beta}_1$, $\hat{\beta}_2$ 在表现形式上是对称的,即将其表达式中的 x_{1i}, x_{2i} 互换位置就可得到另一个估计值。

二元线性回归模型的最小二乘估计结果要比一元线性回归模型的最小二乘估计结果复杂得多,可以推测,更多元的线性回归模型的最小二乘估计结果要更复杂。为了较便捷地表示和得到多元线性回归模型的最小二乘估计结果,我们可以用矩阵来表示多元线性回归模型,从而得到其最小二乘估计结果。

我们还可以用矩阵得到最小二乘法的估计结果。

注意到式(6-19)~式(6-21)是二元线性回归模型的偏导数,一般地,k 元线性回归模型的偏导数可以表示为:

$$\frac{\partial e}{\partial X} = \begin{bmatrix} \sum e_i \\ \sum X_{1i} e_i \\ \vdots \\ \sum X_{ki} e_i \end{bmatrix} = \begin{bmatrix} 1 & 1 & \cdots & 1 \\ X_{11} & X_{12} & \cdots & X_{1n} \\ \vdots & \vdots & & \vdots \\ X_{k1} & X_{k2} & \cdots & X_{kn} \end{bmatrix} \begin{bmatrix} e_1 \\ e_2 \\ \vdots \\ e_n \end{bmatrix} = X'e = 0 \tag{6-31}$$

在样本回归方程两边同乘以 X 的转置矩阵得到正规方程组:

$$X'Y = X'X\hat{\beta} + X'e = X'X\hat{\beta} \tag{6-32}$$

由于模型中无多重共线性,则矩阵 X 满秩,故 $(X'X)^{-1}$ 存在,从式(6-34)中可解出 $\hat{\beta}$:

$$\hat{\beta} = (X'X)^{-1} X'Y \tag{6-33}$$

用矩阵表示多元线性回归模型会使其表达式变得简洁,还可以引入矩阵的运算使计算过程简化。一般情况下,我们是用矩阵来表示或推导一些性质,最小二乘法的估计结果用 EViews 得到。

【例6-3】 居民的消费支出除了受到收入的影响外,还会受到物价的影响。以全国城镇居民 1978~2015 年的消费水平、家庭平均可支配收入、定基价格指数为变量设定二元线性回归模型(数据见教学资源 data6-3,数据来源:国家统计局),运用 EViews 对模型进行估计。

解: 打开 EViews 录入数据,并对变量命名:其中 Y 为居民消费水平、X_1 为职工平均工资、X_2 为定基价格指数。

在命令栏中输入命令:ls y c x1 x2 回车后即得到估计的结果,如表 6-1 所示。

表6-1 多元消费模型的回归结果

Dependent Variable: Y
Method: Least Squares
Date: 07/29/17   Time: 10:19
Sample: 1978 2015
Included observations: 38

Variable	Coefficient	Std. Error	t-Statistic	Prob.
C	-423.4394	93.01421	-4.552417	0.0001
X1	0.805671	0.007710	104.5023	0.0000
X2	3.854357	0.355753	10.83437	0.0000
R-squared	0.999266	Mean dependent var		7484.447
Adjusted R-squared	0.999224	S. D. dependent var		7848.079
S. E. of regression	218.6693	Akaike info criterion		13.68866
Sum squared resid	1673570.	Schwarz criterion		13.81794
Log likelihood	-257.0844	F-statistic		23812.43
Durbin-Watson stat	0.585227	Prob(F-statistic)		0.000000

估计的回归方程为:

$$\hat{Y}_t = -423.4394 + 0.805671 X_{1t} + 3.854357 X_{2t}$$

这个回归结果说明,在价格指数保持不变的条件下,平均工资增加 1 元,消费水平增加约 0.81 元;在平均工资不变的条件下,价格指数每增加 1 个百分点,消费水平会增加约 3.85 元。

6.4 多元线性模型最小二乘估计量的代数性质

与一元线性 OLS 回归一样,多元线性 OLS 回归也具有相同的性质。

1. 多元线性回归 OLS 回归直线的代数性质

我们运用最小二乘法得到了多元线性回归模型的样本方程,由这个方程决定的直线具有与一元线性回归直线相同的性质,下面我们以二元线性回归直线进行说明：

（1）各变量的均值在回归直线上。由式(6-28)即得：

$$\overline{Y} = \hat{\beta}_0 + \hat{\beta}_1 \overline{X}_1 + \hat{\beta}_2 \overline{X}_2$$

（2）Y 估计值的均值等于 Y 的实际值的均值，即 $\overline{\hat{Y}} = \overline{Y}$。由于 $\hat{Y}_i = \hat{\beta}_0 + \hat{\beta}_1 X_{1i} + \hat{\beta}_2 X_{2i}$，将式(6-24)代入得：

$$\hat{Y}_i = (\overline{Y} - \hat{\beta}_1 \overline{X}_1 - \hat{\beta}_2 \overline{X}_2) + \hat{\beta}_1 X_{1i} + \hat{\beta}_2 X_{2i} = \overline{Y} + \hat{\beta}_1(X_{1i} - \overline{X}_1) + \hat{\beta}_2(X_{2i} - \overline{X}_2)$$

对上式两边求和再平均，注意到 $\sum(X_{ji} - \overline{X}_j) = 0$，故 $\overline{\hat{Y}} = \overline{Y}$。

（3）残差的均值为 0，即 $\sum e_i = 0$，由式(6-22)可得。

（4）残差与解释变量不相关，即 $\sum e_i X_{1i} = 0$、$\sum e_i X_{2i} = 0$，由式(6-23)和式(6-24)可得。

（5）残差与 Y 的估计值不相关，即 $\sum e_i \hat{Y}_i = 0$。由于 $\hat{Y}_i = \hat{\beta}_0 + \hat{\beta}_1 X_{1i} + \hat{\beta}_2 X_{2i}$，则有：

$$\sum e_i \hat{Y}_i = \hat{\beta}_0 \sum e_i + \hat{\beta}_1 \sum e_i X_{1i} + \hat{\beta}_2 \sum e_i X_{2i}$$

再由性质(3)和性质(4)可得 $\sum e_i \hat{Y}_i = 0$。

这些结果很容易推广到一般的多元线性 OLS 回归直线的情形。

利用这些结果，我们可以得到多元线性回归模型和方程的离差形式。

$$y_i = \hat{\beta}_1 x_{1i} + \hat{\beta}_2 x_{2i} + \cdots + \hat{\beta}_k x_{ki} + e_i \tag{6-34}$$

$$\hat{y}_i = \hat{\beta}_1 x_{1i} + \hat{\beta}_2 x_{2i} + \cdots + \hat{\beta}_k x_{ki} \tag{6-35}$$

$$e_i = y_i - \hat{y}_i \tag{6-36}$$

式中 y_i，x_{ji} ——Y_i，X_{ji} 的离差（$j=1, 2, \cdots, k$）。

2. 多元线性回归方程拟合优度的度量

与一元线性回归一样，我们可以得到其总变差的分解结果：

$$TSS = ESS + RSS \tag{6-37}$$

其中 $TSS = \sum(Y_i - \overline{Y})^2$，$ESS = \sum(\hat{Y}_i - \overline{Y})^2$，$RSS = \sum(Y_i - \hat{Y}_i)^2$。

我们定义 $R^2 = ESS/TSS$ 为多元线性回归方程的可决系数，其含义是由回归方程（诸 X）对 Y 所做出解释的程度。显然 $0 \leq R^2 \leq 1$，R^2 的值越接近 1，表明回归方程解释的程度越高。但是，在多元的情况下，可决系数的取值会随着解释变量 X 个数的增加而增加，如果我们在模型中加入无关的解释变量就会增加 R^2 的值，这样 R^2 就不能很好地说明拟合的程度了。

下面我们来说明 R^2 的值是如何随着解释变量 X 个数的增加而增加的。

由于 $TSS = \sum(Y_i - \overline{Y})^2 = \sum y_i^2$，$ESS = \sum(\hat{Y}_i - \overline{Y})^2 = \sum \hat{y}_i^2$，而 $RSS = \sum(Y_i - \hat{Y}_i)^2 =$

$\sum e_i^2$。由式(6-34)~式(6-36)得：

$$\sum e_i^2 = \sum e_i e_i = \sum e_i(y_i - \hat{\beta}_1 x_{1i} - \hat{\beta}_2 x_{2i} - \cdots - \hat{\beta}_k x_{ki})$$
$$= \sum e_i y_i - \hat{\beta}_1 \sum e_i x_{1i} - \hat{\beta}_2 \sum e_i x_{2i} - \cdots - \hat{\beta}_k \sum e_i x_{ki} = \sum e_i y_i$$

所以：

$$\sum e_i^2 = \sum e_i y_i = \sum y_i(y_i - \hat{\beta}_1 x_{1i} - \hat{\beta}_2 x_{2i} - \cdots - \hat{\beta}_k x_{ki})$$
$$= \sum y_i^2 - \hat{\beta}_1 \sum y_i x_{1i} - \hat{\beta}_2 \sum y_i x_{2i} - \cdots - \sum y_i x_{ki}$$

于是有：

$$\sum y_i^2 - \sum e_i^2 = \hat{\beta}_1 \sum y_i x_{1i} + \hat{\beta}_2 \sum y_i x_{2i} + \cdots + \sum y_i x_{ki}$$

即 $ESS = TSS - RSS = \hat{\beta}_1 \sum y_i x_{1i} + \hat{\beta}_2 \sum y_i x_{2i} + \cdots + \sum y_i x_{ki}$

所以：

$$R^2 = \frac{ESS}{TSS} = \frac{TSS - RSS}{TSS} = \frac{\hat{\beta}_1 \sum y_i x_{1i} + \hat{\beta}_2 \sum y_i x_{2i} + \cdots + \hat{\beta}_k \sum y_i x_{ki}}{\sum y_i^2} \quad (6-38)$$

上式中的分母项总大于0，一般情况下，分子项则会随着项数的增加而增加。这是因为分子中每项的 $\hat{\beta}_j$ 是 Y 与 X 的偏回归系数，如果 Y 与 X 正相关，则 $\hat{\beta}_j > 0$，如果 Y 与 X 负相关，则 $\hat{\beta}_j < 0$，而与 $\hat{\beta}_j$ 对应的和式 $\sum y_i x_{ji}$ 是 Y 与 X 的相关系数的分子项，其符号与 $\hat{\beta}_j$ 相同。故 $\hat{\beta}_j \sum y_i x_{ji} > 0$，只有当 $\hat{\beta}_j = 0$ 时，才有 $\hat{\beta}_j \sum y_i x_{ji} = 0$。所以式(6-38)中的分子项一般情况下会随着项数的增加而增加，也就是说，会随着解释变量个数的增加而增加。

由于多元线性回归方程的可决系数有这样的性质，所以 R^2 不能非常好地描述拟合的程度。这样，我们就需要对其进行必要的调整，方法是剔除多个解释变量对可决系数的影响，在其计算式中除以各自的自由度。

调整后的可决系数记为 $\overline{R}^2$。

$$\overline{R}^2 = 1 - (1 - R^2)\frac{n-1}{n-k-1} \quad (6-39)$$

在多元的条件下，我们一般会用调整后的可决系数 $\overline{R}^2$ 判断拟合的程度。在 EViews 回归结果中会自动计算出调整后的可决系数，例如，在例6-3的回归结果中，Adjusted R-squared 即为调整后的可决系数，其结果为 $\overline{R}^2 = 0.999266$，从数值上看，调整后的可决系数要比没有经过调整的可决系数要小。

6.5 案例分析

【例6-4】 投资、消费、净出口是影响经济发展的基本因素。为了测算三种基本因素对经济发展的影响，选取福建省GDP、固定资产投资、居民消费、净出口的数据(数据见教学资源data6-4,数据来源:《福建统计年鉴2016》),建立多元线性回归模型,测试这些因素对GDP影响的程度。

解:设Y为GDP,X_1为固定资产投资,X_2为居民消费水平,X_3为净出口。多元线性回归估计结果如表6-2所示。

表6-2 影响经济发展因素多元线性回归估计结果

Dependent Variable: Y
Method: Least Squares
Date: 07/30/17 Time: 15:10
Sample: 1981 2015
Included observations: 35

Variable	Coefficient	Std. Error	t-Statistic	Prob.
C	−275.5602	109.8837	−2.507745	0.0176
X1	4.03E-05	3.44E-06	11.72266	0.0000
X2	0.747133	0.053077	14.07639	0.0000
X3	0.000524	0.000195	2.684014	0.0116
R-squared	0.998375	Mean dependent var		6118.955
Adjusted R-squared	0.998218	S.D. dependent var		7559.601
S.E. of regression	319.1166	Akaike info criterion		14.47620
Sum squared resid	3156898.	Schwarz criterion		14.65396
Log likelihood	−249.3335	F-statistic		6349.658
Durbin-Watson stat	0.823522	Prob(F-statistic)		0.000000

由上述结果得到多元线性回归估计的方程为:

$$Y_t = -275.5602 + 0.0000403X_{1t} + 0.747133X_{2t} + 0.000524X_{3t}$$

这个结果说明:当消费和净出口保持不变时,固定资产投资每增加一个单位,GDP平均增加0.0000403个单位;当固定资产投资和净出口保持不变时,消费每增加一个单位,GDP平均增加0.747133个单位;当固定资产投资和消费保持不变时,净出口每增加一个单位,GDP平均增加0.000524个单位。从以上结果可以看出,消费是拉动经济发展的主要因素。

本章小结

由于经济现象的复杂性,在很多时候我们要建立多元线性回归模型,多元线性回归模型可以用矩阵表示,并运用矩阵的运算法则得到相应的计算结果。与一元线性回归模型一样,我们可以用最小二乘法对模型进行估计,估计量具有与一元线性回归模型一样的代数性质,但拟合优度的度量需要考虑解释变量个数的影响。

学习建议

学习多元线性回归模型要理解设定模型的背景和意义，正确理解相关的基本概念，掌握基本方法，并掌握 EViews 的基本操作方法。

1. 本章重点

多元线性回归模型的设定以及偏系数的意义　　多元线性回归模型的矩阵表示
普通最小二乘法　　多元线性回归直线的代数性质　　调整后的可决系数

2. 本章难点

多元线性回归模型的设定以及偏系数的意义　　多元线性回归模型的矩阵表示
普通最小二乘法　　调整后的可决系数

核心概念

模型的设定　　多元回归系数　　普通最小二乘法　　调整后的可决系数

课后思考与练习

1. 多元线性回归模型与一元线性回归模型有哪些区别？
2. 偏回归系数的含义是什么？
3. 多元线性回归直线的代数性质与一元线性回归直线的代数性质有什么区别？
4. 多元线性回归模型中为什么要对可决系数进行调整？

上机实验 6-1

实验目的

（1）收集、整理数据。
（2）掌握 EViews 的基本操作。
（3）建立 Cobb-Dauglas（双对数）方程，并估计多元线性回归方程。

实验步骤和内容

1. 收集、整理数据

以国家统计局公布的官方数据为准。

（1）登录国家统计局网站。
（2）进入"统计数据"—"年度数据"—"中国统计年鉴"。
（3）查找"按三次产业分地区生产总值""各地区规模以上工业企业主要指标"数据，并下载。
（4）整理数据，得到"工业增加值""资产总计""主营业务收入""人均主营业务收入"截面数据。

(5) 由"主营业务收入""人均主营业务收入"推算得到"从业人员平均数"。

2. EViews 的基本操作

(1) 建立"工作文件"。

(2) 建立"工作对象"。

(3) 录入数据。

扫二维码可详细了解上机实验操作过程。

(4) 生成"工业增加值""资产总计""从业人员平均数"的对数序列。

(5) 绘制"工业增加值""资产总计""从业人员平均数"的对数线图。

(6) 估计"工业增加值""资产总计""从业人员平均数"的双对数回归方程。

3. 实验要求与结果

在实验报告中记录 EViews 的基本操作的步骤，并报告以下内容。

扫二维码可详细了解上机实验操作过程。

(1) "工业增加值""资产总计""从业人员平均数"的对数线图，并说明其特点。

(2) "工业增加值""资产总计""从业人员平均数"的双对数回归方程的估计结果。

(3) 说明偏回归系数的意义。

(4) 说明此模型的经济学理论背景。

上机实验 6-2

实验目的

(1) 收集、整理数据。

(2) 掌握 EViews 的基本操作。

(3) 建立影响新产品开发经费的多元线性方程，并估计多元线性回归方程。

实验步骤和内容

1. 收集、整理数据

以国家统计局公布的官方数据为准。

(1) 登录国家统计局网站。

(2) 进入"统计数据"—"年度数据"—"中国统计年鉴"。

(3) 查找"分地区规模以上工业企业新产品开发及生产情况""分地区规模以上工业企业研究与试验发展活动及专利情况"的截面数据，并下载。

(4) 整理数据，设定"新产品开发经费支出"为被解释变量，"R&D 经费""R&D 项目数""发明专利数"为解释变量。

2. EViews 的基本操作

(1) 建立"工作文件"。

(2) 建立"工作对象"。

(3) 录入数据。

(4) 绘制"新产品开发经费支出""R&D 经费""R&D 项目数""发明专利数"的线图。

(5) 估计"新产品开发经费支出""R&D 经费""R&D 项目数""发明专利数"的多元线性回归方程。

扫二维码可详细了解上机实验操作过程。

3. 实验要求与结果

在实验报告中记录 EViews 的基本操作的步骤,并报告以下内容。

(1) "新产品开发经费支出""R&D 经费""R&D 项目数""发明专利数"的线图,并说明其特点。

(2) "新产品开发经费支出""R&D 经费""R&D 项目数""发明专利数"的多元线性回归方程的估计结果。

(3) 说明偏回归系数的意义。

Chapter 7
第 7 章

多元线性回归模型的推断

学习目标

- 理解多元线性回归模型的古典假定
- 理解多元最小二乘估计量的统计性质
- 掌握多元线性回归模型的检验
- 会运用多元线性回归模型解决实际问题

前面我们讨论了多元线性回归模型的设定及矩阵表示,多元线性回归直线的代数性质,以及多元线性回归模型的估计方法。在实际应用中,我们总是用样本的回归系数对总体的回归系数进行推断,这就需要知道样本的 OLS 估计量的统计性质,与一元线性回归的情形一样,要得到样本回归系数好的统计性质,必须要有一些前提条件——古典假定。

7.1 多元线性回归模型的古典假定

假设多元线性回归模型为:

$$Y_i = \beta_0 + \beta_1 X_{1i} + \beta_2 X_{2i} + \cdots + \beta_k X_{ki} + u_i \tag{7-1}$$

式中 β_j ——回归系数($j=0, 1, 2, \cdots, k$);

u_i ——随机扰动项。

对模型和随机扰动项提出如下假定。

1. 对模型和变量的假定

(1) 在重复抽样中,诸 X 的值是固定的。也就是说,我们认为,在一个回归过程中，诸 X 是确定性变量，而不是随机变量。

(2) 模型的设定是正确的。也就是说，模型没有设定偏误，即无论是变量的设定还是函数形式的设定，模型都是正确的。

2. 对随机扰动项 u_i 的假定

(1) 零均值假定，即 u_i 的条件均值为 0：

$$E(u_i \mid X_1, X_2, \cdots, X_k) = E(u_i) = 0$$

(2) 同方差假定，即 u_i 的条件方差相同：

$$\text{Var}(u_i \mid X_1, X_2, \cdots, X_k) = \text{Var}(u_i) = E(u_i - E(u_i))^2 = E(u_i^2) = \sigma^2$$

(3) 无自相关假定，即对于不同的 u_i 之间不存在线性相关性：

$$\text{Cov}(u_i, u_j) = E(u_i - E(u_i))(u_j - E(u_j)) = E(u_i u_j) = 0 \quad (i \neq j)$$

(4) u_i 与诸 X 之间不存在线性相关，即 u_i 与诸 X 的协方差为 0：

$$\text{Cov}(u_i, X_j) = E(u_i - E(u_i))(X_j - E(X_j)) = E(u_i X_j) = 0 \quad (j = 1, 2, \cdots, k)$$

(5) 正态性假定，即 u_i 服从正态分布。

$$u_i \sim N(0, \sigma^2)$$

在多元线性回归模型中，还必须有一个特殊的假定：无多重共线性假定。

(6) 无多重共线性假定。

这个假定的含义是在诸 X 之间不存在线性相关性；或者说在诸 X 中，不存在其中某一个 X 被其他的 X 线性表示，即不存在实数 λ_j 使得下式成立：

$$X_r = \lambda_1 X_{r1} + \lambda_2 X_{r2} + \cdots + \lambda_{k-1} X_{rk-1} \tag{7-2}$$

为什么要有这样的一个假定呢？我们以二元线性回归模型为例来说明。

设二元线性回归模型为 $Y_i = \beta_0 + \beta_1 X_{1i} + \beta_2 X_{2i} + u_i$，如果两个解释变量之间存在线性关系，则有 $X_{2i} = \lambda X_{1i}$，其中 $\lambda \neq 0$。将 $X_{2i} = \lambda X_{1i}$ 代入原回归模型得：

$$Y_i = \beta_0 + (\beta_1 + \lambda \beta_2) X_{1i} + u_i \tag{7-3}$$

这是一个一元线性回归模型，说明原来设定的模型是有偏误的。

这些古典假定可以用矩阵的形式表示如下：

(1) 零均值假定。

$$E(\boldsymbol{u}) = E\begin{bmatrix} u_1 \\ u_2 \\ \vdots \\ u_n \end{bmatrix} = \begin{bmatrix} E(u_1) \\ E(u_2) \\ \vdots \\ E(u_n) \end{bmatrix} = \begin{bmatrix} 0 \\ 0 \\ \vdots \\ 0 \end{bmatrix} = \boldsymbol{0}$$

(2)(3) 同方差与无自相关假定。

由于 $\text{Cov}(u_i, u_j) = E(u_i - E(u_i))(u_j - E(u_j)) = E(u_i u_j) = 0 (i \neq j)$，故有：

$$\text{Var}(\boldsymbol{u}) = \text{E}[(\boldsymbol{u} - \text{E}(\boldsymbol{u}))(\boldsymbol{u} - \text{E}(\boldsymbol{u}))'] = \text{E}(\boldsymbol{uu'})$$

$$= \begin{bmatrix} \text{E}(u_1u_1) & \text{E}(u_1u_2) & \cdots & \text{E}(u_1u_n) \\ \text{E}(u_2u_1) & \text{E}(u_2u_2) & \cdots & \text{E}(u_2u_n) \\ \vdots & \vdots & & \vdots \\ \text{E}(u_nu_1) & \text{E}(u_nu_2) & \cdots & \text{E}(u_nu_n) \end{bmatrix} = \begin{bmatrix} \sigma^2 & 0 & \cdots & 0 \\ 0 & \sigma^2 & & 0 \\ 0 & 0 & & 0 \\ 0 & 0 & & \sigma^2 \end{bmatrix} = \sigma^2 \boldsymbol{I}_n$$

(4) 随机扰动项与解释变量不相关。

$$\text{Cov}(u_i, X_j) = \text{E}(u_i - \text{E}(u_i))(X_j - \text{E}(X_j)) = \text{E}(u_iX_j) = 0 \quad (j = 1, 2, \cdots, k)$$

(5) 正态性假定。

$$\boldsymbol{u} \sim N(\boldsymbol{0}, \sigma^2 \boldsymbol{I}_n)$$

(6) 无多重共线性假定。

$$\text{Rank}(\boldsymbol{X}) = k + 1, \quad 即矩阵 \boldsymbol{X} 满秩$$

7.2 多元线性回归 OLS 估计量的统计性质

一元线性回归 OLS 估计量有一个非常重要的统计性质，即在满足古典假定的条件下，OLS 估计量是最佳线性无偏估计量，这个结论被称为高斯 – 马尔可夫定理。与一元线性回归 OLS 一样，多元线性回归 OLS 估计量也有这样的结论。

(1) 线性性，即 OLS 估计量可以被表示为 Y 的线性组合，这个性质的重要性在于我们可以据此推断偏回归系数估计量的分布。

由式(6-33)可以看出，$\hat{\beta}_j$ 可以被表示为 Y 的线性组合。

(2) 无偏性，即 OLS 估计量的数学期望等于其对应的参数。

$$\hat{\boldsymbol{\beta}} = (\boldsymbol{X'X})^{-1}\boldsymbol{X'Y} = (\boldsymbol{X'X})^{-1}\boldsymbol{X'}(\boldsymbol{X\beta} + \boldsymbol{u})$$
$$= (\boldsymbol{X'X})^{-1}(\boldsymbol{X'X})\boldsymbol{\beta} + (\boldsymbol{X'X})^{-1}\boldsymbol{X'u}$$
$$= \boldsymbol{\beta} + (\boldsymbol{X'X})^{-1}\boldsymbol{X'u}$$

则有：

$$\text{E}(\hat{\boldsymbol{\beta}}) = \boldsymbol{\beta} + (\boldsymbol{X'X})^{-1}\boldsymbol{X'}\text{E}(\boldsymbol{u})$$

由零均值假定可得：$\text{E}(\hat{\boldsymbol{\beta}}) = \boldsymbol{\beta}$，即 OLS 估计量是无偏估计量。

(3) 最小方差性，即 OLS 估计量是所有估计量中方差最小的估计量。这个性质的证明较复杂，读者可以参考其他教材给出的证明。我们可以得到 OLS 估计量的协方差矩阵，而其对角线上对应元素就是方差：

$$\text{Var}(\hat{\boldsymbol{\beta}}) = \text{E}[(\hat{\boldsymbol{\beta}} - \boldsymbol{\beta})(\hat{\boldsymbol{\beta}} - \boldsymbol{\beta})'] = \sigma^2 (\boldsymbol{X'X})^{-1} \quad (7\text{-}4)$$

具体的每个估计量的方差为：

$$\text{Var}(\hat{\beta}_j) = \sigma^2 c_{jj} \quad (7\text{-}5)$$

式中 c_{jj}——矩阵$(X'X)^{-1}$中第j行第j列位置上的元素。

这个结果在形式上比较复杂,以二元线性回归模型(5-11)为例,其估计量的方差为:

$$\mathrm{Var}(\hat{\beta}_0) = \left[\frac{1}{n} + \frac{\overline{X}_1^2\sum x_{2i}^2 + \overline{X}_2^2\sum x_{1i}^2 - 2\overline{X}_1\overline{X}_2\sum x_{1i}x_{2i}}{\sum x_{1i}^2\sum x_{2i}^2 - (\sum x_{1i}x_{2i})^2}\right]\sigma^2 \tag{7-6}$$

$$\mathrm{Var}(\hat{\beta}_1) = \frac{\sum x_{2i}^2}{\sum x_{1i}^2\sum x_{2i}^2 - (\sum x_{1i}x_{2i})^2}\sigma^2 \tag{7-7}$$

$$\mathrm{Var}(\hat{\beta}_2) = \frac{\sum x_{1i}^2}{\sum x_{1i}^2\sum x_{2i}^2 - (\sum x_{1i}x_{2i})^2}\sigma^2 \tag{7-8}$$

由于σ^2是总体随机扰动项的方差,一般是未知的,故需要用样本方差来估计:

$$\hat{\sigma}^2 = \frac{\sum e_i^2}{n-k-1} \tag{7-9}$$

$n-k-1$称为自由度,在二元线性回归模型中,由于$k=2$,所以自由度为$n-3$。

将$\hat{\sigma}^2$代入到式(7-6)~式(7-8)中,可得到对应方差的估计值,从而可以得到标准差的估计值:$se(\hat{\beta}_0) = \sqrt{\mathrm{Var}(\hat{\beta}_0)}$,$se(\hat{\beta}_1) = \sqrt{\mathrm{Var}(\hat{\beta}_1)}$,$se(\hat{\beta}_2) = \sqrt{\mathrm{Var}(\hat{\beta}_2)}$。

这些计算结果都可以在 EViews 回归结果中得到。例如,在例 6-3 的回归结果中,Std. Error 对应的就是标准误差的估计值,即 $se(\hat{\beta}_0) = 93.01421$,$se(\hat{\beta}_1) = 0.007710$,$se(\hat{\beta}_1) = 0.355753$。

同样地,我们可以得到一般的多元线性回归模型对应的结果。

综合上述三个性质,我们可以得到一个非常重要的结论:多元线性回归模型在满足古典假定的条件下,OLS 估计量是最佳线性无偏估计量。这个结论称为高斯-马尔可夫定理。

由高斯-马尔可夫定理可知,多元线性回归 OLS 估计量在满足古典假定的条件下,OLS 估计量是最佳线性无偏估计量,据此我们可以得到其抽样分布:

$$\hat{\beta}_j \sim N(\beta_j, \mathrm{Var}(\beta_j)) \tag{7-10}$$

7.3 多元线性回归模型参数的检验与区间估计

1. 经济意义检验

经济意义检验就是要检验各项系数的符号是否与经济理论或者预期相同。如果相同则通过检验,如果不相同则不能通过检验。在例 6-3 中,$\hat{\beta}_1 > 0$、$\hat{\beta}_2 > 0$,说明当收入增加时,消费也增加,当物价上涨时,消费也会增加,符合经济学理论。

2. 拟合优度检验

多元线性回归模型的拟合优度检验要用调整后的可决系数。在例 6-3 中，$\overline{R}^2 = 0.999\,224$，说明拟合的程度非常高。

3. 参数的检验

多元线性回归模型参数的检验与一元线性回归模型参数的检验不同，需要进行两个检验：模型设定整体的显著性检验和模型设定变量的显著性检验。

(1) 模型设定整体的显著性检验（F 检验）。对于多元线性回归模型(7-1)，如果有 $\beta_1 = \beta_2 = \cdots = \beta_k = 0$，则说明诸 X 都没有对 Y 做出解释，模型的设定是有问题的。于是我们就要对这样的假设进行检验：

$$H_0: \beta_1 = \beta_2 = \cdots = \beta_k = 0 \quad H_1: \beta_j \text{ 不全为 } 0 \quad (j = 1, 2, \cdots, k)$$

这个假设检验相当于检验 k 个总体均值是否都等于 0，需要用到方差分析的方法。

构造检验统计量：

$$F = \frac{ESS/k}{RSS/(n-k-1)} \sim F(k, n-k-1) \tag{7-11}$$

给定显著性水平 α，如果 F 检验统计量的值大于 $F_\alpha(k, n-k-1)$，则我们就有理由拒绝原假设，说明模型设定整体上是显著的；否则不能拒绝原假设，说明模型设定在整体上是不显著的，如图 7-1 所示。

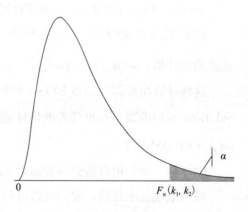

图 7-1 F 检验示意图

需要指出的是，F 检验统计量与可决系数 $R^2 = ESS/TSS$ 有着确定性的关系。

$$F = \frac{ESS/k}{RSS/(n-k-1)} = \frac{ESS}{RSS} \frac{n-k-1}{k} = \frac{ESS}{TSS - ESS} \frac{n-k-1}{k}$$

$$= \frac{ESS/TSS}{1 - ESS/TSS} \frac{n-k-1}{k} = \frac{R^2/k}{(1-R^2)/(n-k-1)} \tag{7-12}$$

这样，我们也可以通过可决系数得到 F 检验统计量的值。

F 检验也可以采用 p 值方法，在 EViews 中我们可以得到 F 检验统计量的值和其对应的伴随概率（即 p 值），可以简便地做 F 检验。在例 6-3 中，可以得到 $F = 23\,812.43$，对应的伴随概率为 0.000 000，故拒绝原假设，说明模型整体上是显著的。

(2) 模型设定变量的显著性检验（t 检验）。如果模型通过了 F 检验，则说明模型的偏回归系数 $\beta_j (j = 1, 2, \cdots, k)$ 不全为 0，模型在整体上是显著的。但是，我们并

不知道具体哪一个 β_j 不为 0，或者为 0。于是我们对这样的假设进行检验：

$$H_0: \beta_j = 0, \quad H_1: \beta_j \neq 0 \quad (j = 1, 2, \cdots, k)$$

对于这样的假设检验，与一元线性回归模型显著性检验一样采用 t 检验，但是自由度为 $n - k - 1$。

$$t = \frac{\hat{\beta}_j}{se(\hat{\beta}_j)} \sim t(n - k - 1) \tag{7-13}$$

给定显著性水平 α，如果 t 检验统计量的绝对值大于 $t_{\alpha/2}$，则我们有理由拒绝原假设，说明 β_j 不为 0，对应的 X_j 显著地对 Y 做出了解释；反之，则说明 X_j 没有显著地对 Y 做出解释。

t 检验也可以采用 p 值方法，在 EViews 中我们可以得到 t 检验统计量的值和其对应的伴随概率（即 p 值），可以简便地做 t 检验。

以例 6-3 的回归结果为例，对模型做 F 检验和 t 检验。

首先写出多元线性回归结果的报告。由表 6-2 可得的结果，报告如下：

$$\hat{Y}_t = -423.4394 + 0.805671X_{1t} + 3.854357X_{2t}$$
$$se = (93.01421) \quad (0.007710) \quad (0.355753)$$
$$t = (-4.552417) \quad (104.5023) \quad (10.83437)$$
$$p = (0.0001) \quad (0.0000) \quad (0.0000)$$
$$R^2 = 0.999266 \quad \bar{R}^2 = 0.999224 \quad df = 35$$
$$F = 23812.43 \quad p = 0.000000$$

结果中的 se、t、p 值的含义与一元线性回归结果的含义是相同的，$\bar{R}^2$ 表示调整后的可决系数，F 及 p 值表示 F 检验统计量的值和与之对应的 p 值。

$$H_0: \beta_1 = \beta_2 = 0, \quad H_1: \beta_1 \setminus \beta_2 \text{ 不全为 0}$$

对于给定的显著性水平 $\alpha = 0.05$，F 检验统计量的值非常大，而其对应的 p 值非常小，这样我们就有足够的理由拒绝原假设，说明模型设定整体上是显著的。

$$H_0: \beta_j = 0, \quad H_1: \beta_j \neq 0 \quad (j = 1, 2)$$

由于偏回归系数对应的 p 值都非常小，我们有足够的理由拒绝原假设，说明每个 X 都显著地对 Y 做出了解释。

如果模型通过了 F 检验和 t 检验，说明模型的设定是合适和可靠的，这样我们就可以进行基本的运用——对参数做区间估计。

4. 偏回归系数的区间估计

偏回归系数的区间估计与一元线性回归模型的区间估计是相同的，基本的估计方法是 β_j 的 $1 - \alpha$ 的置信区间为：

$$\hat{\beta}_j \pm t_{\alpha/2}(n-k-1) se(\hat{\beta}_j) \quad (j = 1,2,\cdots,k) \tag{7-14}$$

满足

$$p(\hat{\beta}_j - t_{\alpha/2}(n-k-1)se(\hat{\beta}_j) < \beta_j < \hat{\beta}_j + t_{\alpha/2}(n-k-1)se(\hat{\beta}_j)) = 1 - \alpha$$

以例6-3的回归结果为例，对偏回归系数做区间估计。

设显著性水平 $\alpha = 0.05$，查表得 $t_{\alpha/2}(n-k-1) = t_{0.025}(35) = 2.03$

由回归结果得：$\hat{\beta}_1 = 0.805\,671$，$\hat{\beta}_2 = 3.854\,357$

$$se(\hat{\beta}_1) = 0.007\,710, \quad se(\hat{\beta}_2) = 0.355\,753$$

由式(7-14)得 β_1 的95%的置信区间为(0.790 019 7，0.821 322 3)；β_2 的95%的置信区间为(3.132 178 41，4.576 535 59)。

7.4 多元线性回归模型的预测

多元线性回归模型的另外一个重要的应用是进行预测，即在给定样本以外的各个解释变量的取值的条件下，对对应的被解释变量的平均值或个别值进行估计，这种预测可以是点预测，也可以是区间预测。

1. 点预测

设多元线性回归模型为 $Y = X\beta + u$，其样本回归方程为 $\hat{Y} = X\hat{\beta}$，并且经过检验，样本回归方程是可靠的。

将给定样本以外的各个解释变量的取值：$X_f = (1, X_{1f}, X_{2f}, \cdots, X_{kf})$，代入样本回归方程得：

$$\hat{Y}_f = X_f \hat{\beta} = \hat{\beta}_0 + \hat{\beta}_1 X_{1f} + \hat{\beta}_2 X_{2f} + \cdots + \hat{\beta}_k X_{kf} \tag{7-15}$$

容易证明，这个点预测是对总体平均值 $E(Y_f)$ 的无偏估计，即 $E(\hat{Y}_f) = E(Y_f)$。

2. 总体平均值 $E(Y_f)$ 的区间预测

对总体预期平均值 $E(Y_f)$ 做区间预测，必须确定点预测值与平均值 $E(Y_f)$ 的关系以及 $\hat{Y}_f$ 的分布。

由点预测结果可知，$\hat{Y}_f$ 是 $E(Y_f)$ 的无偏估计量。而 $\hat{Y} = X\hat{\beta}$，$\hat{\beta}$ 服从正态分布，所以 $\hat{Y}_f$ 也服从正态分布。

可以证明，$\hat{Y}_f$ 的方差 $\mathrm{Var}(\hat{Y}_f) = \sigma^2 X_f (X'X)^{-1} X'_f$，所以有：

$$\hat{Y}_f \sim N(E(Y_f), \sigma^2 X_f (X'X)^{-1} X'_f) \tag{7-16}$$

由于总体方差 σ^2 未知，故用其估计值 $\hat{\sigma}^2$ 代替，$\hat{\sigma}^2$ 的自由度为 $n-k-1$。于是：

$$t = \frac{\hat{Y}_f - \mathrm{E}(Y_f)}{se(\hat{Y}_f)} = \frac{\hat{Y}_f - \mathrm{E}(Y_f)}{\hat{\sigma}\sqrt{X_f(X'X)^{-1}X'_f}} \sim t(n-k-1) \quad (7\text{-}17)$$

这样，我们可以得到总体预期平均值 $\mathrm{E}(Y_f)$ 的预测区间：

$$\hat{Y}_f - t_{\alpha/2}\hat{\sigma}\sqrt{X_f(X'X)^{-1}X'_f} < \mathrm{E}(Y_f) < \hat{Y}_f + t_{\alpha/2}\hat{\sigma}\sqrt{X_f(X'X)^{-1}X'_f} \quad (7\text{-}18)$$

3. 个别值 Y_f 的区间预测

个别值 Y_f 的区间预测方法与总体平均值 $\mathrm{E}(Y_f)$ 的区间预测方法基本相同，只是这时 Y_f 的方差有所不同。

考虑 $e_f = Y_f - \hat{Y}_f$，则有 $\mathrm{E}(e_f) = 0$；可以证明，个别值 e_f 的方差 $\mathrm{Var}(e_f) = \sigma^2[1 + X_f(X'X)^{-1}X'_f]$。由于总体方差 σ^2 未知，故用其估计值 $\hat{\sigma}^2$ 代替，$\hat{\sigma}^2$ 的自由度为 $n-k-1$。构造 t 统计量：

$$t = \frac{\hat{Y}_f - Y_f}{se(e_f)} = \frac{\hat{Y}_f - Y_f}{\hat{\sigma}\sqrt{1 + X_f(X'X)^{-1}X'_f}} \sim t(n-k-1) \quad (7\text{-}19)$$

设显著性水平为 α，则置信水平为 $1-\alpha$。于是个别值 Y_f 的 $1-\alpha$ 置信区间为：

$$\hat{Y}_f - t_{\alpha/2}\hat{\sigma}\sqrt{1 + X_f(X'X)^{-1}X'_f} < Y_f < \hat{Y}_f + t_{\alpha/2}\hat{\sigma}\sqrt{1 + X_f(X'X)^{-1}X'_f} \quad (7\text{-}20)$$

7.5 案例分析

【例 7-1】 以例 6-4 为例，用 OLS 进行估计。①对估计的结果进行经济意义检验、拟合优度检验和统计检验；②对三个偏回归系数做置信水平为 95% 的区间估计；③当福建省的 $X_{1f} = 250\,000\,000$，$X_{2f} = 25\,000$，$X_{3f} = 6\,000\,000$ 时其 GDP 的均值做点预测和区间预测。

解：设 Y 为 GDP，X_1 为固定资产投资，X_2 为居民消费水平，X_3 为净出口。多元线性回归估计结果如表 7-1 所示。

表 7-1　影响经济发展因素多元线性回归估计结果

Dependent Variable: Y				
Method: Least Squares				
Date: 07/30/17　Time: 15:10				
Sample: 1981 2015				
Included observations: 35				
Variable	Coefficient	Std. Error	t-Statistic	Prob.
C	−275.5602	109.8837	−2.507745	0.0176
X1	4.03E−05	3.44E−06	11.72266	0.0000
X2	0.747133	0.053077	14.07639	0.0000
X3	0.000524	0.000195	2.684014	0.0116
R-squared	0.998375	Mean dependent var		6118.955
Adjusted R-squared	0.998218	S. D. dependent var		7559.601
S. E. of regression	319.1166	Akaike info criterion		14.47620

			（续）
Sum squared resid	3156898.	Schwarz criterion	14.65396
Log likelihood	−249.3335	F-statistic	6349.658
Durbin-Watson stat	0.823522	Prob(F-statistic)	0.000000

其中 4.03E-05 是科学记数法，$4.03E-05 = 4.03 \times 10^{-5}$，以此类推。

对模型进行检验：

1. 经济意义检验。由于估计结果的偏回归系数都大于 0，符合经济学理论。
2. 拟合优度检验。由于 $\bar{R}^2 = 0.998218$，说明拟合程度非常高。
3. F 检验。设显著性水平为 0.05，由于 F 检验统计量的伴随概率 $p = 0.000000 < 0.05$，说明模型整体而言是显著的。
4. t 检验。由于所有系数对应 t 统计量的 p 值都小于 0.05，故总体模型的系数都显著地不为 0，t 检验是显著的。

经过检验，说明模型设定是可靠的。

对偏回归系数做区间估计。置信水平为 95% 的置信区间为：

β_1 置信水平为 95% 的置信区间为 (4.73176E−05, 3.32824E−05)

β_2 置信水平为 95% 的置信区间为 (0.85541008, 0.63885592)

β_3 置信水平为 95% 的置信区间为 (0.0009218, 0.0001262)

当其他变量保持不变时，固定资产投资增加 1 万元，GDP 会增加约 0.0000403 亿元；当其他变量保持不变时，居民消费增加 1 元，GDP 会增加约 0.75 亿元；当其他变量保持不变时，净出口增加 1 万美元，GDP 会增加约 0.000524 亿元。

利用估计结果进行预测。当固定资产投资达到 250 000 000 万元、居民消费水平达到 25 000 元、净出口达到 6 000 000 万美元时，GDP 的点预测值为 31 625.62 亿元。

与第 4 章中的区间预测方法一样，我们可以得到 GDP 均值的 95% 置信水平的区间预测：(30 749.34003, 32 501.90617)。

通过以上分析，我们可以得到如下结论：居民消费是经济增长的主要影响因素，为了保持经济增长，应采取稳步提高居民收入水平，扩大内需等政策拉动经济增长；固定资产投资是对经济增长起着重要作用的变量，也是政府能够控制的变量，在城镇化进程中对经济增长的作用将是持续的。

本章小结

多元线性回归模型的古典假定相比一元线性回归模型多了一个无多重共线性假定，这是由于多元线性回归模型的特殊性决定的，我们可以运用矩阵来表示这些古典假定。在满足古典假定的同时也能得到 OLS 估计量的统计性质：高斯-马尔可夫定理。对多元线性回归模型做统计检验需要对模型整体的显著性进行检验，即 F 检验，t 检验是对个别变量的显著性检验；参数的区间估计方法以及预测方法与一元线性回归模型基本相同。

学习建议

学习多元线性回归模型的推断要理解多元线性回归模型的古典假定，正确理解高斯－马尔可夫定理，掌握多元线性回归模型参数的统计检验和区间估计的方法。

1. **本章重点**

多元线性回归模型的古典假定　　高斯－马尔可夫定理　　参数的统计检验和区间估计

2. **本章难点**

多元线性回归模型的古典假定　　高斯－马尔可夫定理

核心概念

古典假定　　高斯－马尔可夫定理　　假定检验　　区间估计　　预测

课后思考与练习

1. 多元线性回归模型的古典假定是什么？试说明在证明最小二乘估计量的无偏性和有效性的过程中，哪些基本假定起了作用？
2. 多重共线性的含义是什么？
3. 叙述 F 检验的方法。
4. 一元线性回归模型需要进行 F 检验吗？为什么？

上机实验7-1

实验目的

(1) 收集、整理数据。

(2) 掌握 EViews 的基本操作。

(3) 估计 Cobb-Dauglas（双对数）回归方程，对回归结果进行检验，并对参数进行估计和预测。

实验步骤和内容

1. 收集、整理数据

以国家统计局公布的官方数据为准。

(1) 登录国家统计局网站。

(2) 进入"统计数据"—"年度数据"—"中国统计年鉴"。

(3) 查找"按三次产业分地区生产总值""各地区规模以上工业企业主要指标"的数据，并下载。

（4）整理数据，得到"工业增加值""资产总计""主营业务收入""人均主营业务收入"截面数据。

（5）由"主营业务收入""人均主营业务收入"推算得到"从业人员平均数"。

以上步骤与上机实验 6-1 相同。

2. EViews 的基本操作

（1）建立"工作文件"。

（2）建立"工作对象"。

（3）录入数据。

（4）生成"工业增加值""资产总计""从业人员平均数"的对数序列。

扫二维码可详细了解上机实验操作过程。

（5）绘制"工业增加值""资产总计""从业人员平均数"的对数线图。

（6）估计"工业增加值""资产总计""从业人员平均数"的双对数回归方程。

3. 实验要求与结果

在实验报告中记录 EViews 的基本操作的步骤，并报告以下内容。

（1）"工业增加值""资产总计""从业人员平均数"的对数的线图，并说明其特点。

（2）"工业增加值""资产总计""从业人员平均数"的双对数回归方程的估计结果。

扫二维码可详细了解上机实验操作过程。

（3）对模型进行检验（经济意义检验、拟合优度检验、统计检验）。

（4）说明偏回归系数意义，并做参数的区间估计。

（5）如果某年某地的资产总计达到 120 000 亿元，从业人员达到 900 万人时，对其工业增加值的均值做点预测和区间预测。

上机实验 7-2

实验目的

（1）收集、整理数据。

（2）掌握 EViews 的基本操作。

（3）建立税收、GDP、居民消费水平的回归方程。

实验步骤和内容

1. 收集、整理数据

以国家统计局公布的官方数据为准。

（1）登录国家统计局网站。

（2）进入"统计数据"—"年度数据"—"中国统计年鉴"。

（3）查找"税收收入""国内生产总值""居民消费水平"的（时间序列）数据，并下载。

(4) 整理数据。设定"税收收入"为被解释变量,"国内生产总值""居民消费水平"为解释变量。

2. EViews 的基本操作

(1) 建立"工作文件"。

(2) 建立"工作对象"。

(3) 录入数据。

(4) 分别估计税收收入与 GDP、税收收入与居民消费水平的一元线性回归方程,并观察斜率项系数的符号。

扫二维码可详细了解上机实验操作过程。

(5) 估计税收收入与 GDP、居民消费水平的二元线性回归方程,并观察偏回归系数的符号。

(6) 计算 GDP、居民消费水平两个变量的相关系数。

3. 实验要求与结果

在实验报告中记录 EViews 的基本操作的步骤,并报告以下内容。

(1) 税收收入与 GDP、税收收入与居民消费水平的一元线性回归方程的估计结果。

(2) 对上述两个一元线性回归进行检验(经济意义检验、拟合优度检验、统计检验)。

(3) 税收收入与 GDP、居民消费水平的二元线性回归方程的估计结果。

扫二维码可详细了解上机实验操作过程。

(4) 对上述二元线性回归进行检验(经济意义检验、拟合优度检验、统计检验)。

(5) 说明你发现的违背经济学理论的问题,并分析为什么会出现这样的结果。

Chapter 8

第 8 章

多重共线性

学习目标

- 了解多重共线性的意义
- 理解多重共线性产生的原因
- 掌握判断多重共线性的方法
- 掌握修正多重共线性的方法

与一元线性回归模型相比较，多元线性回归模型的古典假定中有一条无多重共线性假定。为什么要有这条假定？如果我们设定的模型违背了这条假定会有怎样的后果？多重共线性是怎样产生的？怎样修正多重共线性？这些问题都是我们要在本章回答的问题。

8.1 多重共线性的含义

下面我们通过一个实例来说明问题。

【例8-1】 影响粮食产量的因素是多种多样的，我们选择粮食产量作为响应变量，粮食作物播种面积、有效灌溉面积、化肥施用量、农业机械总动力为解释变量建立多元线性回归模型(数据见教学资源 data8-1，数据来源：《中国统计年鉴2014》)，用最小二乘法对模型进行估计。

解：打开 EViews 录入数据，并对变量命名，其中 Y——粮食产量，X_1——粮食作物播种面积，X_2——有效灌溉面积，X_3——化肥施用量，X_4——农业机械总动力。

我们预计，X_1，X_2，X_3，X_4 对 Y 有正方向的作用。

估计结果如表 8-1 所示：

表 8-1　粮食产量模型估计结果

Dependent Variable：Y
Method：Least Squares
Date：08/15/17　Time：10:15
Sample：1990 2013
Included observations：24

Variable	Coefficient	Std. Error	t-Statistic	Prob.
C	-32411.89	13872.30	-2.336446	0.0306
X1	0.711435	0.059699	11.91712	0.0000
X2	-0.380859	0.379988	-1.002291	0.3288
X3	4.528517	1.088922	4.158715	0.0005
X4	0.086594	0.067376	1.285237	0.2142
R-squared	0.967970	Mean dependent var		49317.59
Adjusted R-squared	0.961227	S. D. dependent var		4866.954
S. E. of regression	958.3472	Akaike info criterion		16.75135
Sum squared resid	17450159	Schwarz criterion		16.99678
Log likelihood	-196.0162	F-statistic		143.5484
Durbin-Watson stat	1.746130	Prob(F-statistic)		0.000000

通过估计结果我们发现，X_2 的系数为负，说明 X_2 与 Y 之间是反相关系，这个结果与我们事先的预计不相符。

此外我们还发现，虽然模型可以通过 F 检验，说明模型在整体上是可靠的，但在进行 t 检验时，X_2，X_4 都不能通过，说明这些变量没有对 Y 显著地做出解释。

X_2，X_4 分别表示有效灌溉面积和农业机械总动力，理应对粮食产量有着显著的影响，但从上述结果中却得到相反的结论。

造成这种矛盾结果的原因是模型中存在多重共线性。

什么是多重共线性呢？回忆第 5 章中对多元线性回归模型的古典假定中的无多重共线性假定：诸 X 之间不存在线性相关性；用矩阵表示为：$Rank(\boldsymbol{X}) = k + 1$，即矩阵 $\boldsymbol{X}$ 满秩。

例 8-1 中的模型很可能没有满足这个假定，即诸 X 之间存在线性相关性，即存在不全为 0 的 $\lambda_i (i = 0, 1, 2, \cdots, k)$，使得下式成立：

$$\lambda_1 X_{1i} + \lambda_2 X_{2i} + \cdots + \lambda_k X_{ki} = 0 \tag{8-1}$$

或者 $Rank(\boldsymbol{X}) < k + 1$，这种情形我们称之为多重共线。

如果式 (8-1) 成立，我们称之为完全的多重共线；在实际运用中我们常常遇到的是不完全的多重共线，即存在不全为 0 的 $\lambda_i (i = 0, 1, 2, \cdots, k)$，使得下式成立：

$$\lambda_1 X_{1i} + \lambda_2 X_{2i} + \cdots + \lambda_k X_{ki} + v_i = 0 \tag{8-2}$$

式中 v_i——随机误差项。

当诸 X 相关程度较高，或随机误差项足够小时，这种不完全多重共线性可能会给我们估计的结果带来一些重要的影响。

特别需要说明的是，多重共线是指诸 X 之间存在线性关系或近似的线性关系，而当诸 X 之间存在非线性的关系时，并不违反无多重共线性。

在多元线性回归模型中，解释变量之间的线性相关程度可以用其相关系数来度量。设 r_{ij} 表示解释变量 X_i 和 X_j 的线性相关系数，则有：

（1）当 $|r_{ij}|=0$ 时，解释变量 X_i 和 X_j 之间不存在线性相关性。这时可以分别用 X_i 和 X_j 对 Y 做回归得到其影响的系数。

（2）当 $|r_{ij}|=1$ 时，解释变量 X_i 和 X_j 之间存在完全的线性相关性。此时模型的参数将无法估计，这是因为在这种情形下，我们无法固定一个变量不变而使另外一个变量发生变化。

（3）当 $0<|r_{ij}|<1$ 时，解释变量 X_i 和 X_j 之间存在不完全的线性相关性。实际运用中遇到最多的是这种情形，这时模型的参数是否能正确地被估计，要看 X_i 和 X_j 之间相关程度的高低，如果相关程度高，则可能会对估计的结果带来很大的影响。

8.2 产生多重共线性的原因

在多元线性回归模型中往往会产生多重共线性，一般来说，由时间序列数据构造的模型可能性大，其原因可以归纳为以下几个方面。

1. 经济变量之间具有共同变化的趋势

经济运行的特点之一就是经济变量在一定时期表现出共同的变化趋势。在例 8-1 的解释变量中，除粮食作物播种面积以外，有效灌溉面积、化肥施用量、农业机械总动力的共同变化趋势也非常明显，我们可以绘制变量的线图来观察其变化，如图 8-1 所示。

从图 8-1 中可以清楚地看到，三个变量的变化有非常强的共同趋势，可以推断这三个变量之间应该具有很高的相关性，于是模型中就有可能存在多重共线性了。

2. 经济变量内在的联系

在经济系统中，各要素（变量）之间是相互依存、相互制约的，所以其运行的结果——数据之间一定会存在某种程度的相关关系。例如，生产函数中的劳动投入与资金投入、消费函数中的收入与财产等，都会表现出有一定的相关关系。而且这种关系无论是时间序列数据还是截面数据都会表现出来，从这个意义上讲，多重共线性是不可避免的，只是程度上的问题。

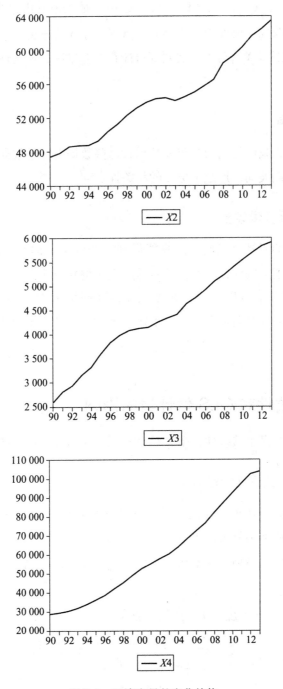

图 8-1 经济变量的变化趋势

3. 模型中包含了滞后变量

在很多模型中要考虑滞后因素的影响。所谓滞后变量是指过去时期的,但对当期被解释变量产生影响的变量,可以分为滞后的解释变量和滞后的响应变量。滞后变量的表示方法为：X_{t-1}, X_{t-2}, …或 Y_{t-1}, Y_{t-2}, …。如果模型中包含了这些滞后变量，就可能产生多重共线性。例如模型 $Y_t = \alpha_0 + \alpha_1 X_t + \gamma_1 X_{t-1} + \gamma_2 Y_{t-1} + u_t$ 包含了滞后变量，而 X_t 与 X_{t-1} 之间、X_{t-1} 与 Y_{t-1} 之间都可能存在非常高的相关性，于是就产生了多重共线性。

4. 数据的影响

在很多情况下，我们使用的是年度数据，这些数据由月度数据或季度数据合并而成，从而消除了短期波动，形成了更高的相关性。

5. 样本过小而变量较多

由于各种条件的限制，我们可能只能得到一个较小的样本，但需要有较多的变量。在这种情况下建立的线性模型比较容易产生多重共线性。

通过以上分析我们可以看到，在多元线性回归模型中，都会在不同程度上存在多重共线性，只是程度高低而已。此外，多重共线性是样本特征，而不是总体特征。

8.3 多重共线性对 OLS 估计量的影响

如果模型中存在多重共线性，则会对 OLS 估计量产生一些重要的影响。

1. 完全的多重共线性的影响

如果模型存在完全多重共线性，则会对 OLS 估计量产生非常大的影响。下面我们以二元线性回归模型为例来说明。

对于二元线性回归模型的样本回归方程 $\hat{Y}_i = \hat{\beta}_0 + \hat{\beta}_1 X_{1i} + \hat{\beta}_2 X_{2i}$，用 OLS 进行估计的结果为：

$$\hat{\beta}_0 = \overline{Y} - \hat{\beta}_1 \overline{X}_1 - \hat{\beta}_2 \overline{X}_2 \tag{8-3}$$

$$\hat{\beta}_1 = \frac{\sum y_i x_{1i} \sum x_{2i}^2 - \sum y_i x_{2i} \sum x_{1i} x_{2i}}{\sum x_{1i}^2 \sum x_{2i}^2 - (\sum x_{1i} x_{2i})^2} \tag{8-4}$$

$$\hat{\beta}_2 = \frac{\sum y_i x_{2i} \sum x_{1i}^2 - \sum y_i x_{1i} \sum x_{1i} x_{2i}}{\sum x_{1i}^2 \sum x_{2i}^2 - (\sum x_{1i} x_{2i})^2} \tag{8-5}$$

式中 $\overline{Y}$, $\overline{X}_1$, $\overline{X}_2$ ——Y_i, X_{1i}, X_{2i} 的平均值；

y_i, x_{1i}, x_{2i} ——Y_i, X_{1i}, X_{2i} 的离差。

如果 X_1 与 X_2 存在完全的多重共线性，则存在不为 0 的 λ，使 $X_{2i} = \lambda X_{1i}$，从而有

$x_{2i} = \lambda x_{1i}$。将其代入式(8-4)和式(8-5)得：

$$\hat{\beta}_1 = \frac{\sum y_i x_{1i} \sum x_{2i}^2 - \sum y_i x_{2i} \sum x_{1i} x_{2i}}{\sum x_{1i}^2 \sum x_{2i}^2 - (\sum x_{1i} x_{2i})^2} = \frac{\lambda^2 \sum y_i x_{1i} \sum x_{1i}^2 - \lambda^2 \sum y_i x_{1i} \sum x_{1i}^2}{\lambda^2 (\sum x_{1i}^2)^2 - \lambda^2 (\sum x_{1i}^2)^2} = \frac{0}{0}$$

$$\hat{\beta}_2 = \frac{\sum y_i x_{2i} \sum x_{1i}^2 - \sum y_i x_{1i} \sum x_{1i} x_{2i}}{\sum x_{1i}^2 \sum x_{2i}^2 - (\sum x_{1i} x_{2i})^2} = \frac{\lambda \sum y_i x_{1i} \sum x_{1i}^2 - \lambda \sum y_i x_{1i} \sum x_{1i}^2}{\lambda^2 (\sum x_{1i}^2)^2 - \lambda^2 (\sum x_{1i}^2)^2} = \frac{0}{0}$$

上述两式都是不定式，说明我们在完全的多重共线性条件下无法用OLS得到参数的估计值。

这个结果很容易理解。我们知道，偏回归系数$\hat{\beta}_2$表示当X_{1i}保持不变的条件时，X_{2i}变动一个单位对被解释变量Y_i的平均值变动的影响。但由于现在有$X_{2i} = \lambda X_{1i}$的存在，所以我们无法使X_{1i}保持不变且使X_{2i}变动一个单位，反之亦然。也就是说，我们现在无法分解X_1和X_2各自对Y的影响。

此外，完全的多重共线性还会使OLS估计量的方差变为无穷大。二元线性回归方程OLS估计量的方差为：

$$\text{Var}(\hat{\beta}_0) = \left[\frac{1}{n} + \frac{\overline{X}_1^2 \sum x_{2i}^2 + \overline{X}_2^2 \sum x_{1i}^2 - 2\overline{X}_1 \overline{X}_2 \sum x_{1i} x_{2i}}{\sum x_{1i}^2 \sum x_{2i}^2 - (\sum x_{1i} x_{2i})^2} \right] \sigma^2 \tag{8-6}$$

$$\text{Var}(\hat{\beta}_1) = \frac{\sum x_{2i}^2}{\sum x_{1i}^2 \sum x_{2i}^2 - (\sum x_{1i} x_{2i})^2} \sigma^2 \tag{8-7}$$

$$\text{Var}(\hat{\beta}_2) = \frac{\sum x_{1i}^2}{\sum x_{1i}^2 \sum x_{2i}^2 - (\sum x_{1i} x_{2i})^2} \sigma^2 \tag{8-8}$$

将$x_{2i} = \lambda x_{1i}$代入式(8-7)和式(8-8)得：

$$\text{Var}(\hat{\beta}_1) = \frac{\sum x_{2i}^2}{\sum x_{1i}^2 \sum x_{2i}^2 - (\sum x_{1i} x_{2i})^2} \sigma^2 = \frac{\lambda^2 \sum x_{1i}^2}{\lambda^2 (\sum x_{1i}^2)^2 - \lambda^2 (\sum x_{1i}^2)^2} \sigma^2 = \frac{\lambda^2 \sum x_{1i}^2}{0} \sigma^2$$

$$\text{Var}(\hat{\beta}_2) = \frac{\sum x_{1i}^2}{\sum x_{1i}^2 \sum x_{2i}^2 - (\sum x_{1i} x_{2i})^2} \sigma^2 = \frac{\sum x_{1i}^2}{\lambda^2 (\sum x_{1i}^2)^2 - \lambda^2 (\sum x_{1i}^2)^2} \sigma^2 = \frac{\sum x_{1i}^2}{0} \sigma^2$$

这表明在完全的多重共线性条件下，OLS估计量的方差为无穷大。

以上是以二元线性回归模型为例，在更多元的线性回归模型情形下也会有相同的结果。由此看来，当模型中存在完全的多重共线性时，其后果是非常严重的。

2. 不完全的多重共线性的影响

大多数情况下，我们遇到的都是不完全的多重共线性。还是以二元线性回归模型为例，当X_1与X_2相关程度很高时，会对估计结果产生较大的影响。

（1）OLS估计量接近不定式。假设存在不为0的λ，使$x_{2i} = \lambda x_{1i} + v_i$，其中$v_i$是随机误差项，并且满足$\sum x_{1i} v_i = 0$，这是为了保证$x_{1i}$与$v_i$不相关。

将$x_{2i} = \lambda x_{1i} + v_i$代入式(8-4)和式(8-5)中得：

$$\hat{\beta}_1 = \frac{\sum y_i x_{1i}(\lambda^2 \sum x_{1i}^2 + \sum v_i^2) - (\lambda \sum y_i x_{1i} + \sum y_i v_i)\lambda \sum x_{1i}^2}{\sum x_{1i}^2(\lambda^2 \sum x_{1i}^2 + \sum v_i^2) - (\lambda \sum x_{1i}^2)^2}$$

$$= \frac{\sum y_i x_{1i} \sum v_i^2 - \lambda \sum y_i v_i \sum x_{1i}^2}{\sum x_{1i}^2 \sum v_i^2}$$

$$\hat{\beta}_2 = \frac{(\lambda \sum y_i x_{1i} + \sum y_i v_i)\sum x_{1i}^2 - \sum y_i x_{1i} \lambda \sum x_{1i}^2}{\sum x_{1i}^2(\lambda^2 \sum x_{1i}^2 + \sum v_i^2) - (\lambda \sum x_{1i}^2)^2}$$

$$= \frac{\sum y_i v_i}{\sum v_i^2}$$

当 X_1 与 X_2 相关程度足够高时，v_i 就会足够小，以至于非常接近 0。这样，OLS 估计量就会趋近于不定式。

（2）OLS 估计量的方差变大。在存在不完全的多重共线性的条件下，OLS 估计量的方差与变量之间的相关系数有关。

设 r_{12} 表示 X_1 与 X_2 之间的相关系数，则有：

$$r_{12} = \frac{\sum(X_{1i} - \bar{X}_1)(X_{2i} - \bar{X}_2)}{\sqrt{\sum(X_{1i} - \bar{X}_1)^2 \sum(X_{2i} - \bar{X}_2)^2}} = \frac{\sum x_{1i} x_{2i}}{\sqrt{\sum x_{1i}^2 \sum x_{2i}^2}} \tag{8-9}$$

由式(8-7)和式(8-8)得：

$$\mathrm{Var}(\hat{\beta}_1) = \frac{\sum x_{2i}^2}{\sum x_{1i}^2 \sum x_{2i}^2 - (\sum x_{1i} x_{2i})^2}\sigma^2 = \frac{1}{\sum x_{1i}^2 \left[1 - \frac{(\sum x_{1i} x_{2i})^2}{\sum x_{1i}^2 \sum x_{2i}^2}\right]}\sigma^2$$

$$\mathrm{Var}(\hat{\beta}_2) = \frac{\sum x_{1i}^2}{\sum x_{1i}^2 \sum x_{2i}^2 - (\sum x_{1i} x_{2i})^2}\sigma^2 = \frac{1}{\sum x_{2i}^2 \left[1 - \frac{(\sum x_{1i} x_{2i})^2}{\sum x_{1i}^2 \sum x_{2i}^2}\right]}\sigma^2$$

注意到 $r_{12}^2 = \frac{(\sum x_{1i} \sum x_{2i})^2}{\sum x_{1i}^2 \sum x_{2i}^2}$，记作：

$$VIF = \frac{1}{1 - r_{12}^2} \tag{8-10}$$

则统计量的方差为：$\mathrm{Var}(\hat{\beta}_1) = \frac{\sigma^2}{\sum x_{1i}^2} VIF$，$\mathrm{Var}(\hat{\beta}_2) = \frac{\sigma^2}{\sum x_{2i}^2} VIF$。

显然，当 X_1 与 X_2 相关程度很高时，r_{12}^2 的值就很接近 1，则 VIF 的值就会趋向于无穷大。所以我们称 VIF 为方差膨胀因子（variance inflation factor），它会使估计量的方差膨胀，而 VIF 的值取决于 r_{12} 的值。

（3）参数的置信区间变宽。当 X_1 与 X_2 相关程度很高时，VIF 的值会很大，从而使估计量的方差也会变得很大，这会导致对应的标准差变大，其直接后果是参数的置信区间变宽，影响估计的精度。

下面我们以 β_1 为例，给出不同的 r_{12} 值对其置信区间的影响。

其他参数也是相似的结果。

从表 8-2 中可以看到，随着 X_1 与 X_2 相关程度的提高，方差膨胀因子的值会以非常快的速度增加，同时参数的置信区间的宽度也会以较快的速度变宽。例如，相关系数 $r_{12}=0.99$ 时的置信区间宽度大约是 $r_{12}=0.50$ 时的置信区间宽度的 7 倍。由于当相关程度很高时置信区间的宽度变宽，所以就降低了参数估计的精度。

表 8-2　方差的扩大因子对参数置信区间的影响

相关系数(r_{12})	方差膨胀因子的值(VIF)	置信水平95%对应的临界值	β_1 的95%置信区间
0.00	1.0	$t_{0.025}(n-k-1)$	$\hat{\beta}_1 \pm t_{0.025}(n-k-1)\sqrt{\dfrac{\sigma^2}{\sum x_{1i}^2}}$
0.50	1.33	$t_{0.025}(n-k-1)$	$\hat{\beta}_1 \pm t_{0.025}(n-k-1)\sqrt{1.33}\sqrt{\dfrac{\sigma^2}{\sum x_{1i}^2}}$
0.99	50	$t_{0.025}(n-k-1)$	$\hat{\beta}_1 \pm t_{0.025}(n-k-1)\sqrt{50}\sqrt{\dfrac{\sigma^2}{\sum x_{1i}^2}}$
0.999	500	$t_{0.025}(n-k-1)$	$\hat{\beta}_1 \pm t_{0.025}(n-k-1)\sqrt{500}\sqrt{\dfrac{\sigma^2}{\sum x_{1i}^2}}$

（4）t 检验可能做出错误的判断。以 β_1 的 t 检验为例。我们要检验 $H_0: \beta_1 = 0$，需要计算 t 检验统计量，其计算方法为：$t = \dfrac{\hat{\beta}_1}{\sqrt{\operatorname{Var}(\hat{\beta}_1)}}$。虽然此时的 OLS 估计量仍然是无偏估计，但是当 X_1 与 X_2 相关程度很高时，由于方差膨胀因子的作用 $\operatorname{Var}(\hat{\beta}_1)$ 会变大，这样有可能使 t 检验统计量的绝对值变小，从而使我们做出不拒绝原假设的判断（即 $\beta_1 = 0$），但是这个判断是在 $\operatorname{Var}(\hat{\beta}_1)$ 会变大的条件下做出的，很可能是一个错误的判断。

更多元的线性回归方程的情形可以得到相同的结果。

通过以上分析，我们可以看到：完全的多重共线性会对 OLS 估计量产生非常严重的影响，一般情况下，这样的情形不会出现；当相关程度较高时，不完全的多重共线性也会对 OLS 估计量产生严重的影响，而这种情形是经常会遇到的。

8.4　多重共线性的检验

当多元线性回归模型中多重共线性较严重时，会对 OLS 估计量产生影响，那么我们怎样判断模型中是否存在多重共线性呢？

1. 经验判断法

根据经验，一般出现下述情形中的一项或几项时，则表明模型中可能存在较严重的多重共线性。

（1）当增加或剔除一个解释变量，或者改变一个观测值时，OLS 估计量会发生较大变化。

（2）一些解释变量估计量的系数符号与理论或者经验不相符。

（3）重要解释变量 OLS 估计的结果对应的 se 的值较大或者 t 检验统计量的值较小。

（4）OLS 估计结果中可决系数 R^2、F 检验统计量的值非常大。

回顾例 8-1 的 OLS 估计结果。我们可以发现结果中出现了上述的某些情形。这样，我们就可以根据检验推断，模型中可能存在较严重的多重共线性。

2. 相关系数判断法

由于多重共线性的本质是解释变量之间存在线性相关性，所以我们可以计算诸如两两解释变量之间的相关系数。当某些解释变量之间的相关系数较高时，我们就有理由相信模型中存在较严重的多重共线性，相关系数越高，我们推断的理由越充分。一般来说，当相关系数的值超过 0.8 时，我们就可以认为模型中存在多重共线性。

在 EViews 中可以直接计算变量之间的相关系数，得到相关系数矩阵。方法是在命令窗口里输入命令：cor 解释变量名称，然后回车。

以例 8-1 的结果为例，相关系数矩阵如表 8-3 所示。

表 8-3　解释变量的相关系数矩阵

	X_1	X_2	X_3	X_4
X_1	1	−0.185 26	−0.267 57	−0.232 4
X_2	−0.185 26	1	0.978 134	0.991 414
X_3	−0.267 57	0.978 134	1	0.977 075
X_4	−0.232 4	0.991 414	0.977 075	1

从表 8-3 中可以看到，X_2 与 X_3、X_2 与 X_4、X_3 与 X_4 之间的相关系数都超过了 0.9，相关程度较高，说明模型中可能存在较严重的多重共线性。

3. 方差膨胀因子法

在上一节里我们得到了二元线性回归模型的方差膨胀因子，更多元的线性回归模型也可以得到相对应的方差膨胀因子。

选定一个解释变量作为被解释变量（如 X_j），做其与其余解释变量的回归，得到回归的可决系数 R_j^2，则可以证明 X_j 对应的 OLS 估计量的方差为：

$$\mathrm{Var}(\hat{\beta}_j) = \frac{\sigma^2}{\sum x_{ji}^2} \frac{1}{1-R_j^2} = \frac{\sigma^2}{\sum x_{ji}^2} VIF \tag{8-11}$$

其中 $VIF = \dfrac{1}{1 - R_j^2}$ 为变量 X_j 对应的 OLS 估计量的方差膨胀因子。

以例 8-1 为例，我们如果选定 X_2，则可得到其对应的 OLS 估计量的方差膨胀因子为：

$$VIF = \dfrac{1}{1 - R_j^2} = \dfrac{1}{1 - 0.988\,027^2} \approx 83.52$$

由于可决系数 R_j^2 度量了 X_j 与其他解释变量的线性相关程度，所以这种相关程度越高，R_j^2 值就越大，从而 VIF 值也就越大，说明模型中多重共线性越严重，反之亦然。一般认为，当某一个解释变量对应的 VIF 值大于或等于 10 时，则模型中存在较严重的多重共线性，这个条件等价于 $R_j^2 \geq 0.9$。

在上面的计算中，我们得到 $R_j^2 = 0.988\,027$，$VIF = 83.52$，说明模型中存在较严重的多重共线性。

4. 辅助回归法

相关系数矩阵只能判断解释变量两两之间的相关程度。当模型中解释变量多于两个并呈现出较为复杂的相关关系时，我们就不能根据相关系数矩阵来判断多重共线性了。这时我们可以通过辅助回归的方法来判断。

辅助回归是指用一个选定的解释变量(如 X_j)作为被解释变量，与其他的解释变量所做的回归。

由辅助回归得到其对应的可决系数 R_j^2。可以证明由可决系数 R_j^2 构造的统计量：

$$F = \dfrac{R_j^2/(k-1)}{(1 - R_j^2)/(n-k)} \sim F(k-1, n-k) \tag{8-12}$$

服从 F 分布。如果由此计算得到的 F 值超过设定的临界值，则说明模型中存在较严重的多重共线性。

仍以例 8-1 为例，选定 X_2 做辅助回归，计算得 $R_j^2 = 0.988\,027$。

再计算 F 统计量得 $F = 550.141\,707\,7$，设显著性水平为 0.05，查 F 分布表得到临界值为 3.10。显然 F 检验统计量的值远远大于临界值，说明模型中存在较严重的多重共线性。

8.5 多重共线性的修正

如果模型中存在较严重的多重共线性，则会给 OLS 估计结果带来严重的影响。通过检验，我们可以判断模型中是否存在多重共线性，若存在，就有必要对模型进行修正。

1. 增加样本容量

产生多重共线性的一个重要原因就是样本过小而变量个数较多,所以解释多重共线性的方法之一就是增加样本容量,但是,这种方法会增加成本,包括时间成本和经济成本。

以二元线性回归模型为例,估计量的方差为 $\text{Var}(\hat{\beta}_1) = \dfrac{\sigma^2}{\sum x_{1i}^2(1-r_{12}^2)}$。当两个变量间的相关程度一定时,即 r_{12}^2 一定时,$\sum x_{1i}^2$ 的值会随着样本容量的增加而增加,从而估计量的方差 $\text{Var}(\hat{\beta}_1)$ 会随着样本容量的增加而减少。这样,就会减少估计的误差,直观地看是减少了多重共线性的影响。

2. 变量变换

我们还通过变量代换的方法来修正或降低多重共线性,这种方法有两种形式。

其一,差分变换。

假设时间序列模型为:

$$Y_t = \beta_0 + \beta_1 X_{1t} + \beta_2 X_{2t} + u_t \tag{8-13}$$

则有:

$$Y_{t-1} = \beta_0 + \beta_1 X_{1t-1} + \beta_2 X_{2t-1} + u_{t-1} \tag{8-14}$$

由式(8-13)减去式(8-14)得:

$$Y_t - Y_{t-1} = \beta_1(X_{1t} - X_{1t-1}) + \beta_2(X_{2t} - X_{2t-1}) + (u_t - u_{t-1}) \tag{8-15}$$

记 $\Delta Y_t = Y_t - Y_{t-1}$、$\Delta X_{1t} = X_{1t} - X_{1t-1}$、$\Delta X_{2t} = X_{2t} - X_{2t-1}$、$\Delta u_t = u_t - u_{t-1}$,则式(8-15)可以写成:

$$\Delta Y_t = \beta_1 \Delta X_{1t} + \beta_2 \Delta X_{2t} + \Delta u_t \tag{8-16}$$

式(8-16)称为一阶差分形式。

对(8-16)进行估计,可以较有效地修正多重共线性。

其二,比率变换。

如果在式(8-13)中,Y 表示消费支出,X_1 表示 GDP,X_2 表示人口数,则 GDP 可能会与人口数存在较严重的相关性。我们可以通过比率变换来消除这种相关性,方法如下:

在式(8-13)中,同除以 X_2,得:

$$\frac{Y_t}{X_{2t}} = \beta_0 \frac{1}{X_{2t}} + \beta_1 \frac{X_{1t}}{X_{2t}} + \beta_3 + \frac{u_t}{X_{2t}} \tag{8-17}$$

通过这样的变换可以减少多重共线性。

这两种变换虽然都能修正或减少多重共线性,但也会带来一些其他的问题,经过这样的变换后模型可能会不满足其他的古典假定。

3. 利用先验的信息

我们在长期的实践中可以观察到有些变量之间会存在很高的相关性，这些信息对我们设定模型时避免和减少多重共线性是非常有帮助的。

例如，对于消费模型 $Y_i = \beta_0 + \beta_1 X_{1i} + \beta_2 X_{2i} + u_i$，其中 X_1 表示收入，X_2 表示财富。我们观察到，收入和财富具有很高的相关性，在重复观察中可以估计出这两个变量之间的相关程度，比如 $\beta_2 = 0.2\beta_1$，我们就可以将原来的二元线性回归模型设定为一个一元线性回归模型 $Y_i = \beta_0 + \beta_1 X_i + u_i$，其中 $X_i = X_{1i} + 0.2X_{2i}$，从而避免多重共线性。

4. 截面数据与时间序列数据并用

截面数据与时间序列数据并用也称为数据合并法，这种方法的基本思想是：由于截面数据是同一时点上产生的数据，某些变量的数据还不至于产生较大的变化。所以先用截面数据求出一个或多个回归系数的估计值，再把它们代入原时间序列数据模型中，通过用因变量与上述估计值所对应的解释变量相减从而得到新因变量，然后建立新因变量对那些保留解释变量的回归模型，并利用时间序列样本估计回归系数。下面通过一个例子具体介绍合并数据法。

设某种商品的销售量模型如下，

$$\ln Y_t = \beta_0 + \beta_1 \ln P_t + \beta_2 \ln I_t + u_t$$

式中 Y_t 表示销售量，P_t 表示平均价格，I_t 表示消费者收入，下标 t 表示时间。我们的目的是要估计价格弹性 β_1 和收入弹性 β_2。

在时间序列数据中，平均价格 P_t 与收入 I_t 一般高度相关，所以当用最小二乘法估计模型时，会遇到多重共线性问题。

我们先利用截面数据估计收入弹性 β_2，因为在截面数据中，平均价格不会发生较大变化，所以这个估计是可靠的，即估计模型：

$$\ln Y_i = \alpha + \beta_2 \ln I_i + v_i$$

注意，这是由截面数据估计的回归。再把用截面数据得到的收入弹性系数估计值 $\hat{\beta}_2$ 代入原模型中得：

$$\ln Y_t = \beta_0 + \beta_1 \ln P_t + \hat{\beta}_2 \ln I_t + u_t$$

移项整理：

$$\ln Y_t - \hat{\beta}_2 \ln I_t = \beta_0 + \beta_1 \ln P_t + u_t$$

这时模型已变换为一元线性回归模型，排除了收入变量的影响。利用时间序列数据对上述模型进行估计，求出 $\hat{\beta}_0, \hat{\beta}_1$，则可得到估计式：

$$\hat{\ln} Y_t = \hat{\beta}_0 + \hat{\beta}_1 \ln P_t + \hat{\beta}_2 \ln I_t$$

其中 $\hat{\beta}_2$ 是用截面数据估计的，$\hat{\beta}_0, \hat{\beta}_1$ 是用时间序列数据估计的。

由于把估计过程分成两步，从而避免了多重共线性问题。显然这种估计方法默认了一种假设，即相对于时间序列数据，各个时期的截面数据所对应的收入弹性系数估计值都与第一步求到的 $\hat{\beta}_2$ 相同。当这种假设不成立时，这种估计方法会带来估计误差。

5. 剔除变量法

模型中产生多重共线性的一个重要原因是模型的变量设定有偏误。当然，解决这一问题的方法就是剔除变量。

这里又要谈到模型设定的问题。我们说模型被正确设定一般是指模型的函数形式被正确设定、变量也被正确设定。如果模型中设定的变量多了或者少了，都会产生模型设定的偏误，而设定的变量多了可能会产生多重共线性。

当模型中存在多重共线性时，我们可以通过剔除变量的方法进行修正，但剔除哪个变量却是一个不好处理的问题。一般可以根据经济学理论来确定哪个变量是核心变量或重要变量，以此来判断剔除哪个变量。如果没有相关的经济理论为依据，则可以根据多元回归的系数符号是否与实际相符或者 t 检验的显著性水平的高低来判断剔除哪个变量。

6. 逐步回归法

我们还可以运用逐步回归的方法来避免多重共线性。具体的方法如下：

（1）用被解释变量对所考虑的每个解释变量做简单回归。

（2）以对被解释变量贡献最大的解释变量所对应的回归方程为基础，以对被解释变量贡献大小为顺序逐个引入其余的解释变量，这个过程可能会出现三种情形。①若新变量的引入没有改变系数的符号，但改进了 R^2，回归参数的 t 检验在统计上也是显著的，则该变量在模型中予以保留。②若新变量的引入未能改进 R^2，且对其他回归参数估计值的 t 检验也未产生任何影响，则认为该变量是多余的，应该舍弃。③若新变量的引入未能改进 R^2，但显著地影响了其他回归参数估计值的符号与数值，同时本身的回归参数也未通过 t 检验，这说明出现了严重的多重共线性，应舍弃该变量。

此外，修正多重共线性还有主成分法、岭回归法等，有兴趣的读者可以参阅其他教材和相关资料。

8.6 案例分析

【例8-2】 影响税收收入的因素是多种多样的。为了研究影响税收收入的因素,我们选取了1980~2015年我国的相关数据(数据见教学资源data8-2,数据来源:国家统计局),其中 Y 为税收收入,X_1 为GDP,X_2 为社会消费品零售总额,X_3 为固定资产投资,X_4 为居民消费水平,X_5 为经济活动人口,X_6 为进出口总额。我们预计这些因素都会对财政收入产生正方向的影响,并且应该是显著的影响。建立多元线性回归模型,并检验模型中是否存在多重共线性。

解: 多元线性回归模型的估计结果如表8-4所示。

表8-4 影响税收收入因素多元线性回归模型的估计结果

Dependent Variable: Y
Method: Least Squares
Date: 08/18/17 Time: 15:58
Sample: 1980 2015
Included observations: 36

Variable	Coefficient	Std. Error	t-Statistic	Prob.
C	3124.084	2250.417	1.388225	0.1756
X1	0.208961	0.045450	4.597574	0.0001
X2	0.208247	0.195970	1.062649	0.2967
X3	0.015857	0.040551	0.391029	0.6986
X4	-4.953094	1.558556	-3.178001	0.0035
X5	-0.049694	0.045202	-1.099387	0.2806
X6	0.032634	0.026847	1.215551	0.2340
R-squared	0.999201	Mean dependent var		27929.93
Adjusted R-squared	0.999036	S. D. dependent var		37880.91
S. E. of regression	1176.319	Akaike info criterion		17.15083
Sum squared resid	40128077	Schwarz criterion		17.45874
Log likelihood	-301.7150	F-statistic		6044.496
Durbin-Watson stat	0.797304	Prob(F-statistic)		0.000000

由回归结果看,X_4、X_5 的系数为负,与我们的预期相反,并且 X_2、X_3、X_5、X_6 对应的 t 检验的 p 值都大于0.05,这些现象表明,模型中非常可能存在多重共线性。

计算所有解释变量的相关系数,结果如表8-5所示。

表8-5 解释变量的相关系数矩阵

	X_1	X_2	X_3	X_4	X_5	X_6
X_1	1	0.996951	0.986071	0.998078	0.694476	0.977963
X_2	0.996951	1	0.994625	0.996217	0.670494	0.960187

（续）

	X_1	X_2	X_3	X_4	X_5	X_6
X_3	0.986 071	0.994 625	1	0.982 355	0.603 743	0.937 753
X_4	0.998 078	0.996 217	0.982 355	1	0.721 531	0.972 716
X_5	0.694 476	0.670 494	0.603 743	0.721 531	1	0.720 866
X_6	0.977 963	0.960 187	0.937 753	0.972 716	0.720 866	1

从相关系数矩阵可以看到，诸解释变量之间存在较高的相关性，故模型中可能存在多重共线性。

我们可以用逐步回归法修正多重共线性。先做一元线性回归估计，得到如下比较结果（见表8-6）。

表8-6 一元线性回归估计结果

变量	估计值（斜率项）	t 统计量	p 值	可决系数
X_1	0.185 592	84.962 54	0.000 0	0.995 312
X_2	0.453 460	69.439 12	0.000 0	0.992 998
X_3	0.241 365	44.017 80	0.000 0	0.982 755
X_4	6.894 486	48.020 01	0.000 0	0.985 470
X_5	2.058 058	5.019 811	0.000 0	0.425 661
X_6	0.404 766	24.268 54	0.000 0	0.945 422

从结果看，6个解释变量的一元线性回归结果的对应的斜率项系数均为正，t 检验都是显著的。比较可决系数发现 X_1 对应的值最大，故选择 X_1 作为基础变量做二元线性回归（见表8-7）。

表8-7 二元线性回归估计结果

变量	估计值（斜率项）	t 统计量	p 值	调整后的可决系数
X_1	0.128 287	4.823 353	0.000 0	0.995 644
X_2	0.140 605	2.161 118	0.038 0	
X_1	0.135 309	13.605 31	0.000 0	0.997 233
X_3	0.066 740	5.127 358	0.000 0	
X_1	0.331 995	13.245 09	0.000 0	0.997 699
X_4	-5.476 297	-5.852 068	0.000 0	
X_1	0.195 678	111.068 8	0.000 0	0.998 375
X_5	-0.246 281	-8.243 930	0.000 0	
X_1	0.199 532 34	19.322 97	0.000 0	0.995 299
X_6	-0.031 898 312	-1.380 436	0.176 7	

选择多元线性回归模型的原则：一是系数的符号要符合经济理论或预期；二是 t 检验

是显著的；三是调整后的可决系数较大。

通过对表8-7的结果比较，X_1，X_3 为解释变量模型是理想的结果，故以 X_1，X_3 为基础变量做三元线性回归模型(见表8-8)。

表8-8　三元线性回归估计结果

变量	估计值(斜率项)	t 统计量	p 值	调整后的可决系数
X_1	0.246 760	11.898 21	0.000 0	
X_3	0.170 951	8.357 972	0.000 0	0.998 589
X_2	-0.466 108	-5.719 716	0.000 0	
X_1	0.269 724	14.908 96	0.000 0	
X_3	0.055 847	7.118 672	0.000 0	0.999 026
X_4	-4.720 884	-7.859 442	0.000 0	
X_1	0.178 612	15.878 54	0.000 0	
X_3	0.020 403	1.535 437	0.134 5	0.998 439
X_5	-0.204 892	-5.148 418	0.000 0	
X_1	0.056 888	2.663 395	0.012 0	
X_3	0.117 965	7.019 783	0.000 0	0.998 091
X_6	0.091 131	3.981 245	0.000 4	

通过比较表8-8的结果，X_1，X_3，X_6 为解释变量模型是理想的结果，故以 X_1，X_3，X_6 为基础变量做三元线性回归模型(见表8-9)。

表8-9　三元线性回归估计结果

变量	估计值(斜率项)	t 统计量	p 值	调整后的可决系数
X_1	0.230 473	4.159 001	0.000 2	
X_3	0.169 408	7.950 192	0.000 0	0.998 548
X_6	0.010 013	0.317 674	0.752 9	
X_2	-0.434 030	-3.326 024	0.002 3	
X_1	0.242 824	3.894 612	0.000 5	
X_3	0.066 775	6.621 446	0.000 0	0.999 017
X_6	0.017 767	4.407 404	0.000 1	
X_4	-4.313 074	0.844 517	0.404 9	
X_1	922.657 6	2.082 036	0.046	
X_3	264.148 3	2.910 87	0.006 7	0.916 85
X_6	-0.021 18	-0.215 41	0.830 9	
X_5	1 475.229	1.709 246	0.097 7	

通过比较表8-9的结果，没有合适的估计结果。故合适的解释变量为 X_1，X_3，X_6，最终的估计结果如表8-10所示。

表 8-10 多重共线性修正结果

Dependent Variable: Y
Method: Least Squares
Date: 08/20/17   Time: 10:10
Sample: 1980 2015
Included observations: 36

Variable	Coefficient	Std. Error	t-Statistic	Prob.
C	−278.1869	511.1504	−0.544237	0.5901
X1	0.056888	0.021359	2.663395	0.0120
X3	0.117965	0.016805	7.019783	0.0000
X6	0.091131	0.022890	3.981245	0.0004
R-squared	0.998255	Mean dependent var		27929.93
Adjusted R-squared	0.998091	S.D. dependent var		37880.91
S.E. of regression	1654.896	Akaike info criterion		17.76530
Sum squared resid	87637754	Schwarz criterion		17.94125
Log likelihood	−315.7755	F-statistic		6102.220
Durbin-Watson stat	0.466816	Prob(F-statistic)		0.000000

回归方程为：

$$\hat{Y}_t = -278.1869 + 0.056888 X_{1t} + 0.117965 X_{3t} + 0.091131 X_{6t}$$

这个结果表明在固定资产投资、进出口总额不变的情况下，GDP每增加1亿元，税收收入增加约0.057亿元；在GDP、进出口总额不变的情况下，固定资产投资每增加1亿元，税收收入增加约0.12亿元；在GDP、固定资产投资不变的情况下，进出口总额每增加1亿元，税收收入增加约0.09亿元。

本章小结

多重共线性是一种不满足古典假定的情况。异方差产生的原因主要是经济变量具有共同变化趋势和模型设定的偏误。如果模型中存在多重共线就会对估计结果产生很大的误导作用，检验多重共线的常用方法是相关系数法，修正多重共线的常用方法是剔除变量法。

学习建议

本章要理解多重共线性的含义，了解多重共线性产生的原因，掌握多重共线性的修正方法。

1. 本章重点

多重共线性的含义   相关系数法   剔除变量法

2. 本章难点

相关系数法　　剔除变量法

核心概念

多重共线性　　方差膨胀因子　　剔除变量法

课后思考与练习

1. 什么是多重共线性？完全的多重共线性与不完全的多重共线性有何区别？
2. 多重共线性会对参数估计产生怎样的影响？
3. 在经济变量的多元线性回归模型中能够完全避免多重共线性吗？
4. 怎样检验模型中是否存在多重共线性？
5. 一般用什么方法修正多重共线性？

上机实验 8-1

实验目的

(1) 收集、整理数据。

(2) 掌握 EViews 的基本操作。

(3) 建立多元线性回归模型，检验模型中是否存在多重共线性。

(4) 修正多重共线性。

实验步骤和内容

1. 收集、整理数据

以国家统计局公布的官方数据为准。

(1) 登录国家统计局网站。

(2) 进入"统计数据"—"年度数据"—"中国统计年鉴"。

(3) 查找"黄金和外汇储备""货物进出口总额""服务进出口总额""利用外资概况""人民币汇率""各项税收"的(时间序列)数据，并下载。

(4) 整理数据。选取"外汇储备"为被解释变量，"进出口差额""服务进出口差额""外商直接投资(实际值)""外商其他投资(实际值)""人民币汇率(100 美元)""关税"为解释变量，时间为 1990～2014 年。

2. EViews 的基本操作

(1) 建立"工作文件"。

(2) 建立"工作对象"。

(3) 录入数据。

扫二维码可详细了解上机实验操作过程。

(4) 估计外汇储备的多元线性回归方程。
(5) 计算解释变量的相关系数矩阵。
(6) 修正多重共线性。

3. 实验要求与结果

在实验报告中记录 EViews 的基本操作的步骤，并报告以下内容。

(1) 外汇储备的多元线性回归方程的估计结果。

扫二维码可详细了解上机实验操作过程。

(2) 对外汇储备的多元线性回归方程进行检验（经济意义检验、拟合优度检验、统计检验、计量经济学检验），在检验中有哪些与经济理论或预期不相符的现象？

(3) 检验模型中是否存在多重共线性。

(4) 用逐步回归法对多重共线性进行修正。

(5) 报告修正后的结果，并分析修正后的结果。

上机实验 8-2

实验目的

(1) 收集、整理数据。

(2) 掌握 EViews 的基本操作。

(3) 建立多元线性回归模型，检验模型中是否存在多重共线性。

(4) 修正多重共线性。

实验步骤和内容

1. 收集、整理数据

以国家统计局公布的官方数据为准。

(1) 登录国家统计局网站。

(2) 进入"统计数据"—"年度数据"—"中国统计年鉴"。

(3) 查找"分地区电力消费量""按三次产业分地区生产总值""分地区年末人口数""分地区固定资产投资""分地区最终消费"的（截面序列）数据，并下载。

扫二维码可详细了解上机实验操作过程。

(4) 整理数据。选取"电力消费总量"为被解释变量，"年末人口数""工业生产总值""交通与邮政业生产总值""最终消费""固定资产投资"为解释变量。

2. EViews 的基本操作

(1) 建立"工作文件"。

(2) 建立"工作对象"。

(3) 录入数据。

扫二维码可详细了解上机实验操作过程。

(4) 估计电力消费总量的多元线性回归方程。

(5) 计算解释变量的相关系数矩阵。

(6) 修正多重共线性。

3. 实验要求与结果

在实验报告中记录 EViews 的基本操作的步骤，并报告以下内容。

(1) 外汇储备的多元线性回归方程的估计结果。

(2) 对外汇储备的多元线性回归方程进行检验（经济意义检验、拟合优度检验、统计检验、计量经济学检验），在检验中有哪些与经济理论或预期不相符的现象？

(3) 检验模型中是否存在多重共线性。

(4) 用逐步回归法对多重共线性进行修正。

(5) 报告修正后的结果，并分析修正后的结果。

Chapter 9
第 9 章

虚拟变量回归

学习目标

- 理解虚拟变量的含义
- 掌握虚拟变量的设置规则
- 掌握虚拟变量回归的估计方法
- 了解虚拟变量的相关应用

计量经济学的基本内容就是刻画变量与变量之间的关系。在此之前，我们所涉及的变量都是定量变量——变量的取值是数值，因为大量的经济现象都是以数值形式表现的。但是，也有一些现象并不是以数值形式表现的，例如，我们想要刻画影响个人收入的因素，个人受教育程度、性别、工作地点（东部、中部、西部）、工作所处的行业（金融、贸易、地产）等都是影响因素（变量），而这些变量不是我们习惯的定量变量。于是我们有必要来描述这类变量，以及在模型中引入这类变量。

9.1 虚拟变量

为了描述那些不是定量变量的现象，我们要引入虚拟变量。所谓虚拟变量就是其变量值只取 0 或 1 的变量，也称为定性变量、二值变量等，虚拟变量可以表示那些具备某种属性的现象。一般情况下我们都以变量值取 0 表示这个变量对应的现象不具备某种属性，而取 1 表示这个变量对应的现象具备某种属性。例如，以 D 表示性别，当 D 取 0 时表示女性，取 1 时表示男性。需要特别注意的是，虚拟变量只能取 0 和 1 两个值。

上面所说的是一个最简单的情况，我们只需要描述一个取两个值（两个属性）的因素。如果需要描述取多个值（多个属性）的因素，那么要怎样设置虚拟变量呢？

例如，我们要描述不同的地区，比如东部、中部、西部。这个因素有三个属性，所以需要取三个值，这时可以设置两个虚拟变量。在刻画多个属性时，我们首先要选择一个属性作为比较的基础，比如可以在三个不同的地区中选择西部作为比较的基础，这样选择就意味着用东部、中部和西部做比较，于是我们可以这样设置虚拟变量。

$D_1 = 1$—— 中部　　$D_2 = 1$—— 东部

$D_1 = 0$—— 其他　　$D_2 = 0$—— 其他

这样，我们就可以表示各地区了。东部：$(D_1=0, D_2=1)$；中部：$(D_1=1, D_2=0)$；西部：$(D_1=0, D_2=0)$。可以归纳如表9-1所示的内容。

表　9-1

地区/变量	D_1	D_2
西部	0	0
中部	1	0
东部	0	1

现在我们再来设置一个需要取四个值的情况，例如，春、夏、秋、冬四季。根据上面的设置方法，设置三个虚拟变量即可（以冬为比较基础）。

$D_1 = 1$—— 春　　$D_2 = 1$—— 夏　　$D_3 = 1$—— 秋

$D_1 = 0$—— 其他　　$D_2 = 0$—— 其他　　$D_3 = 0$—— 其他

这样，我们就可以表示春、夏、秋、冬四季了（见表9-2）。

表　9-2

季节/变量	D_1	D_2	D_3
春	1	0	0
夏	0	1	0
秋	0	0	1
冬	0	0	0

通过上面的讨论，我们可以归纳出设置虚拟变量的规则。①设置虚拟变量取值的规则。一般情况下，我们设置作为比较基础的属性为0，用于与比较基础进行比较的属性为1；②设置虚拟变量个数的规则。如果我们需要描述 m 个互相排斥的属性，那么仅需要设置 $m-1$ 个虚拟变量。

要注意的是，上述规则的第②点。这项规则与含有虚拟变量的模型中有无截距有密切关系，如果模型中有截距项，则只能设置 $m-1$ 个虚拟变量，否则会掉入"虚拟变量陷阱"，关于这一点我们在后面讨论；如果模型中没有截距项，则可以设置 m 个虚拟变量。

9.2 虚拟变量回归模型

有了虚拟变量，我们就可以在模型中引入虚拟变量，来刻画某些属性对被解释变量的影响。虚拟变量模型可以分为两大类：一是加法模型；二是乘法模型。为了简化问题，我们假设模型中只有一个定量变量。

9.2.1 加法模型

加法模型是指虚拟变量与其他解释变量之间是加法关系，其一般形式为：

$$Y_i = \alpha_0 + \alpha_1 X_i + \beta D_i + u_i \tag{9-1}$$

式中　X——定量变量；

　　　D——虚拟变量。

如果是时间序列模型，则下标改为 t。

由于虚拟变量 D 只能取 0 或者 1，所以式(9-1)实际上只是改变了截距，而斜率没有改变(见图9-1)。在式(9-1)中，令 $D=0$ 或 1 得：

$$Y_i = \alpha_0 + \alpha_1 X_i + u_i \quad (D=0); \quad Y_i = (\alpha_0 + \beta) + \alpha_1 X_i + u_i \quad (D=1)$$

下面我们分不同类型讨论加法虚拟变量模型。

1. 模型中只包含同一因素的虚拟变量

这种模型的基本形式为：

$$Y_i = \alpha_0 + \beta_1 D_{1i} + \beta_2 D_{2i} + \cdots + \beta_{k-1} D_{k-1i} + u_i \tag{9-2}$$

式中　D——某一因素不同属性的虚拟变量。

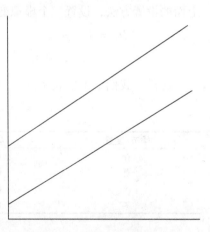

图9-1　加法虚拟变量模型截距的位移

这类模型称为方差分析模型。模型中含有 $k-1$ 个虚拟变量，可以对 k 个属性(总体)判断其均值是否有差异。在对应的样本回归方程中，如果通过 F 检验或 t 检验，得到对应的偏回归参数是否为零，则可据此推断 k 个属性(总体)均值是有差异，否则 k 个总体均值没有显著差异。其中，常数项表示比较基础总体的均值。

模型中各项系数的含义是：α_0 表示基础属性(总体)的均值；β_i 表示第 i 个属性(总体)较基础属性的增量。

【例9-1】　我国东、中、西部的划分，是政策上的划分，而不是行政区划，也不是地理概念上的划分。东部是指最早实行沿海开放政策并且经济发展水平较高的省市，中部是指经济次发达地区,而西部则是指经济欠发达地区。目前,东部地区包括 11 个省级行政区,分别是北京、天津、河北、辽宁、上海、江苏、浙江、福建、山东、广东、海南;中部地区包括 8 个省级行政区,分别是黑龙江、吉林、山西、安徽、江西、河南、湖北、湖南;西部地区包括 12 个省级行政区,分别是四川、重庆、贵州、云南、西藏、陕西、甘肃、青海、宁夏、新疆、广西、内蒙古。选取 2014 年全国各地区城镇人口比重的数据(数据见教学资源 data9-1,数据来源:《中国统计年鉴 2015》),试分析东、中、西部地区城镇化程度有无显著差异。

解:设城镇化人口比重为 Y。以西部作为比较的基础设置虚拟变量(见表 9-3):

建立形如式(9-2)所示的方差分析模型进行估计,估计的结果如下:

$\hat{Y}_i = 46.885 \quad + \quad 5.13125 D_{1i} + 20.68318 D_{2i}$

$t = (16.05931) \quad (1.111594) \quad (4.899398)$

$p = (0.0000) \quad (0.2758) \quad (0.0000)$

$F = 12.65967 \quad p = 0.000121$

表 9-3

地区/变量	D_1	D_2
西部	0	0
中部	1	0
东部	0	1

由于 F 统计量值很大,对应的伴随概率非常小,所以可以判断偏回归系数不全为零,说明东、中、西部地区城镇化程度有显著差异。具体来说,由于 D_2 对应的 p 值非常小,而 D_1 对应的 p 值是大于 0.05 的,说明东部与西部地区的城镇化程度有显著差异,但中部与西部地区的城镇化程度没有显著差异。

西部地区城镇化程度的均值为:$E(Y|D_1=0,D_2=0) = 46.885$

中部地区城镇化程度的均值为:$E(Y|D_1=1,D_2=0) = 46.885 + 5.13125$

东部地区城镇化程度的均值为:$E(Y|D_1=0,D_2=1) = 46.885 + 20.68318$

2. 模型中包含不同因素的虚拟变量

这种模型的基本形式为:

$$Y_i = \alpha_0 + \beta D_i + \gamma G_i + u_i \tag{9-3}$$

式中 D——某一因素不同属性的虚拟变量;

G——另一因素不同属性的虚拟变量。

例如,我们要分析影响个人收入的因素,特别想知道"受教育程度"(D)和"性别"(G)对个人收入的影响,可以设定形如式(9-3)所示的模型加以估计。当然,这类模型可以推广到包含更多不同因素属性的虚拟变量的模型。

对估计结果进行 t 检验和 F 检验,可以判断这些因素影响是不是显著的。

模型中各项系数的含义是:α_0 表示基础属性(总体)的均值($D=0$,$G=0$);β 表示 D 对应的属性(总体)在 G 对应的属性不变的条件下较基础属性的增量;γ 表示 G 对应的属性(总体)在 D 对应的属性不变的条件下较基础属性的增量。

3. 模型中包含一个定量变量和同一因素的虚拟变量

这种模型的基本形式为:

$$Y_i = \alpha_0 + \alpha_1 X_i + \beta_1 D_{1i} + \beta_2 D_{2i} + \cdots + \beta_{k-1} D_{k-1,i} + u_i \tag{9-4}$$

式中 X——定量变量;

D——某一因素不同属性的虚拟变量。

我们用一个实例来说明问题。

【例 9-2】 消费可以用收入来解释,但在不同的季节,消费会表现出一定的季节性,我们希望除了知道收入对消费的影响程度外,还要描述消费是否会有季节性。选择 GDP 作为收入的代表变量,批发与零售业增加值作为消费的代表变量,整理两个变量的季度数据(数据见教学资源 data9-2,数据来源:中经数据网),试判断消费的季节性。

解:设 GDP 为 X,批发与零售业增加值为 Y。绘制两个变量的线图(见图 9-2)。

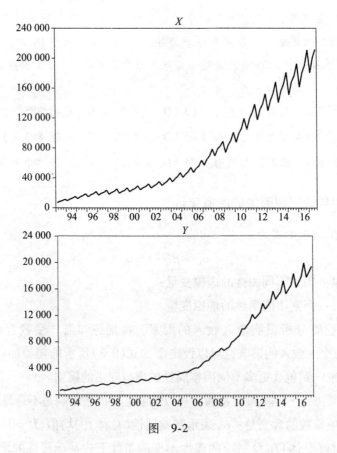

图 9-2

从两张线图中可以看出,两个变量都存在季节性,但是我们希望从数量分析的角度来进行判断。

设置虚拟变量如表9-4所示。

表 9-4

季度/变量	D1	D2	D3
一	1	0	0
二	0	1	0
三	0	0	1
四	0	0	0

建立形如式(9-4)的模型，估计结果如下：

$\hat{Y}_t = -934.4572 + 0.096648X_t + 908.6372D_{1t} + 425.4912D_{2t} + 150.343D_{3t}$

$t = (-9.013587) \quad (134.5144) \quad (7.418521) \quad (3.483633) \quad (1.231715)$

$p = (0.0000) \quad\quad (0.0000) \quad\quad (0.0000) \quad\quad (0.0000) \quad\quad (0.2211)$

$F = 4528.141 \quad p = 0.000000$

从估计结果的 t 值和 p 值可以看出，除第四季度不显著外，其他各季系数都是显著的，说明 GDP 与社会消费品零售总额是存在季节性的。

这时，各季度的批发与零售业增加值均值为：

第一季度：$E(Y|X, D_1=1, D_2=0, D_3=0) = -934.4572 + 0.096648X_t + 908.6372$

第二季度：$E(Y|X, D_1=0, D_2=1, D_3=0) = -934.4572 + 0.096648X_t + 425.4912$

第三季度：$E(Y|X, D_1=0, D_2=0, D_3=1) = -934.4572 + 0.096648X_t + 150.343$

第四季度：$E(Y|X, D_1=0, D_2=0, D_3=0) = -934.4572 + 0.096648X_t$

4. 模型中包含一个定量变量和不同因素的虚拟变量

这种模型的基本形式为：

$$Y_i = \alpha_0 + \alpha_1 X_i + \beta D_i + \gamma G_i + u_i \tag{9-5}$$

式中　X——定量变量；

D——某一因素不同属性的虚拟变量；

G——另一因素不同属性的虚拟变量。

例如，Y 表示个人储蓄，X 表示个人收入。储蓄会受到收入的影响，除此之外，我们还想知道此人"性别"（D）和"婚姻状况"（G）对储蓄的影响，于是我们可以建立形如式(9-5)的模型进行估计。对估计的结果进行 F 检验和 t 检验，可以判断这些因素是否对储蓄有显著的影响。当然，这类模型可以推广到包含更多虚拟变量的模型。

现在我们来讨论"虚拟变量陷阱"问题。在设置虚拟变量时，我们要遵循一个规则：如果我们需要描述 m 个互相排斥的属性，那么仅需要设置 $m-1$ 个虚拟变量。在有截距的虚拟变量模型中必须要这样设置，否则就会落入"虚拟变量陷阱"。下面我们举例说明。

例如在形如式(9-1)的模型中，Y 表示消费，X 表示收入，D 表示性别。根据设置虚拟变量的规则，$m=2$，所以只能设置 $m-1=2-1=1$ 个虚拟变量。如果我们不这样设置，而是设置 2 个虚拟变量，会出现什么情况呢？如果设置 2 个虚拟变量，则模型为：

$$Y_i = \alpha_0 + \alpha_1 X_i + \beta_1 D_{1i} + \beta_2 D_{2i} + u_i \tag{9-6}$$

我们假定 $D_1=0$ 表示女性，$D_1=1$ 表示其他；$D_2=1$ 表示男性，$D_2=0$ 表示其他。这时，对于任何一个调查者都会有 $D_1+D_2=1$，也就是说，形如式(9-6)的模型存在完全的多重共线性，这就是所谓的"虚拟变量陷阱"。

当然，这种情况只是在有截距项的模型中出现，如果是无截距，则可以设置 2 个虚拟变量。

9.2.2 乘法模型

在虚拟变量模型中，还有一种是虚拟变量与定量变量之间是乘法关系的模型，称为乘法模型，也称为协方差分析模型。

例如，我们想知道工作经验和性别对收入的共同影响，假定 Y 表示收入，X 表示工作年限(工作经验代表变量)，D 代表性别($D=0$ 表示女性，$D=1$ 代表男性)，这时我们应该如何建立模型呢？

因为要测度工作经验和性别两个变量对收入的共同影响，也就是交互作用，这时两个变量之间是乘积关系，即 DX。我们如果建立形如式(9-7)的乘法模型，结果会怎样呢？

$$Y_i = \alpha_0 + \alpha_1 D_i X_i + u_i \tag{9-7}$$

当我们要表示男性时，则 $D=1$，这时式(9-7)为 $Y_i = \alpha_0 + \alpha_1 X_i + u_i$。这说明男性的收入会随着工作经验的增加而增加；当表示女性时，则 $D=0$，这时式(9-7)为 $Y_i = \alpha_0 + u_i$，这说明女性的收入不会随着工作经验的增加而发生系统性的增加，这个结论显然是不正确的。之所以出现这样的结论，是因为在式(9-7)中没有考虑工作经验(X)独立地对收入(Y)产生的影响，于是我们将模型设定为：

$$Y_i = \alpha_0 + \alpha_1 X_i + \alpha_2 D_i X_i + u_i \tag{9-8}$$

这时，当 $D=0$ 时表示女性的收入变化，式(9-8)为 $Y_i = \alpha_0 + \alpha_1 X_i + u_i$，说明女性的收入随着工作经验的增加而增加，平均工作经验每增加 1 年，收入增加 α_1；当 $D=1$ 时表示男性的收入变化，式(9-8)为 $Y_i = \alpha_0 + (\alpha_1 + \alpha_2) X_i + u_i$，说明男性平均工作经验增加 1 年，收入增加 $(\alpha_1 + \alpha_2)$，如果 $\alpha_2 > 0$，则说明男性收入的增加幅度高于女性。这个结果相当于只改变了斜率，说明男性和女性的起薪没有显著差异，其效果如图 9-3a 所示。

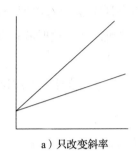 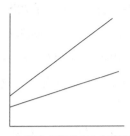

a）只改变斜率　　　　　b）既改变斜率也改变截距

图 9-3　乘法模型的效用

如果我们还想考虑性别单独对收入产生的影响，可以将模型设定为：

$$Y_i = \alpha_0 + \alpha_1 X_i + \alpha_2 D_i X_i + \beta D_i + u_i \tag{9-9}$$

这时，当 $D=0$ 时，表示女性的收入变化，式(9-9)为 $Y_i = \alpha_0 + \alpha_1 X_i + u_i$，说明女性的收入随着工作经验的增加而增加，平均工作经验每增加 1 年，收入增加 α_1；当 $D=1$ 时表示男性的收入变化，式(9-9)为 $Y_i = (\alpha_0 + \beta) + (\alpha_1 + \alpha_2) X_i + u_i$，说明男性的起薪为 $(\alpha_0 + \beta)$，平均工作经验增加 1 年，收入增加 $(\alpha_1 + \alpha_2)$，如果 $\beta > 0$，$\alpha_2 > 0$，则说明男性的起薪和收入增加幅度高于女性。这个结果既改变了斜率也改变了截距，其效果如图 9-3b 所示。

通过以上分析可知，乘法模型的基本形式如式(9-8)和式(9-9)所示。

9.3 参数的结构变化

在有些问题中，我们要考虑参数的结构稳定性问题。这个问题的直观表达是解释变量与被解释变量之间的关系是否会出现结构性变化，例如，由于受到外部力量的影响，经济变量会发生一些明显的突变：如经济政策的变化（减税、汇率等）或者经济形势发生重大变化（经济危机）。在这些情况下，模型中的参数可能会表现出不稳定的情况，表现在图形上如图 9-4 所示。我们怎样判断经济变量之间的关系是否稳定呢？有一种方法称为邹至庄检验（Chow test）。

邹至庄检验的基本方法是拆分样本。将所有观测值（n 个）分为两组，第一组是前 n_1 个观测值，第二组后 n_2 个观测值（$n_1 + n_2 = n$）；分组的依据是假

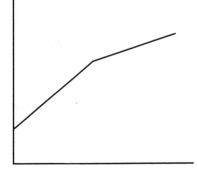

图 9-4　参数的结构变化

定我们知道在某个时间点上变量可能会发生结构性变化。先估计全部样本模型，得到其残差平方和，设为 RSS_R，称其为有约束平方和，因为这时我们设定的参数是没有变化的，这时其自由度为 $n-k$（其中 k 是模型中参数的个数）；再分别估计两组样本模型，得到其残差平方和 RSS_1 和 RSS_2，这时两个样本组的自由度分别是：n_1-k 和 n_2-k。令 $RSS_U = RSS_1 + RSS_2$，称其为无约束平方和，因为这时我们认为参数的结构是有变化的，其自由度为 $n_1-k+n_2-k=n_1+n_2-2k$。

如果参数不存在结构上的变化，这时 RSS_R 和 RSS_U 在统计上不应该有显著的不同，因此，我们构造统计量：

$$F = \frac{(RSS_R - RSS_U)/k}{RSS_U/(n_1+n_2-2k)} \sim F(k,(n_1+n_2-2k)) \qquad (9\text{-}10)$$

邹至庄检验证明了，在满足一定条件的前提下，上述统计量在原假设"参数没有结构变化"成立时，服从自由度为 k 和 n_1+n_2-2k 的 F 分布。如果 F 统计量大于临界值则拒绝原假设，说明参数存在结构变化，否则不拒绝原假设，说明参数不存在结构变化。

我们现在可以利用虚拟变量来检验参数的结构变化问题。具体方法如下：将样本分成两组，其中一组为基础组，另一组为比较组。引入虚拟变量 D，基础组 $D=0$，比较组 $D=1$。在模型中引入虚拟变量，设置不同的形式进行估计，如果能够验证在统计上 D 的系数或 X 的系数或 DX 的系数显著地不为 0，则说明模型的参数存在结构上的变化。

【例 9-3】 我们以 GDP 作为收入的代表变量，建立消费模型（数据见教学资源 data9-3，数据来源：《中国统计年鉴 2015》）；其中 X 表示人均 GDP，Y 表示人均消费水平。检验模型的参数是否存在结构上的变化。

解：绘制两个变量的线图（见图 9-5）。

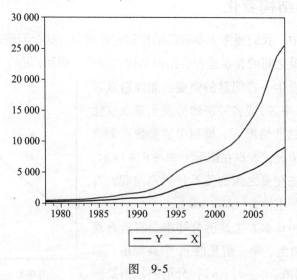

图 9-5

从这个线图上可以看出，两个变量大约在 1992 年这个时间点出现了一个转折点。这样我们把样本分成两组，1978~1992 年为基础组，1993~2009 年为比较组。设虚拟变量 D，取值如下：当变量在 1978~1992 年取值时，$D=0$；当变量在 1993~2009 年取值时，$D=1$。

设置不同的模型进行估计并进行比较。

$$Y_t = \alpha_0 + \alpha_1 X_t + \alpha_2 D_t X_t + u_t \tag{9-11}$$

$$Y_t = \alpha_0 + \alpha_1 X_t + \alpha_2 D_t X_t + \beta D_t + u_t \tag{9-12}$$

从估计的结果可以得到，式(9-11)的参数在统计上是显著地不为 0，说明参数存在结构变化，具体来说，截距不变，斜率变化；式(9-12)除常数项外，参数在统计上也是显著地不为 0，说明参数存在结构变化，具体来说，截距变化，斜率也变化。

将式(9-12)调整为：$Y_t = \alpha_1 X_t + \alpha_2 D_t X_t + \beta D_t + u_t$（因为估计的结果常数项显著地为 0），估计的结果如下：

$$\hat{Y}_t = 879.473\,9 D_t + 0.503\,382 X_t - 0.179\,487 D_t X_t$$

$$t = (12.238\,06) \quad (14.948\,48) \quad (-5.258\,047)$$

$$p = (0.000\,0) \quad\quad (0.000\,0) \quad\quad (0.000\,0)$$

从估计的结果来看，各项系数都显著地不为 0，这说明参数存在结构变化。

1978~1992 年的均值为：$E(Y|D=0) = 0.503\,382 X_t$

1993~2009 年的均值为：$E(Y|D=1) = 879.473\,9 + (0.503\,382 - 0.179\,487) X_t$

参数的变化规律为：前一段(1978~1992 年)截距为 0，斜率较大；后一段(1993~2009 年)截距为正，斜率较小。

利用虚拟变量描述结构性变化的另一个应用是分段线性回归。例如，一家公司对销售代理以销售额为标准支付奖金，并规定当销售额达到一个水平时(如 X^*)适用更高的奖金支付比例。虽然对于销售代理而言，销售额不是唯一影响获得奖金的因素（比如服务质量也是一个因素），我们假设这些因素的影响都归结到随机扰动项中。这样，我们可以预计，销售代理所得奖金会在其销售额超过 X^* 时发生变化。

面对这样的问题我们可以利用虚拟变量做分段线性回归，具体方法如下：设 X 表示销售额，Y 表示奖金。当销售代理的销售额小于 X^* 时，所得奖金较少，这时 Y 与 X 之间的关系以一种线性形式存在；当其销售额超过 X^* 时，所得奖金较多，这时 Y 与 X 之间的关系会发生变化，应该是斜率比原来的要大。我们引入虚拟变量 D：当 $X < X^*$ 时，$D=0$；当 $X > X^*$ 时，$D=1$。

这时我们设定模型：

$$Y_i = \alpha_0 + \alpha_1 X_i + \alpha_2 (X_i - X^*) D_i + u_i \tag{9-13}$$

当销售代理的销售额小于 X^* 时，Y 与 X 之间的关系为：

$$Y_i = \alpha_0 + \alpha_1 X_i + u_i \quad (D = 0)$$

当销售代理的销售额大于 X^* 时，Y 与 X 之间的关系为：

$$Y_i = \alpha_0 - \alpha_2 X^* + (\alpha_1 + \alpha_2)X_i + u_i \quad (D = 1)$$

从这个结果可以看出，当销售额超过临界值 X^* 时，Y 与 X 的关系会发生结构性变化。

9.4 案例分析

【例9-4】 劳动经济学家会对"教育的回报"这个问题感兴趣，也就是说，个人收入如何受到教育年限的影响。当然，个人收入还会受到其他因素的影响，如工作经验、任现职年限等，还会受到如性别、婚姻状况的影响。数据见教学资源 data9-4，是 1976 年美国的数据，我们想知道上面我们提到的因素对个人收入的影响。其中，个人收入是小时工资，受教育年限、工作年限、任现职年限都是影响个人收入的定量变量，而性别、婚姻状况则是虚拟变量。

解：受教育年限是以何种形式影响个人收入的呢？当一个人只接受初等教育时(比如小学)，我们有理由相信这时的教育对其收入的影响程度是小的，但这个人在接受了高等教育以后，后面接受高等教育的年限会对其收入产生很大的影响。所以，个人收入与受教育年限之间不是线性关系，大量的研究表明，这两个变量之间是近似指数关系。同样，工作年限、任现职年限都有这样的特点，于是我们要建立一个半对数模型：

$$\ln Y_i = \alpha_0 + \alpha_1 X_{1i} + \alpha_2 X_{2i} + \alpha_3 X_{3i} + \beta_1 D_{1i} + \beta_2 D_{2i} + u_i \tag{9-14}$$

式中　Y——个人收入(小时工资)；

X_1——受教育年限；

X_2——工作年限；

X_3——任现职年限；

D_1——性别(男性=0，女性=1)；

D_2——婚姻状况(已婚=1，其他=0)。

或者：

$$\ln Y_i = \alpha_0 + \alpha_1 X_{1i} + \alpha_2 X_{2i} + \alpha_3 X_{3i} + \beta_1 D_{1i} + \beta_2 D_{2i} + \beta_3 D_1 D_2 + u_i \tag{9-15}$$

其中 D_1，D_2 是两个虚拟变量的乘积，表示两个因素的交互作用。在这个例子中，其意义是：若 β_3 在统计意义上显著地不为 0，说明存在交互作用。如果 D_1，D_2 中至少有一个等于 0，则模型的截距项没有变化；如果 $D_1 = 1$，$D_2 = 1$，则模型的截距项为 $\alpha_0 + \beta_3$，这时的截距项是有显著变化的。

形如式(9-14)的模型估计的结果如下：

$$\ln \hat{Y}_i = 0.489\,012 + 0.084\,138 X_{1i} + 0.003\,159 X_{2i} + 0.016\,901 X_{3i} - 0.286\,471 D_{1i} + 0.125\,072 D_{2i}$$

$$se = (0.101\,237) \quad (0.006\,982)(0.001\,684)(0.002\,959)(0.037\,312) \quad (0.125\,072)$$
$$t = (4.830\,354) \quad (12.051\,15)(1.875\,688)(5.711\,221)(-7.677\,723)(3.123\,932)$$
$$p = (0.000\,0) \quad (0.000\,0) \quad (0.061\,3) \quad (0.000\,0) \quad (0.000\,0) \quad (0.001\,9)$$
$$R^2 = 0.404\,078 \quad \overline{R}^2 = 0.398\,348$$
$$DW = 1.786\,797 \quad F = 70.519\,62 \quad p = 0.000\,000$$

从估计的结果可以看出，除了 X_2 系数对应的 t 值较小(略小于2)，p 值较大(略大于 0.05)外，其他系数对应的 t 值都较大，p 值都较小。如果我们设定显著性水平为 10%，则这个模型可能通过 t 检验和 F 检验。

形如式(9-14)的模型估计结果的意义为：

在其他因素不变的条件下，女性要比男性的收入少约 28.6%，说明性别是影响收入的一个重要因素，或者说当时美国社会存在性别歧视；已婚人群的收入相对于其他婚姻状况的人群的收入要多约 12.5%，这可能是因为已婚人群一般年龄较大，而且社会地位较稳定，从而使这部分人群的收入会高一些。

形如式(9-15)的模型估计的结果如下：

$$\ln \hat{Y}_i = 0.387\,111 \quad + 0.083\,767 X_{1i} \quad + 0.003\,189 X_{2i} \quad + 0.015\,722 X_{3i}$$
$$- 0.098\,319 D_{1i} + 0.029\,087\,0 D_{2i} - 0.314\,526 D_{1i} D_{2i}$$
$$se = (0.102\,469) \quad (0.006\,871) \quad (0.001\,657) \quad (0.002\,925)$$
$$(0.057\,546) \quad (0.055\,469) \quad (0.074\,074)$$
$$t = (3.777\,826) \quad (12.191\,90) \quad (1.924\,062) \quad (5.374\,682)$$
$$(-1.708\,530) \quad (5.243\,861) \quad (-4.246\,120)$$
$$p = (0.000\,2) \quad (0.000\,0) \quad (0.054\,9) \quad (0.000\,0)$$
$$(0.088\,1) \quad (0.000\,0) \quad (0.000\,0)$$
$$R^2 = 0.424\,085 \quad \overline{R}^2 = 0.417\,427$$
$$DW = 1.775\,466 \quad F = 63.695\,82 \quad p = 0.000\,000$$

同样，如果我们设定显著性水平为 10%，这个模型也可能通过 t 检验和 F 检验。

形如式(9-15)的模型估计结果的意义为：

在其他因素不变的条件下，女性要比男性的收入少约 9.8%；已婚人群的收入相对于其他婚姻状况的人群的收入要多约 2.9%；已婚女性的收入会比其他婚姻状况的人群收入少约 31.5%，这可能是已婚女性要承担更多的家务劳动所造成的。

通过以上分析，我们可能得到一些我们需要的关于虚拟变量对应的结论。

本章小结

经济分析经常要考虑定性变量的影响，为了将定性变量引入模型必须定义虚拟变量。虚拟变量是以 0 和 1 代表现在因素同属性的变量，含有虚拟变量的模型称为虚拟变量模型,虚拟变量模型有多种表现形式,用来刻画不同的经济因素,估计虚拟变量模型仍然运用最小二乘法。通过对虚拟变量的检验,能够判断虚拟变量对被解释变量的影响。

学习建议

本章要理解建立虚拟变量模型的经济学背景,理解虚拟变量模型系数的意义,掌握估计的方法。

1. 本章重点

虚拟变量模型的设定　　虚拟变量模型系数的意义　　虚拟变量模型的估计

2. 本章难点

虚拟变量的设定　　虚拟变量模型的设定

核心概念

虚拟变量　　虚拟变量模型　　加法模型　　乘法模型

课后思考与练习

1. 什么是虚拟变量?虚拟变量如何取值?
2. 什么是虚拟变量陷阱?如何才能不落入虚拟变量陷阱?
3. 建立虚拟变量模型有哪些基本形式?
4. 如果将受教育程度划分为不同的阶段:初中、高中、大专或本科、硕士研究生、博士研究生,试用虚拟变量表示这些受教育的阶段。

上机实验9-1

实验目的

(1) 收集、整理数据。

(2) 掌握 EViews 的基本操作。

(3) 建立虚拟变量模型。

实验步骤和内容

1. 收集、整理数据

以国家统计局公布的官方数据为准。

(1) 登录国家统计局网站。

(2) 进入"统计数据"—"年度数据"—"中国统计年鉴"。

(3) 查找"各地区原保险保费收入和赔付支出情况(2014年)"的截面数据,并下载。

(4) 整理数据，选取"保险保费收入""赔付支出"变量数据。

(5) 按照例 9-1 对我国东部、中部、西部划分方法建立虚拟变量模型。

2. EViews 的基本操作

(1) 建立"工作文件"。

(2) 建立"工作对象"。

扫二维码可详细了解上机实验操作过程。

(3) 录入数据。

(4) 估计保险保费收入与赔付支出的数值变量回归方程。

(5) 估计保险保费收入的虚拟变量回归方程。

(6) 估计赔付支出的虚拟变量回归方程。

3. 实验要求与结果

在实验报告中记录 EViews 的基本操作的步骤，并报告以下内容。

(1) 保险保费收入与赔付支出的数值变量回归方程估计结果。

扫二维码可详细了解上机实验操作过程。

(2) 对保险保费收入与赔付支出的数值变量回归方程进行检验（经济意义检验、拟合优度检验、统计检验、计量经济学检验），模型中有没有不满足古典假定的情形。

(3) 估计保险保费收入虚拟变量回归方程的估计结果，并判断东部、中部、西部的保险收入有无显著差异。

(4) 估计赔付支出虚拟变量回归方程的估计结果，并判断东部、中部、西部的赔付支出有无显著差异。

上机实验 9-2

实验目的

(1) 收集、整理数据。

(2) 掌握 EViews 的基本操作。

(3) 建立虚拟变量模型。

实验步骤和内容

1. 收集、整理数据

以国家统计局公布的官方数据为准。

(1) 登录国家统计局网站。

(2) 进入"统计数据"—"年度数据"—"中国统计年鉴"。

(3) 查找"分地区人口年龄结构和抚养比(2014年)"的截面数据，并下载。

(4) 整理数据。计算各地区"15~64 岁人口比重"，选取"总抚养比"变量数据。

(5) 按照例 9-1 对我国东部、中部、西部划分方法建立虚拟变量模型。

(6) 设定"15~64岁人口比重"为解释变量,"总抚养比"为被解释变量。

2. EViews 的基本操作

(1) 建立"工作文件"。
(2) 建立"工作对象"。
(3) 录入数据。
(4) 绘制 15~64 岁人口比重与总抚养比的散点图。
(5) 估计 15~64 岁人口比重与总抚养比的数值变量回归方程。
(6) 估计 15~64 岁人口比重的虚拟变量回归方程。
(7) 估计总抚养比的虚拟变量回归方程。

扫二维码可详细了解上机实验操作过程。

3. 实验要求与结果

在实验报告中记录 EViews 的基本操作的步骤,并报告以下内容。

(1) 15~64 岁人口比重与总抚养比的散点图。
(2) 15~64 岁人口比重与总抚养比的数值变量回归方程估计结果。
(3) 对 15~64 岁人口比重与总抚养比的数值变量回归方程进行检验(经济意义检验、拟合优度检验、统计检验、计量经济学检验),模型中有没有不满足古典假定的情形?
(4) 估计 15~64 岁人口比重的虚拟变量回归方程的估计结果,并判断东部、中部、西部的 15~64 岁人口比重有无显著差异。
(5) 估计总抚养比的虚拟变量回归方程的估计结果,并判断东部、中部、西部的总抚养比有无显著差异。

Chapter 10
第 10 章

异 方 差

> 学习目标
> - 理解异方差的含义
> - 了解异方差产生的原因
> - 理解异方差对估计结果的影响
> - 掌握判断异方差的方法
> - 掌握修正异方差的方法

在第 6 章里可以看到,我们所希望的理想假定——古典假定不都是被满足的,所以高斯 – 马尔可夫定理的结论不是总成立。于是就需要对那些不满足古典假定的情况进行讨论,本章讨论的是异方差。

10.1 异方差概述

回忆古典假定中对随机扰动项 u_i 的假定 2:同方差假定。其含义是对于所有的 i,u_i 的条件方差都相等,即 $\text{Var}(u_i \mid X_i) = \text{Var}(u_i) = \text{E}(u_i - \text{E}(u_i))^2 = \text{E}(u_i^2) = \sigma^2$。这个假定的意义是,我们希望对于不同的 X,对应 Y 的分散程度是相同的,其含义是它们均值的代表程度也相同。

这个假定对我们得到高斯 – 马尔可夫定理的结论是必要的,也就是说,如果这个假定没有被满足,我们就不能得到高斯 – 马尔可夫定理的结论。我们称这种不满足同方差假定的情况为异方差,即 $\text{Var}(u_i \mid X_i) = \text{Var}(u_i) = \text{E}(u_i^2) = \sigma_i^2$。

例如,在消费模型中我们可以观察到,低收入人群的消费差异较小,而随着收入的增加,消费的差异也会增加。也就是说,当收入(X_i)较小时,对应的消费(Y_i)的值差异较小,此时 u_i 的条件方差较小;当收入(X_i)较大时,对应的消费(Y_i)的值差异较大,此时 u_i 的条件方差较大。这时我们就会发现,u_i 的条件方差会随着 X_i 的增大而增大,也就是异方差。这种情形称为递增型异方差,其表现形式如图 10-1 所示。

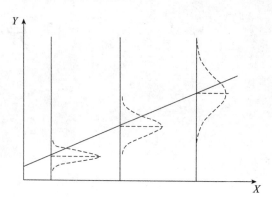

图 10-1 递增型异方差

如果 u_i 的条件方差会随着 X_i 的增大而减小,则称为递减型异方差,其表现形式与递增型异方差相反。还有一种复杂型异方差,u_i 的条件方差会随着 X_i 的增大呈不规则的变化。

无论是哪一种情形,所谓异方差都是 u_i 的条件方差会随着某个 X_i 的变化而变化,即:

$$\text{Var}(u_i) = \sigma_i^2 = \sigma^2 f(X_i) \tag{10-1}$$

10.2 异方差产生的原因

由于实际的经济现象是错综复杂的,因此很多变量会表现出其固有的规律性,从而导致异方差的产生,归纳起来有以下一些主要原因。

1. 模型设定偏误

我们已经多次谈到这个问题。模型设定偏误主要包括变量设定偏误和函数形式设定偏误,这两种情形都有可能产生异方差。

假设正确的模型是多元的,例如正确的模型为 $Y_i = \beta_0 + \beta_1 X_{1i} + \beta_2 X_{2i} + u_i$,因为模型是正确的,所以其随机扰动项满足古典假定,具有同方差性。由于各种原因我们将模型设定为一元线性回归模型:

$$Y_i = \beta_0 + \beta_1 X_{1i} + u_i^* \tag{10-2}$$

其中 $u_i^* = \beta_2 X_{2i} + u_i$。这样 u_i^* 中就包含了 X_{2i} 变动的因素,可能会产生异方差。

再如，正确的模型为 $Y_i = \beta_0 + \beta_1 X_i + \beta_2 X_i^2 + u_i$，其中随机扰动项满足古典假定，具有同方差性。同样，如果我们将模型设定为式(10-2)，则有 $u_i^* = \beta_2 X_i^2 + u_i$，这样，$u_i^*$ 中就包含了 X_i^2 变动的因素，也可能会产生异方差。

2. 截面数据中各总体的差异

一般来说，截面数据要比时间序列数据更容易产生异方差，这是因为截面数据来自不同总体，但时间是同一时间。由于不同总体可能会有不同的分布，故其方差可能会不同，从而产生异方差。例如，用截面数据建立消费模型，由于各地区的收入水平差异较大，故其消费数据也会表现出不同的差异，因此可能产生异方差。

虽然异方差多产生于截面数据，但不能否认时间序列数据也会产生异方差。例如，用时间序列数据建立消费模型，随着时间的推移，人们的收入水平会提高，消费也会有更大的选择性和随意性，虽然是同一个总体，但是前后不同时间的消费数据存在明显差异，故可能产生异方差。

3. 数据的影响

数据也可能是产生异方差的原因，如出现异常值(非常大或非常小)，会产生异方差，特别是当样本容量较小时更是如此。此外，数据采集技术的改进也会产生异方差。例如随着时间的推移，数据采集技术会得到较大的改进，使数据的误差越来越小，方差也会随之变小，从而产生异方差。不正确的数据变形(如计算比率或差分等)也会产生异方差。

10.3 异方差的后果

我们知道，高斯－马尔可夫定理的条件是模型的设定要满足古典假定。如果存在异方差，即存在不满足古典假定的情况，我们就有理由认为高斯－马尔可夫定理不成立。也就是说，异方差可能会对估计的结果产生影响。

1. 参数的 OLS 估计量仍然是线性的和无偏的

由于线性性和无偏性仅依赖于古典假定中的零均值假定，即 $E(u_i)=0$，以及解释变量是非随机变量，所以异方差的存在显然不会影响这个结果的成立。

2. 对参数 OLS 估计量方差的影响

以一元线性回归模型为例来说明。由第 3 章的内容可知，参数 β_1 的 OLS 估计量的方差计算式为：

$$\text{Var}(\hat{\beta}_1) = \frac{\sigma^2}{\sum x_i^2} \quad (10\text{-}3)$$

这个结果要以同方差和无自相关假定作为条件。如果同方差假定不满足，但无自相关假定满足，可以证明，此时参数 β_1 的 OLS 估计量真实的方差为：

$$\text{Var}(\hat{\beta}_1) = \frac{\sum x_i^2 \sigma_i^2}{(\sum x_i^2)^2} \quad (10\text{-}4)$$

如果 $\sigma_i^2 = \sigma^2$（即同方差时），则式(10-3)和式(10-4)完全相同。

比较式(10-3)和式(10-4)，我们不能准确地判断哪个值更大或更小。但有一点可以肯定，就是如果忽略异方差，用式(10-3)计算 $\hat{\beta}_1$ 的方差（EViews 就是这样计算的），那么所得到的估计量是真实方差的有偏估计，而且可以证明，我们用来估计 σ^2 的估计量 $\hat{\sigma}^2 = \sum e_i^2/(n-2)$ 不再是 σ^2 的无偏估计量。在历史上，戴维斯和麦金农做过异方差问题的蒙特卡罗实验，通过 20 000 次重复实验结果表明，用式(10-3)计算得到的方差不再是最小方差，即存在其他的估计方法，得到的方差要比 OLS 得到的方差小，这是一个非常严重的问题，说明此时的 OLS 估计量不是有效的估计量，虽然这个结果是一个经验结果。

3. 对 t 检验的影响

t 检验依赖于对应估计量的标准差，而标准差又以方差为基础，即 $t = \hat{\beta}_j / se(\hat{\beta}_j)$，其中 $se(\hat{\beta}_j)$ 是对应的标准差。

当模型存在异方差时，OLS 估计量仍然是参数的无偏估计，而当我们忽略了异方差时，则所得到的参数估计量的方差是真实方差的有偏估计，而且一般来说会高估，这样用 t 检验来判断解释变量影响的显著性将失去意义。

4. 对参数的区间估计和预测的影响

由于存在异方差，OLS 估计量的方差会高估实际的方差，因此，以这样的方差做参数的区间估计会使估计的区间无谓增大；同理，在进行预测时，也会增加预测的误差。

从以上各点来看，如果模型中存在异方差，可能会有比较严重的结果发生，即 OLS 估计量不再是最佳线性无偏估计量，运用这些结果可能对我们产生误导。

10.4　异方差的检验

通过以上分析，异方差的存在是一个严重的问题，那么我们怎样知道模型中是否存在异方差呢？我们通过一个例子来进行说明。

【例 10-1】 在我国，一个地区的存款余额与当地的经济发展程度是密切相关的。搜集到我国各地区 2013 年 GDP 与年底存款余额的数据（数据见教学资源 data10-1，数据来源：《中国统计年鉴 2014》）。做一元线性回归，结果如表 10-1 所示。

表 10-1　GDP 与存款余额回归结果

Dependent Variable：Y			
Method：Least Squares			
Date：11/10/17　Time：14:42			
Sample：1 31			
Included observations：31			
Variable	Coefficient	Std. Error	t-Statistic	Prob.
C	1021.629	1095.199	0.932825	0.3586
X	0.658614	0.043008	15.31358	0.0000
R-squared	0.889945	Mean dependent var		14406.56
Adjusted R-squared	0.886150	S. D. dependent var		10889.35
S. E. of regression	3674.241	Akaike info criterion		19.31842
Sum squared resid	3.92E+08	Schwarz criterion		19.41094
Log likelihood	-297.4355	Hannan-Quinn criter.		19.34858
F-statistic	234.5057	Durbin-Watson stat		1.801635
Prob(F-statistic)	0.000000			

从回归结果来看是一个不错的结果，问题是这样的估计结果是最佳线性无偏的吗？由于这个模型是用截面数据建立的，故可能存在异方差。那么我们如何知道模型中是否存在异方差呢？

1. 图示法

异方差是随机扰动项的方差随 X 的变动而变动的结果，即 $\mathrm{Var}(u_i) = \sigma_i^2 = \sigma^2 f(X_i)$。但是，总体的方差我们是无法观察到的，我们只能观察到其估计值——残差。用残差的平方对 X 作散点图，通过散点图的特点来判断是否存在异方差。如果我们看到残差的平方与 X 之间存在某种关系，就有理由推断，总体的方差也与 X 之间存在某种关系，从而得到模型中存在异方差的判断。下面的散点图是几种典型的情形。

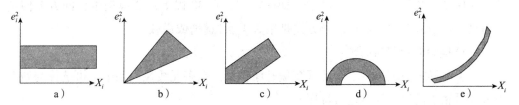

图 10-2　残差平方与 X 的散点图

如果散点图表现为图 10-2a，那就说明残差的平方与 X 之间没有关系，而其他各种情形都说明残差的平方与 X 之间存在某种关系，模型中可能存在异方差。

如果是多元线性模型，可用残差平方对各解释变量逐一作散点图，如其中某一个解释变量的散点图表现出如图 10-2b、图 10-2c、图 10-2d、图 10-2e 所示的情形，说明模型中可能存在异方差。

在 EViews 中，怎么作残差平方的散点图呢？以例 10-1 为例进行说明。做完回归后，残差的值被记录在 resid 文件中，为了方便操作，可以先生成残差序列文件，命令如下：genr e = resid，然后回车。这样我们就得到了残差序列文件 e，然后再作散点图，命令为：scat x e^2，然后回车，得到的散点图如图 10-3 所示。

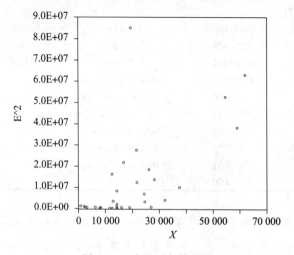

图 10-3　残差平方散点图

从散点图中可以看出，残差平方呈现出图 10-2b 的形态，如果我们可以直观地判断，那么模型中存在异方差。

图示法可以帮助我们直观地判断模型中是否存在异方差，但这仅仅是一个直观的判断，在很多时候我们还要使用统计方法来进行判断。

2. G-Q 检验

G-Q 检验是戈德菲尔德–匡特（Goldfeld-Quandt）检验的简称，是应用非常普遍的异方差检验，其条件是：①大样本，即样本容量在 30 以上；②模型中仅同方差假定不满足，其他假定均满足；③异方差是单调类型（递增或递减）。

G-Q 检验的步骤与原理：

（1）将样本数据按某一个解释变量升序排列。在多元线性模型中，可选择与残差平方关系密切的解释变量进行排序。

（2）将排序后的数据序列删除中间大约 $c = n/4$ 个观测值，并将剩下的数据分成两个子样本,每个子样本的样本容量为$\frac{n-c}{2}$。c 的选取依据样本容量的大小,一般地,当样本容量为 30 时,c 的取值范围为 4～6,当样本容量为 60 时,c 的取值范围为 10～14。

为什么要这样做呢?在异方差是单调类型(递增或递减)的条件下,$Var(u_i) = \sigma_i^2$ 会随着 X 的变化单调变动,如果将总体回归线分成两段,则前后两段的随机扰动项的方差应该会有显著的不同,这样的特点也会在样本数据中得到体现。之所以要删除中间 c 个数据,是要在前后两段回归之间制造差异,如果在这样的条件下前后两段的随机扰动项的方差不存在明显的差异,那么我们就有足够的理由认为模型是同方差,否则就是异方差。但是,两段的随机扰动项的方差是未知的,于是需要计算其估计值。

(3) 对每个子样本做普通最小二乘法回归,得到各自的残差平方和,用 $\sum e_{1i}^2$ 和 $\sum e_{2i}^2$ 表示较小的和较大的残差平方和。

记 $\hat{\sigma}_1^2 = \dfrac{\sum e_{1i}^2}{\frac{n-c}{2} - k - 1}$,$\hat{\sigma}_2^2 = \dfrac{\sum e_{2i}^2}{\frac{n-c}{2} - k - 1}$。其中 k 是解释变量的个数。显然,这两个计算式得出的是前后两段的随机扰动项的方差的估计值,它们服从卡方分布。

(4) 在同方差假设下,构造检验统计量。

$$F = \frac{\hat{\sigma}_2^2}{\hat{\sigma}_1^2} = \frac{\sum e_{2i}^2 / \left(\frac{n-c}{2} - k - 1\right)}{\sum e_{2i}^2 / \left(\frac{n-c}{2} - k - 1\right)} = \frac{\sum e_{1i}^2}{\sum e_{2i}^2} \sim F\left(\frac{n-c}{2} - k - 1, \frac{n-c}{2} - k - 1\right)$$

(10-5)

由于 $\hat{\sigma}_1^2$,$\hat{\sigma}_2^2$ 服从卡方分布,故其比值服从 F 分布。如果这个比值显著地大于 1,则说明存在异方差,否则是同方差。

(5) 给定显著性水平 α,确定 F 分布的临界值 $F_\alpha(m_1, m_2)$,其中 $m_1 = m_2 = \frac{n-c}{2} - k - 1$。如果 $F > F_\alpha(m_1, m_2)$,则拒绝同方差假设,模型中存在异方差;否则不拒绝。

仍以例 10-1 为例进行说明。首先要将 X 序列进行排序,EViews 的操作步骤如下:在主菜单或工作文件菜单中选中 porc/Sort Current Page,出现一个对话框(见图 10-4a)。

在 Sort Key(s) 框中输入要排序的变量名称,在这个例子中输入 X;选择排序方式:Ascnding 是升序排列,Desending 为降序排列,点击"OK"。这样就完成了对 X 进行排序,需要说明的是,当 X 的值按升序排列时,对应的 Y 值也随之变动位置。

排序也可以使用命令:sort X,然后回车。

 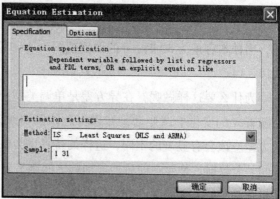

a) 排序 b) 分段回归

图 10-4　G-Q 检验 EViews 操作中的对话框

去掉中间 5 个数据做分段回归。在主菜单中选中 Quick/Estimate Equation，弹出一个对话框。在对话框中输入 y c x，在下面的 Sample 对话框中将样本范围改为 1～13（前 13 个数据），确定后，得到以下结果（见表 10-2）。

表 10-2　分段回归结果 1

Dependent Variable: Y				
Method: Least Squares				
Date: 11/10/17　Time: 14:51				
Sample: 1 13				
Included observations: 13				
Variable	Coefficient	Std. Error	t-Statistic	Prob.
C	398.4629	932.9035	0.427121	0.6775
X	0.690189	0.095837	7.201720	0.0000
R-squared	0.825021	Mean dependent var		6234.554
Adjusted R-squared	0.809114	S.D. dependent var		3814.058
S.E. of regression	1666.381	Akaike info criterion		17.81533
Sum squared resid	30545074	Schwarz criterion		17.90225
Log likelihood	-113.7997	Hannan-Quinn criter.		17.79747
F-statistic	51.86477	Durbin-Watson stat		1.373275
Prob(F-statistic)	0.000017			

做同样的操作，但在 Sample 对话框中将样本范围改为 19～31（后 13 个数据），则得到如下结果（见表 10-3）。

表 10-3　分段回归结果 2

Dependent Variable: Y
Method: Least Squares
Date: 11/10/17　Time: 14:52
Sample: 19 31

(续)

Included observations: 13				
Variable	Coefficient	Std. Error	t-Statistic	Prob.
C	4858.928	3716.518	1.307387	0.2177
X	0.570271	0.101141	5.638364	0.0002
R-squared	0.742937	Mean dependent var		24134.39
Adjusted R-squared	0.719568	S. D. dependent var		9926.309
S. E. of regression	5256.558	Akaike info criterion		20.11298
Sum squared resid	3.04E+08	Schwarz criterion		20.19989
Log likelihood	−128.7344	Hannan-Quinn criter.		20.09511
F-statistic	31.79115	Durbin-Watson stat		1.639907
Prob(F-statistic)	0.000151			

回归结果中 Sum squared resid 对应的是残差平方和。计算两次回归结果的残差平方和的比就得到 F 检验统计量的值(注意用较大的值比较小的值)。在这个问题中 $F = 9.95$,分子、分母自由度均为 11,设显著性水平 $\alpha = 0.05$,查表得 $F_{0.05}(11, 11) = 2.82$,由于 $F = 9.95 > 2.82$,故拒绝同方差假设,模型中存在异方差。

3. White 检验

G-Q 检验有较多的限制条件,特别是要求异方差是单调类型,而我们常常事先不知道是什么类型的异方差。White 检验可以对任何类型的异方差实行检验,且不需要对数据按某个 X 进行排序,操作起来比较简单。White 检验同样需要大样本。

White 检验的步骤与原理:

假定模型为:

$$Y_i = \beta_0 + \beta_1 X_{1i} + \beta_2 X_{2i} + u_i \tag{10-6}$$

如果模型中存在异方差,则 $\mathrm{Var}(u_i) = \sigma_i^2$ 是 X 的某个函数,即 $\sigma_i^2 = \sigma^2 f(X_{ji})$。根据经验可知,$\sigma_i^2$ 与 X 最多的相关形式是线性和平方关系,或者在多元线性模型中与交叉项相关,即:

$$\sigma_i^2 = \alpha_0 + \alpha_1 X_{1i} + \alpha_2 X_{2i} + \alpha_3 X_{1i}^2 + \alpha_4 X_{2i}^2 + \alpha_5 X_{1i} X_{2i} + v_i \tag{10-7}$$

辅助回归的意义是判断 σ_i^2 与 X_{1i},X_{2i},X_{1i}^2,X_{2i}^2 以及交叉项 $X_{1i}X_{2i}$ 是否存在相关关系。如果存在相关关系,即 σ_i^2 是某一个 X 或交叉项的函数,则模型中存在异方差;如果不存在相关关系,则模型中不存在异方差,即存在同方差。

由于总体的 σ_i^2 无法观测,故要利用样本残差进行估计和判断。

(1) 做样本的最小二乘法回归,得到残差平方 e_i^2。

(2) 利用 e_i^2 做辅助回归。

$$e_i^2 = \hat{\alpha}_0 + \hat{\alpha}_1 X_{1i} + \hat{\alpha}_2 X_{2i} + \hat{\alpha}_3 X_{1i}^2 + \hat{\alpha}_4 X_{2i}^2 + \hat{\alpha}_5 X_{1i} X_{2i} + \varepsilon_i \tag{10-8}$$

通过辅助回归可以得到相关统计量的值。

（3）建立假设。$H_0: \alpha_1 = \alpha_2 = \cdots = \alpha_5 = 0$（同方差），$H_1: \alpha_j$ 不全为 0；$j = 1, 2, \cdots, 5$（异方差）。

（4）构造检验统计量。可以证明，在同方差假设成立的条件下，统计量 $nR^2 \sim \chi^2(m)$，其中 n 是样本容量，R^2 是辅助回归式(10-8)的可决系数，m 是辅助回归式(10-8)中含有解释变量的项数。

（5）给定显著性水平 α，查表得到临界值 $\chi^2_\alpha(m)$。如果 $nR^2 > \chi^2_\alpha(m)$，说明 nR^2 足够大，则拒绝原假设，说明模型中存在异方差，否则就是同方差。

特别要注意的是：第一，辅助回归仅是经验法则，如果有必要还可以引入解释变量的更高次方；第二，上述检验是帮助我们判断 e_i^2 与解释变量的某种组合是否有显著的相关性，如果有相关性，则会表现出较大的 R^2，并且某一估计量对应的 t 值较大；第三，如果模型中的解释变量较多，为了保持自由度，可以省略交叉项。

仍以例 10-1 为例进行说明。打开最初的 OLS 估计的方程文件，选择 View/Residual tests/Heteroskedasticity Test，弹出对话框，选择 White，如图 10-5 所示（如果是多元模型，还要选择"Include White cross terms"），点击"OK"后得到 White 检验的结果：

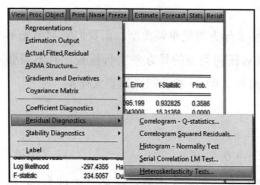 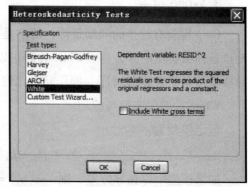

图 10-5　White Heteroskedasticity Test 操作对话框

辅助回归的可决系数为 0.398 383，样本容量为 31，得到检验统计量为 12.349 88。设显著性水平 $\alpha = 0.05$，查表得临界值为 $\chi^2_{0.05}(2) = 5.99$，由于 12.349 88 > 5.99，说明检验统计量的值落入拒绝域，故拒绝同方差假设，模型中存在异方差（见表 10-4）。

表 10-4　White 异方差检验

Heteroskedasticity Test：White			
F-statistic	19.20344	Prob. F(1, 29)	0.0001
Obs*R-squared	12.34988	Prob. Chi-Square(1)	0.0004
Scaled explained SS	14.03458	Prob. Chi-Square(1)	0.0002
Test Equation：			
Dependent Variable：RESID^2			

(续)

```
Method: Least Squares
Date: 11/10/17   Time: 15:15
Sample: 1 31
Included observations: 31
```

Variable	Coefficient	Std. Error	t-Statistic	Prob.
C	4116061.	3516698.	1.170434	0.2514
X^2	0.013128	0.002996	4.382173	0.0001
R-squared	0.398383	Mean dependent var		12629077
Adjusted R-squared	0.377638	S. D. dependent var		20688969
S. E. of regression	16321514	Akaike info criterion		36.11621
Sum squared resid	7.73E+15	Schwarz criterion		36.20872
Log likelihood	-557.8012	Hannan-Quinn criter.		36.14636
F-statistic	19.20344	Durbin-Watson stat		1.890797
Prob(F-statistic)	0.000141			

White 检验还可以用 p 值进行检验。在 White 检验的第二行中就有检验统计量的值以及其伴随的概率：Obs*R-squared 12.34988 Probability 0.0004。对于给定的 $\alpha=0.05$ 有 $p=0.001956<\alpha=0.05$，故拒绝同方差假设，模型中存在异方差。

4. Park 检验

Park 检验的基本思想是将 σ_i^2 表示为某个解释变量的函数，从而判断模型中是否存在异方差。Park 检验的函数形式是：

$$\ln\sigma_i^2 = \alpha_0 + \alpha_1 \ln X_i + v_i \tag{10-9}$$

式中 v_i——随机扰动项。

由于 σ_i^2 是不能观测的，故利用样本残差来估计式(10-9)，如果 α_1 在统计意义上是显著地不为 0，则表明模型中存在异方差，否则是同方差。

用样本数据做最小二乘法回归，得到残差平方 e_i^2，以 $\ln e_i^2$ 为被解释变量，做式(10-9)的估计：

$$\ln \hat{e}_i^2 = \hat{\alpha}_0 + \hat{\alpha}_1 \ln X_i \tag{10-10}$$

利用式(10-10)的回归结果做 t 检验，如果 α_1 显著地不为 0，则表明模型中存在异方差，否则是同方差。

5. Glejser 检验

与 Park 检验类似，Glejser 检验也是检验 σ_i^2 是不是某个解释变量的函数。同样，要先进行样本最小二乘法的回归，得到残差 e_i，然后用其绝对值对 X 做回归，如果通过 t 检验，则表明模型中存在异方差，否则是同方差。Glejser 检验做以下形式的回归：

$|\hat{e}_i| = \hat{\alpha}_0 + \hat{\alpha}_1 X_i$、$|e_i| = \hat{\alpha}_0 + \hat{\alpha}_1 \sqrt{X_i}$、$|e_i| = \hat{\alpha}_0 + \hat{\alpha}_1 \frac{1}{X_i}$、$|e_i| = \hat{\alpha}_0 + \hat{\alpha}_1 \frac{1}{\sqrt{X_i}}$等。

Glejser 检验的优点是一旦确定了某种函数形式是显著的，就可以基本确定异方差的形式，缺点是如果没有找到一个显著的函数形式，则我们就不能肯定模型中不存在异方差。

6. ARCH 检验

异方差一般存在于截面数据模型中，但有时时间序列数据模型中也会存在异方差，检验时间序列模型是否存在异方差一般用 ARCH 检验。

ARCH 检验的基本思想是在时间序列中，异方差为自回归条件异方差(ARCH)过程，其表现形式为：

$$\sigma_t^2 = \alpha_0 + \alpha_1 \sigma_{t-1}^2 + \cdots + \sigma_p \sigma_{t-p}^2 + v_i \tag{10-11}$$

其中 p 是 ARCH 过程的阶数，$\alpha_0 > 0$，$\alpha_i \geq 0$，$i = 1, 2, \cdots, p$，v_i 为随机误差。

如果式(10-11)中 α_i 不全为 $0(i = 1, 2, \cdots, p)$，则模型中存在异方差，反之是同方差。

ARCH 检验的步骤如下。

（1）建立假设。H_0：$\alpha_1 = \alpha_2 = \cdots = \alpha_p = 0$（同方差）$H_1$：$\alpha_i$ 不全为 0（$i = 1, 2, \cdots, p$）（异方差）。

（2）对原模型做最小二乘法回归，得到残差 e_t。

（3）做辅助回归。

$$\hat{e}_t^2 = \hat{\alpha}_0 + \hat{\alpha}_1 e_{t-1}^2 + \cdots + \hat{\alpha}_p e_{t-p}^2 \tag{10-12}$$

（4）可以证明，在大样本、原假设成立的条件下，统计量 $(n-p)R^2 \sim \chi^2(p)$。对于给定的显著性水平 α，如果 $(n-p)R^2 > \chi_\alpha^2(p)$，则模型中存在异方差，反之是同方差。

在 EViews 中可以自动计算出 ARCH 检验的相关结果。

10.5 异方差的修正

如果模型中存在异方差，OLS 的估计结果可能不再是对参数的有效估计，所得结果可能会误导我们的判断。所以，我们有必要对模型进行修正。

1. 对模型进行变换

以一元线性回归模型为例来说明。假设模型为：

$$Y_i = \beta_0 + \beta_1 X_i + u_i \tag{10-13}$$

经检验，模型中存在异方差，并且已知 $\mathrm{Var}(u_i) = \sigma_i^2 = \sigma^2 f(X_i)$。在式(10-13)两边同除以 $\sqrt{f(X_i)}$ 得：

$$\frac{Y_i}{\sqrt{f(X_i)}} = \beta_0 \frac{1}{\sqrt{f(X_i)}} + \beta_1 \frac{X_i}{\sqrt{f(X_i)}} + \frac{u_i}{\sqrt{f(X_i)}} \tag{10-14}$$

记 $Y_i^* = \dfrac{Y_i}{\sqrt{f(X_i)}}$, $X_i^* = \dfrac{X_i}{\sqrt{f(X_i)}}$, $X_i' = \dfrac{1}{\sqrt{f(X_i)}}$, $v_i = \dfrac{u_i}{\sqrt{f(X_i)}}$，则：

$$Y_i^* = \beta_0 X_i' + \beta_1 X_i^* + v_i \tag{10-15}$$

式(10-15)中 v_i 的方差为：

$$\mathrm{Var}(v_i) = \mathrm{Var}\left(\frac{u_i}{\sqrt{f(X_i)}}\right) = \frac{1}{f(X_i)}\mathrm{Var}(u_i) = \sigma^2 \tag{10-16}$$

经过变换后，随机扰动项为同方差。

现在的难点是如果确定 $f(X_i)$，那么我们可以根据图示法或 Glejser 检验的信息来设定 $f(X_i)$，常见的 $f(X_i)$ 有如下几种形式：$f(X_i) = X_i$，$f(X_i) = X_i^2$，$f(X_i) = (a+bX_i)^2$ 等，哪种形式能更好地修正异方差，要采取试算的方法进行比较。

如果是多元的情况，还会有解释变量的选择问题，这个问题比较复杂。我们可能要选择多个解释变量作为 $f(X)$，此时 $f(X)$ 就是一个多元函数。当然也可选择一个解释变量，此时 $f(X)$ 就是一个一元函数。

2. 加权最小二乘法

仍然以一元线性回归模型为例，模型如式(10-13)所示。

如果模型中存在异方差，则有 $\mathrm{Var}(u_i) = \sigma_i^2 = \sigma^2 f(X_i)$ 成立。

普通最小二乘法的基本原则是使残差平方和 $\sum e_i^2 = \sum(Y_i - \hat{\beta}_0 - \hat{\beta}_1 X_i)^2$ 为最小。在同方差条件下，是将每个残差平方同等对待，即赋予每个残差平方相同的权重。但是，在异方差条件下，当 σ_i^2 越小时，其样本值偏离均值的程度也越小，反之亦然。于是，当 σ_i^2 较小时，我们应该赋予其对应的残差平方较大的权重，反之则赋予较小的权重，从而能更好地反映 σ_i^2 对残差平方的影响，这就是加权最小二乘法的基本思想。其具体操作方法是：将权重设为 $w_i = 1/\sigma_i^2$，$i = 1, 2, \cdots, n$，显然，σ_i^2 较大，w_i 就较小。构造加权残差平方和：

$$\sum w_i e_i^2 = \sum w_i(Y_i - \hat{\beta}_0^* - \hat{\beta}_1^* X_i)^2 \tag{10-17}$$

根据最小二乘法的原则，能使加权残差平方和取得最小值的 $\hat{\beta}_0^*$，$\hat{\beta}_1^*$ 所决定的直线是最佳直线，而且可以有效地消除异方差的影响。

在式(10-17)中对 $\hat{\beta}_0^*$，$\hat{\beta}_1^*$ 求偏导，并令其等于0，得到正规方程组，解这个方程组得：

$$\hat{\beta}_0^* = \overline{Y}^* - \hat{\beta}_1^* \overline{X}^* \tag{10-18}$$

$$\hat{\beta}_1^* = \frac{\sum w_i (X_i - \overline{X}^*)(Y_i - \overline{Y}^*)}{\sum w_i (X_i - \overline{X}^*)^2} \tag{10-19}$$

其中 $\overline{X}^* = \dfrac{\sum w_i X_i}{\sum w_i}$, $\overline{Y}^* = \dfrac{\sum w_i Y_i}{\sum w_i}$。

这种方法称为加权最小二乘法(weighted least squares，WLS)。可以证明，前面所说的对模型进行变换的方法与加权最小二乘法是等价的。

3. 对模型进行对数变换

在经济意义成立的条件下，对模型进行对数变换，可以较好地降低异方差的影响。如在一元线性回归模型中，对解释变量和被解释变量都取对数得：

$$\ln Y_i = \alpha_0 + \alpha_1 \ln X_i + v_i \tag{10-20}$$

由于变量取对数后，变量值的尺度会减小，则对应的误差也会减小，从而降低了异方差的影响。

我们以例 10-1 为例，用加权最小二乘法对异方差进行修正。

在主菜单中选中 Quick/Estimate Equation，弹出一个对话框，如图 10-4b 所示。在对话框中输入 y c x，选择 Options，在 Weights 的 Type 中选择 Inverse std. dev，再在 Weight series 中输入相对应的权重，最后确定，即可得到加权最小二乘法的结果。

操作过程，如图 10-6 所示。

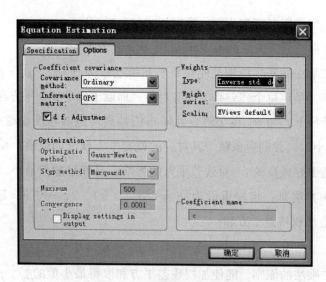

图 10-6 加权最小二乘法

选择什么样的权重可依据图示法的结果，以及 Glejser 检验的结果来设定，但要寻找出合适的权重则需要进行试算。

例如，我们分别选择权重：$1/X_i$、$1/X_i^2$、$1/\sqrt{X_i}$，得到例 10-1 的结果如表 10-5 ~ 表 10-7 所示。

表 10-5　权重为 $1/X_i$ 的加权最小二乘法回归结果

Dependent Variable：Y
Method：Least Squares
Date：11/10/17　Time：15:56
Sample：1 31
Included observations：31
Weighting series：1/X
Weight type：Inverse standard deviation (EViews default scaling)

Variable	Coefficient	Std. Error	t-Statistic	Prob.
C	-52.60033	125.9290	-0.417698	0.6792
X	0.731588	0.033086	22.11153	0.0000

Weighted Statistics

R-squared	0.944007	Mean dependent var	5556.354
Adjusted R-squared	0.942076	S.D. dependent var	1209.043
S.E. of regression	1226.029	Akaike info criterion	17.12329
Sum squared resid	43591266	Schwarz criterion	17.21580
Log likelihood	-263.4110	Hannan-Quinn criter.	17.15345
F-statistic	488.9196	Durbin-Watson stat	1.620963
Prob(F-statistic)	0.000000	Weighted mean dep.	1329.714

Unweighted Statistics

R-squared	0.877564	Mean dependent var	14406.56
Adjusted R-squared	0.873342	S.D. dependent var	10889.35
S.E. of regression	3875.422	Sum squared resid	4.36E+08
Durbin-Watson stat	1.658547		

表 10-6　权重为 $1/X_i^2$ 的加权最小二乘法回归结果

Dependent Variable：Y
Method：Least Squares
Date：11/10/17　Time：16:03
Sample：1 31
Included observations：31
Weighting series：1/X^2
Weight type：Inverse standard deviation (EViews default scaling)

Variable	Coefficient	Std. Error	t-Statistic	Prob.
C	-144.1883	18.07364	-7.977822	0.0000
X	0.792883	0.019283	41.11743	0.0000

Weighted Statistics

R-squared	0.983136	Mean dependent var	1329.714
Adjusted R-squared	0.982555	S.D. dependent var	2141.782
S.E. of regression	156.2943	Akaike info criterion	13.00370
Sum squared resid	708409.8	Schwarz criterion	13.09622
Log likelihood	-199.5574	Hannan-Quinn criter.	13.03386
F-statistic	1690.643	Durbin-Watson stat	1.466656

				(续)
Prob(F-statistic)	0.000000	Weighted mean dep.		542.4497
	Unweighted Statistics			
R-squared	0.831671	Mean dependent var		14406.56
Adjusted R-squared	0.825867	S.D. dependent var		10889.35
S.E. of regression	4544.045	Sum squared resid		5.99E+08
Durbin-Watson stat	1.236043			

表 10-7　权重为 $1/\sqrt{X_i}$ 的加权最小二乘法回归结果

Dependent Variable：Y
Method：Least Squares
Date：11/10/17　Time：16:07
Sample：1 31
Included observations：31
Weighting series：1/SQR(X)
Weight type：Inverse standard deviation (EViews default scaling)

Variable	Coefficient	Std. Error	t-Statistic	Prob.
C	195.0529	453.7539	0.429865	0.6705
X	0.699286	0.036351	19.23689	0.0000
	Weighted Statistics			
R-squared	0.927329	Mean dependent var		9949.945
Adjusted R-squared	0.924823	S.D. dependent var		4339.937
S.E. of regression	2383.209	Akaike info criterion		18.45262
Sum squared resid	1.65E+08	Schwarz criterion		18.54514
Log likelihood	-284.0157	Hannan-Quinn criter.		18.48278
F-statistic	370.0578	Durbin-Watson stat		1.708131
Prob(F-statistic)	0.000000	Weighted mean dep.		5556.354
	Unweighted Statistics			
R-squared	0.886552	Mean dependent var		14406.56
Adjusted R-squared	0.882640	S.D. dependent var		10889.35
S.E. of regression	3730.464	Sum squared resid		4.04E+08
Durbin-Watson stat	1.769894			

在这三个结果中进行比较，选择一个最好的结果。比较的原则是：斜率项系数的符号是否发生改变；斜率项系数对应的 t 检验是否显著；R^2 的值较高。通过比较，权重为 $1/X_i^2$ 的结果最好，故修正异方差后的结果为：

$$Y_i = -144.188\,318 + 0.792\,883X_i$$

从修正后的结果看，斜率项系数并没有发生大幅度的改变，但可决系数、t 检验统计量等指标都达到了一个理想的水平。

10.6　案例分析

【例 10-2】消费是拉动经济增长的持续稳定的因素。随着我国经济结构调整的深入，消费对经济增长的拉动作用逐步增强。为了测算消费对经济增长的拉动作用，我们选取了 2013 年我国各地区 GDP 与最终消费的数据(数据见教学资源 data10-2,数据来源:《中国统计年鉴 2014》),建立一元线性回归模型。由于是截面数据,故模型中很可能存在异方差,因此需要对模型进行异方差检验并修正。

解:建立一元线性回归模型,并做 OLS 估计,结果如表 10-8 所示。

表 10-8 消费与 GDP 的回归结果

Dependent Variable:Y				
Method:Least Squares				
Date:11/10/17 Time:16:38				
Sample:1 31				
Included observations:31				
Variable	Coefficient	Std. Error	t-Statistic	Prob.
C	-183.6746	864.4666	-0.212472	0.8332
X	2.123201	0.072084	29.45451	0.0000
R-squared	0.967654	Mean dependent var		20322.88
Adjusted R-squared	0.966539	S. D. dependent var		15597.43
S. E. of regression	2853.133	Akaike info criterion		18.81256
Sum squared resid	2.36E+08	Schwarz criterion		18.90508
Log likelihood	-289.5947	Hannan-Quinn criter.		18.84272
F-statistic	867.5679	Durbin-Watson stat		1.643896
Prob(F-statistic)	0.000000			

由回归结果得:$\hat{Y}_i = -183.6746 + 2.123201 X_i$,其中 Y 为 GDP,X 为消费。

表面来看,回归结果的 t 检验非常显著,可决系数的值也很高,这是一个不错的结果。但是这个结果是截面数据得到的结果,故很可能存在异方差。由回归结果可以看出,t 检验统计量的值非常大,F 检验统计量的值也非常大,这些都提示我们模型中可能存在异方差。

下面对异方差进行检验。

1. 图示法

作 X 对残差平方的散点图(见图 10-7)。

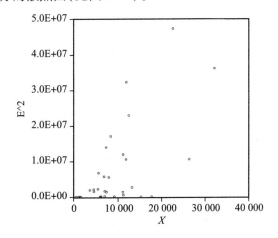

图 10-7 残差平方散点图

此散点图表现出向正方向对角线发展的趋势，故模型中可能存在异方差。

2. G-Q 检验

将 X 序列按升序排列，去掉中间 5 个数据并做分段回归，得到两段的残差平方和：$\sum e_{1i}^2 = 18\,447\,506$，$\sum e_{2i}^2 = 1.76E+08$，其中 $1.76E+08$ 是科学计数法，含义为 1.76×10^8。计算 F 检验统计量得 $F = 9.54$。设 $\alpha = 0.05$，查表得到临界值为 $F_{0.05}(11, 11) = 2.817\,93$。

由于 $F = 9.54 > F_{0.05}(11, 11) = 2.817\,93$，故拒绝同方差假设，模型中存在异方差。

3. White 检验

建立假设：$H_0: \alpha_1 = \alpha_2 = 0$（同方差），$H_1: \alpha_1, \alpha_2$ 不全为 0（异方差）

做辅助回归：

$$e_i^2 = \hat{\alpha}_0 + \hat{\alpha}_1 X_i + \hat{\alpha}_2 X_i^2 + \varepsilon_i \tag{10-21}$$

估计辅助回归并计算检验统计量，结果如表 10-9 所示。

表 10-9 White 检验结果（主要结果）

White Heteroskedasticity Test:			
F-statistic	9.557102	Probability	0.000686
Obs * R-squared	12.57668	Probability	0.001858

从检验结果可知，检验统计量 $nR^2 = 12.576\,68$，其伴随概率 $p = 0.001\,858$。

设 $\alpha = 0.05$，查表得：$\chi_{0.05}^2(2) = 5.991\,47$，则有 $nR^2 = 12.576\,68 > 5.991\,47$，故拒绝原假设，模型中存在异方差。

p 值检验结果：由于 $p = 0.001\,858 < \alpha = 0.05$，故拒绝原假设，模型中存在异方差。

通过检验已知模型中存在异方差，可能对 OLS 估计结果产生严重的影响。可用加权最小二乘法对异方差实行修正，修正的结果如下：

用权重 $1/X_i$、$1/X_i^2$、$1/\sqrt{X_i}$ 进行试算，结果如表 10-10 ~ 表 10-12 所示。

表 10-10

Dependent Variable: Y
Method: Least Squares
Date: 11/10/17 Time: 16:42
Sample: 1 31
Included observations: 31
Weighting series: 1/X
Weight type: Inverse standard deviation (EViews default scaling)

Variable	Coefficient	Std. Error	t-Statistic	Prob.
C	-279.1692	130.1934	-2.144265	0.0405
X	2.128722	0.057610	36.95086	0.0000
Weighted Statistics				
R-squared	0.979202	Mean dependent var		8480.902
Adjusted R-squared	0.978485	S. D. dependent var		1167.388

S. E. of regression	1103.113	Akaike info criterion	16.91200
Sum squared resid	35288914	Schwarz criterion	17.00452
Log likelihood	−260.1360	Hannan-Quinn criter.	16.94216
F-statistic	1365.366	Durbin-Watson stat	1.745559
Prob(F-statistic)	0.000000	Weighted mean dep.	2362.751
	Unweighted Statistics		
R-squared	0.967640	Mean dependent var	20322.88
Adjusted R-squared	0.966524	S. D. dependent var	15597.43
S. E. of regression	2853.754	Sum squared resid	2.36E+08
Durbin-Watson stat	1.644439		

表 10-11

Dependent Variable: Y
Method: Least Squares
Date: 11/10/17   Time: 16:44
Sample: 1 31
Included observations: 31
Weighting series: 1/X^2
Weight type: Inverse standard deviation (EViews default scaling)

Variable	Coefficient	Std. Error	t-Statistic	Prob.
C	−318.7863	29.82563	−10.68834	0.0000
X	2.183445	0.047098	46.35978	0.0000
	Weighted Statistics			
R-squared	0.986686		Mean dependent var	2362.751
Adjusted R-squared	0.986227		S. D. dependent var	3185.594
S. E. of regression	236.7923		Akaike info criterion	13.83459
Sum squared resid	1626048.		Schwarz criterion	13.92710
Log likelihood	−212.4361		Hannan-Quinn criter.	13.86474
F-statistic	2149.229		Durbin-Watson stat	1.763247
Prob(F-statistic)	0.000000		Weighted mean dep.	948.7483
	Unweighted Statistics			
R-squared	0.966028		Mean dependent var	20322.88
Adjusted R-squared	0.964856		S. D. dependent var	15597.43
S. E. of regression	2924.000		Sum squared resid	2.48E+08
Durbin-Watson stat	1.579532			

表 10-12

Dependent Variable: Y
Method: Least Squares
Date: 11/10/17   Time: 16:46
Sample: 1 31
Included observations: 31
Weighting series: 1/SQR(X)
Weight type: Inverse standard deviation (EViews default scaling)

Variable	Coefficient	Std. Error	t-Statistic	Prob.
C	−310.4809	391.4845	−0.793086	0.4342

(续)

X	2.136331	0.062097	34.40321	0.0000
	Weighted Statistics			
R-squared	0.976084	Mean dependent var		14306.15
Adjusted R-squared	0.975259	S. D. dependent var		6161.131
S. E. of regression	1919.866	Akaike info criterion		18.02024
Sum squared resid	1.07E+08	Schwarz criterion		18.11275
Log likelihood	−277.3137	Hannan-Quinn criter.		18.05040
F-statistic	1183.581	Durbin-Watson stat		1.719419
Prob(F-statistic)	0.000000	Weighted mean dep.		8480.902
	Unweighted Statistics			
R-squared	0.967617	Mean dependent var		20322.88
Adjusted R-squared	0.966501	S. D. dependent var		15597.43
S. E. of regression	2854.764	Sum squared resid		2.36E+08
Durbin-Watson stat	1.645050			

通过比较发现，权重为 $1/X_i^2$ 的结果最好。修正后的结果为 $\hat{Y}_i = -318.7863 + 2.183445X_i$，表明最终消费增加 1 亿元，GDP 增加约 2.18 亿元，消费对经济的增长有着非常显著和重要的作用。

本章小结

异方差是一种不满足古典假定的情况。异方差产生的原因主要是截面数据中不同总体的差异和模型设定的偏误，时间序列模型也可能产生异方差。如果模型中存在异方差会对估计结果产生很大的误导作用，检验异方差的常用方法是 G-Q 检验和 White 检验，修正异方差的常用方法是加权最小二乘法。

学习建议

本章要理解异方差的含义，了解异方差产生的原因，掌握异方差的修正方法。

1. 本章重点

异方差的含义　　G-Q 检验　　White 检验　　加权最小二乘法

2. 本章难点

G-Q 检验　　White 检验　　加权最小二乘法

核心概念

异方差　　加权最小二乘法

课后思考与练习

1. 什么是异方差？异方差一般会有哪些表现形式？

2. 产生异方差的主要原因有哪些？模型中存在异方差会对估计结果带来什么影响？
3. 如何对异方差进行检验？最常用的检验方法有哪些？
4. G-Q 检验要满足哪些条件？具体怎样进行操作？
5. 修正异方差的基本方法是什么？

上机实验 10-1

实验目的

(1) 收集、整理数据。

(2) 掌握 EViews 的基本操作。

(3) 建立一元线性回归模型，检验模型中是否存在异方差。

(4) 修正异方差。

实验步骤和内容

1. 收集、整理数据

以国家统计局公布的官方数据为准。

(1) 登录国家统计局网站。

(2) 进入"统计数据"—"年度数据"—"中国统计年鉴"。

(3) 查找"按行业分规模以上工业企业主要指标"的截面数据，并下载。

(4) 整理数据。选取"利润总额"为被解释变量，"资产总计"为解释变量。

2. EViews 的基本操作

(1) 建立"工作文件"。

(2) 建立"工作对象"。

(3) 录入数据。

(4) 估计利润总额与资产总计的一元线性回归方程。

(5) 生成残差序列，并绘制残差平方对地区生产总值的散点图。

(6) 做 G-Q 检验和 White 检验。

(7) 用加权最小二乘法对异方差进行修正（权重 $1/X_i$、$1/X_i^2$、$1/\sqrt{X_i}$）。

扫二维码可详细了解上机实验操作过程。

3. 实验要求与结果

在实验报告中记录 EViews 的基本操作的步骤，并报告以下内容。

(1) 利润总额与资产总计的一元线性回归方程估计结果。

(2) 对模型进行检验（经济意义检验、拟合优度检验、统计检验、计量经济学检验），模型中有没有不满足古典假定的情形？

(3) 残差平方对地区生产总值的散点图。

(4) G-Q 检验和 White 检验的结果。

(5) 用加权最小二乘法对异方差进行修正，并分析修正后的结果。

扫二维码可详细了解上机实验操作过程。

(6) 利用修正后的结果对参数做区间估计。

上机实验 10-2

实验目的

(1) 收集、整理数据。

(2) 掌握 EViews 的基本操作。

(3) 建立一元线性回归模型，检验模型中是否存在异方差。

(4) 修正异方差。

实验步骤和内容

1. 收集、整理数据

以国家统计局公布的官方数据为准。

(1) 登录国家统计局网站。

(2) 进入"统计数据"—"年度数据"—"中国统计年鉴"。

(3) 查找"分地区国际旅游外汇收入""分地区接待入境过夜游客"的截面数据，并下载。

(4) 整理数据。选取"旅游外汇收入"为被解释变量，"入境过夜游客（外国人）"为解释变量。

2. EViews 的基本操作

(1) 建立"工作文件"。

(2) 建立"工作对象"。

(3) 录入数据。

扫二维码可详细了解上机实验操作过程。

(4) 估计旅游外汇收入与入境过夜游客的一元线性回归方程。

(5) 生成残差序列，并绘制残差平方对入境过夜游客的散点图。

(6) 对模型做 G-Q 检验和 White 检验。

(7) 用加权最小二乘法对异方差进行修正（权重 $1/X_i$、$1/X_i^2$、$1/\sqrt{X_i}$）。

3. 实验要求与结果

在实验报告中记录 EViews 的基本操作的步骤，并报告以下内容。

(1) 旅游外汇收入与入境过夜游客的一元线性回归方程估计结果。

(2) 对模型进行检验（经济意义检验、拟合优度检验、统计检验、计量经济学检验），模型中有没有不满足古典假定的情形？

扫二维码可详细了解上机实验操作过程。

(3) 残差平方对入境过夜游客的散点图。

(4) G-Q 检验和 White 检验的结果。

(5) 用加权最小二乘法对异方差进行修正，并分析修正后的结果。

(6) 利用修正后的结果对参数做区间估计。

Chapter 11
第 11 章

自 相 关

> 学习目标
> - 理解自相关的含义
> - 了解自相关产生的原因
> - 理解自相关对估计结果的影响
> - 掌握判断自相关的方法
> - 掌握修正自相关的方法

在上章中,我们讨论了一种不满足古典假定的情形——异方差。当模型中存在异方差时,OLS 估计量不再是最佳线性无偏估计量,也就是说高斯-马尔可夫定理的结果不再成立。这个结论对我们有一个警示作用:如果模型中存在另外的不满足古典假定的情形,是不是也会产生类似的结论呢?比如,不满足无自相关假定,结果又会如何呢?

11.1 自相关的含义

自相关(auto correlation)又称为序列相关(serial correlation),是指总体线性回归模型中的不同的随机扰动项 u_t 之间存在着相关关系。由于这样的情形一般发生在时间序列模型中,所以随机扰动项的下标用 t 表示,截面数据模型中也可能存在自相关,此时称其为空间自相关。在本章中我们重点讨论时间序列模型中的自相关。

回忆前面叙述的古典假定中的无自相关假定,在时间序列模型中用公式表示为:

$$\text{Cov}(u_t, u_{t+s}) = \text{E}(u_t - \text{E}(u_t))(u_{t+s} - \text{E}(u_{t+s})) = \text{E}(u_t u_{t+s}) = 0 \quad (s \neq 0)$$

(11-1)

这个假定的含义是，我们不希望时间序列模型中前后 u_t 之间存在线性相关关系，u_t 是一个纯粹的随机误差项。但是，这样的假定不是总能被满足，那么，不满足无自相关假定的情形就是自相关。用公式表示为：

$$\text{Cov}(u_t, u_{t+s}) = \text{E}(u_t u_{t+s}) \neq 0 \quad (s \neq 0) \tag{11-2}$$

如果在式(11-2)中取 $s = 1$，我们称之为一阶自相关。一阶自相关的程度可以用线性相关系数来度量：

$$\rho_1 = \frac{\text{Cov}(u_t, u_{t-1})}{\sqrt{\text{Var}(u_t)\text{Var}(u_{t-1})}} = \frac{\text{E}(u_t u_{t-1})}{\sqrt{\text{E}(u_t^2)\text{E}(u_{t-1}^2)}} \tag{11-3}$$

ρ_1 称为一阶自相关系数，其取值范围为 $-1 \sim 1$，ρ_1 的绝对值越接近1，线性相关程度越高；如果 ρ_1 的绝对值等于1，则为完全自相关。

由于总体的 u_t 不能被观测，所以我们一般用样本线性相关系数来估计 ρ_1。假设有样本数据并做 OLS 回归，得到残差 e_t，则样本一阶自相关系数为：

$$\hat{\rho}_1 = \frac{\sum_{t=2}^{n} e_t e_{t-1}}{\sqrt{\sum_{t=2}^{n} e_t^2 \sum_{t=2}^{n} e_{t-1}^2}} \tag{11-4}$$

同理，我们可以定义二阶或更高阶的自相关系数。

自相关的主要表现形式是正相关和负相关，以及不同的阶数上的相关关系。

如果 $\rho_1 > 0$，则为正相关，反之为负相关。

如果式(11-3)中 ρ_1 的绝对值较大，这时存在一阶自相关，表现形式为：

$$u_t = \rho_1 u_{t-1} + v_{1t} \tag{11-5}$$

其中 ρ_1 为一阶自相关系数，v_{1t} 为满足古典假定的误差项，即 $\text{E}(v_{1t}) = 0$（零均值），$\text{Var}(v_{1t}) = \sigma_v^2$（同方差），$\text{Cov}(v_{1t}, v_{1t+s}) = 0 (s \neq 0)$（无自相关）。式(11-5)称为马尔可夫一阶自回归模式，记为 AR(1)。

类似地，我们还可以定义二阶或更高阶自回归模式。如 AR(2)为：

$$u_t = \rho_1 u_{t-1} + \rho_2 u_{t-2} + v_{2t} \tag{11-6}$$

式中 ρ_1, ρ_2——一阶和二阶自相关系数；

v_{2t}——满足古典假定的误差项。

一般地，AR(m)为：

$$u_t = \rho_1 u_{t-1} + \rho_2 u_{t-2} + \cdots + \rho_m u_{t-m} + v_{mt} \tag{11-7}$$

式中 $\rho_1, \rho_2, \cdots, \rho_m$——一阶、二阶……$m$ 阶自相关系数；

v_{mt}——满足古典假定的误差项。

在实践中，我们遇到最多的是一阶自回归模式，即 AR(1)。

11.2 自相关产生的原因

自相关一般在时间序列模型中产生，归纳起来有以下原因。

1. 经济现象的趋势

经济现象会表现出一定的趋势，一旦趋势形成，在一个较长的时期内经济变量将沿着所形成的趋势运行。例如，GDP、物价、收入、消费等经济变量都是如此，从图 11-1 和图 11-2 中，我们可以清楚地看到这种趋势。正是由于这样的特点，在时间序列模型中容易产生自相关。

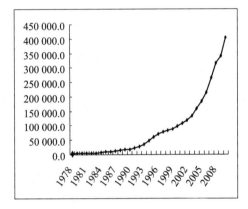

图 11-1 我国 GDP

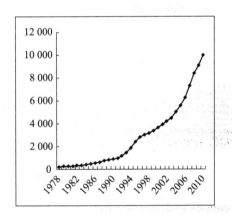

图 11-2 我国居民消费水平

2. 模型设定偏误

我们已经多次谈到这个问题，模型设定偏误一般有两个方面的问题：变量设定偏误和函数形式设定偏误。如果模型在设定的时候有偏误，则会产生自相关。

设正确的模型为：

$$Y_t = \beta_0 + \beta_1 X_{1t} + \beta_2 X_{2t} + u_t \tag{11-8}$$

此时随机扰动项 u_t 不存在自相关。由于一些原因，我们将模型设定为：

$$Y_t = \beta_0 + \beta_1 X_{1t} + u_t^* \tag{11-9}$$

与正确的模型相比较，此时的随机扰动项 u_t^* 中包含了解释变量 X_{2t} 的成分，即 u_t^* 会表现出一种系统性的变化，从而产生自相关。

再如，正确的模型为：

$$Y_t = \beta_0 + \beta_1 X_t + \beta_2 X_t^2 + u_t \tag{11-10}$$

此时随机扰动项 u_t 不存在自相关。由于一些原因，我们将模型设定为式(11-6)的形式，则随机扰动项 u_t^* 中包含了解释变量 X_t^2 的成分，即 u_t^* 会表现出一种系统性的变化,从而产生自相关。

3. 经济活动中的滞后效应

滞后效应是指一个变量对另一个变量的影响在时间上的延迟,这样的情形在经济活动中是大量存在的。例如,消费会受到收入的影响,同时也会受到前期消费的影响。设 Y 表示消费,X 表示收入,则正确的模型为:

$$Y_t = \beta_0 + \beta_1 X_t + \alpha Y_{t-1} + u_t \tag{11-11}$$

其中 Y_{t-1} 称为滞后变量。如果在模型中省略了滞后变量,则这时的随机扰动项中将包含滞后变量 Y_{t-1} 的成分,故产生自相关。

4. 蛛网现象

在我们观察的经济现象中,农产品的供给往往会表现出一种所谓的蛛网现象,即供给对价格的反应会滞后,这是因为农产品的供给需要经过一定的时间才能实现。例如,决定当期的养猪数量是依据前期的价格所做的决策,如果前期价格较高,农民就会增加养猪的数量,反之则会减少。如此循环下去,我们可以观察到,农产品的供给受前期价格的影响,即:

$$Q_t = \alpha_0 + \alpha_1 P_{t-1} + u_t \tag{11-12}$$

其中 Q 表示供给,P 表示价格。在这种模型中,随机扰动项 u_t 的随机性会被破坏,从而导致自相关的产生。

5. 非平稳性

如果时间序列模型中的时间序列是非平稳的,则随机扰动项 u_t 会产生自相关。

时间序列的平稳性是指时间序列的数量特征(均值、方差、协方差)不随着时间的变化而变化,而非平稳性则相反。

6. 数据变换

在很多情况下,人们合并了统计数据,例如,将月度数据合并成季度数据或者是年度数据,这样就平滑了数据的短期波动,从而使数据之间产生更高的相关性。

11.3 自相关的后果

如果模型中存在自相关,这时就不满足高斯-马尔可夫定理的条件,而我们仍用 OLS 进行估计,所得到的估计量可能不再是最佳线性无偏估计量。

为了简明地说明问题,我们假定一元线性回归模型为:

$$Y_t = \beta_0 + \beta_1 X_t + u_t \tag{11-13}$$

并假定模型存在一阶自相关,即存在一阶自回归模式 AR(1),如式(11-5)所示,式中,ρ_1 为一阶自相关系数;v_{1t} 为满足古典假定的误差项。

在这个条件下,真实的方差为:

$$\text{Var}(\hat{\beta}_1) = \frac{\sigma^2}{\sum x_t^2}\left[1 + 2\rho_1 \frac{\sum x_t x_{t-1}}{\sum x_t^2} + 2\rho_1^2 \frac{\sum x_t x_{t-2}}{\sum x_t^2} + \cdots + 2\rho_1^{n-1} \frac{x_1 x_n}{\sum x_t^2}\right] \tag{11-14}$$

为了加以区别,我们将存在一阶自回归模式的方差记为 $\text{Var}(\hat{\beta}_1)_{AR1}$,而记 $\text{Var}(\hat{\beta}_1)_{OLS}$ 为 OLS 估计量的方差,即:

$$\text{Var}(\hat{\beta}_1)_{OLS} = \frac{\sigma^2}{\sum x_t^2} \tag{11-15}$$

显然,此时的方差与 OLS 估计量的方差是不同的。从表达式来看,我们无法判断这两个方差哪一个更大。当 $\rho_1 = 0$ 时,两个方差相等;当 ρ_1 的绝对值较小时,OLS 估计量的方差将不会出现严重的偏误。

当 ρ_1 的绝对值较大时,OLS 估计量的方差会出现偏误,可能会得到误导性的结论。

1. 一阶自相关的性质

假定一元线性回归模型如式(11-13)所示存在一阶自相关,即 AR(1),如式(11-5)所示。

在某些情形下,可以证明:

$$\text{Var}(u_t) = \text{E}(u_t^2) = \frac{\sigma_v^2}{1 - \rho_1^2} \tag{11-16}$$

$$\text{Cov}(u_t, u_{t+s}) = \text{E}(u_t u_{t+s}) = \rho_1^s \frac{\sigma_v^2}{1 - \rho_1^2} \tag{11-17}$$

$$\text{Cor}(u_t, u_{t+s}) = \rho_1^s \tag{11-18}$$

其中,$\text{Cor}(u_t, u_{t+s})$ 表示相关系数。(相关证明读者可参阅其他计量经济学资料。)

由式(11-16)可以看出,当模型中存在一阶自相关时,仍然是同方差的,但方差的值有改变;由式(11-17)可以看出,其协方差已经不为 0 了。

2. OLS 估计量仍然具有无偏性和线性性

从第 3 章中可以看到,在证明高斯-马尔可夫定理的无偏性和线性性的过程中,仅需要满足零均值假定即可。所以,即便模型中存在自相关,也不会破坏 OLS 估计量的无偏性和线性性。

3. 对 OLS 估计量方差的影响

在证明高斯 – 马尔可夫定理的最小方差时，需要运用到无自相关假定。如果模型中存在自相关，即无自相关假定不满足，则得不到有效性的结果。

这种情形下，OLS 估计量的方差可能会低估真实的方差，即 $\text{Var}(\hat{\beta}_1)_{\text{OLS}} \leq \text{Var}(\hat{\beta}_1)_{\text{AR1}}$。

可以证明，$\text{Var}(\hat{\beta}_1)_{\text{AR1}} = \dfrac{\sigma^2}{\sum x_t^2} + g(\rho_1, r_x)$。其中，右边的前一部分是无自相关时的方差，后一部分是一个关于 ρ_1 和 r_x 的函数，而 r_x 是 X 各期之间的一阶自相关系数。在一般情况下，$\rho_1 \geq 0$、$r_x \geq 0$，从而 $g(\rho_1, r_x) \geq 0$。此时，再用式(11-15)估计方差显然低估了真实的方差。

此外，我们会用样本残差的方差来估计随机扰动项的方差，在古典假定满足的情况下，估计式 $\hat{\sigma}^2 = \sum e_t^2/(n-2)$ 是 σ^2 的无偏估计量。但是，当模型中存在 AR(1) 时，再用这个公式估计可能会低估 σ^2；即使没有低估，这种估计也是一个有偏估计。这些结论可以通过蒙特卡罗实验得到。

这些性质会通过式(11-15)传导给 $\text{Var}(\hat{\beta}_1)_{\text{OLS}}$，这样 OLS 估计量的方差就可能会低估真实的方差或是得到一个有偏误的估计。

4. 对 t 检验的影响

由于 $\hat{\beta}_1$ 仍然是无偏估计量，而 $\text{Var}(\hat{\beta}_1)_{\text{OLS}}$ 可能低估了真实的方差，于是，其标准差也会低估真实的标准差，故 OLS 估计量的 $t = \hat{\beta}_1/se(\hat{\beta}_1)$ 可能会被高估，从而拒绝了本不该拒绝的原假设，做出误导性的结论，如某些不重要的变量被误认为是重要的变量保留在模型中。

5. 对 F 检验的影响

当模型中存在自相关时，OLS 估计量可能会高估 R^2 和 F 统计量，从而在做 F 检验时更容易拒绝原假设，但这很可能是一个误导性的结论。

6. 对区间估计与预测的影响

由于区间估计和预测都与估计量的方差有关，当存在自相关时，OLS 估计量的方差可能是有偏误的估计，所以用这样的方差所做的区间估计和预测也可能是有偏误的。

11.4 自相关的检验

当模型中存在自相关时，OLS 估计量的结果不再是最佳的，故可能会产生误导性的结论，所以我们必须对时间序列模型中是否存在自相关进行检验。

为了更好地说明问题，我们举一个实例。

【例 11-1】 城镇化是推动经济发展的一个重要因素，搜集到国家统计局发布的 1978～2014 年国内生产总值和城镇人口数的数据（见教学资源 data11-1，数据来源：《中国统计年鉴 2015》），建立双对数模型估计城镇化对经济发展的影响，检验模型中是否存在自相关。

解：以城镇人口数为解释变量，运用数据 data11-1 得到一元线性回归模型的 OLS 估计结果（见表 11-1）。

表 11-1 双对数模型 OLS 估计结果

Dependent Variable: LOG(Y)			
Method: Least Squares			
Date: 11/23/17 Time: 11:07			
Sample: 1978 2014			
Included observations: 37			
Variable	Coefficient	Std. Error	t-Statistic	Prob.
C	-31.68174	0.656554	-48.25462	0.0000
LOG(X)	3.847692	0.062186	61.87366	0.0000
R-squared	0.990941	Mean dependent var		8.907094
Adjusted R-squared	0.990682	S.D. dependent var		1.705642
S.E. of regression	0.164648	Akaike info criterion		-0.717473
Sum squared resid	0.948817	Schwarz criterion		-0.630396
Log likelihood	15.27324	Hannan-Quinn criter.		-0.686774
F-statistic	3828.350	Durbin-Watson stat		0.639846
Prob(F-statistic)	0.000000			

从估计的结果来看，t 检验是显著的，可决系数的值也非常高，看起来这是一个非常好的结果。由于是时间序列模型，故可能存在自相关，我们如何进行检验呢？

1. 图示检验法

图示检验法是一种直观的检验方法，虽然不能给出一个非常肯定的结论，但能帮助我们做出一些直观性的判断。

由于残差是随机扰动项的估计值，因此可以通过残差项的图形来判断自相关。下面给出各种残差的图形来说明。

当残差的线图和散点图是如图 11-3a 所示的形态时，在线图中表现出有多期在同一侧，在散点图中表现出正方向对角线分布，则模型中可能存在正自相关；当残差的线图和散点图是如图 11-3b 所示的形态时,在线图中表现出每一期改变符号,在散点图中表现出负方向对角线分布,则模型中可能存在负自相关;当残差的线图和散点图是如图 11-3c 所示的形态时,在线图中表现出每一较小的间隔期改变符号,在散点图中表现出水平方向分布,则模型中可能不存在自相关。

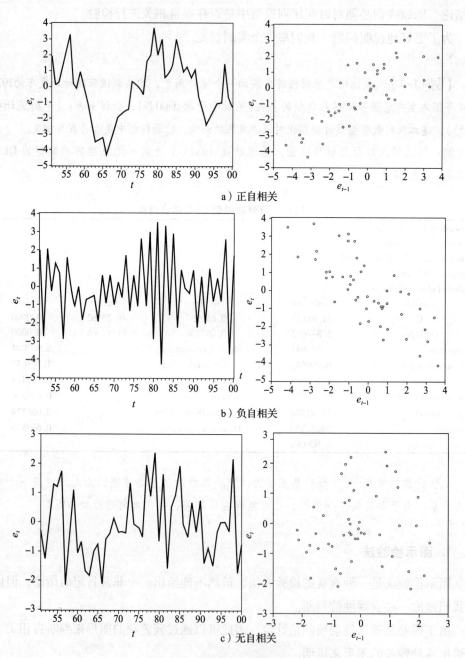

图 11-3 残差的线图和散点图

我们绘制例 11-1 残差的线图和散点图,如图 11-4 所示。

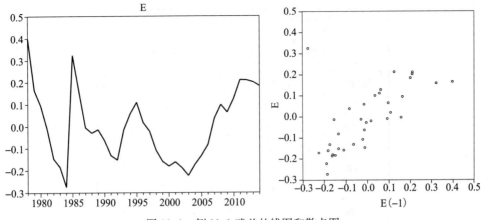

图 11-4　例 11-1 残差的线图和散点图

从图中可以看到，残差表现出与图 11-3a 相似的特征，故模型中可能存在正自相关。

2. 相关图法

此外，我们还可以通过相关图来进行判断。在 EViews 软件中打开残差序列文件，选择 View \ Correlogram，会出现一个对话框，使用其默认值，点击确定即可得到相关图，如图 11-5 所示。其中，第一栏 Autocorrelation 是相关图，表示序列的自相关情况，中间的实心线表示 0，左侧和右侧的虚线分别表示 95% 置信区间的左右临界值，条形超过虚线表示存在相关性；第二栏 Partial Correlation 是偏相关图；第三栏是自然序列，表示滞后期长度；第四栏 AC 是估计的自相关系数，表示滞后各期的自相关系数的值，这些值以条形的形式表现在相关图中；第五栏 PAC 是偏自相关系数，这些值表现在

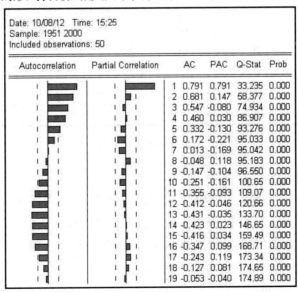

a）正自相关的相关图

图 11-5　残差的相关图

```
Date: 10/08/12   Time: 15:26
Sample: 1951 2000
Included observations: 50

 Autocorrelation   Partial Correlation      AC     PAC    Q-Stat   Prob

                                        1  -0.717 -0.717  27.264  0.000
                                        2   0.582  0.141  45.640  0.000
                                        3  -0.443  0.035  56.504  0.000
                                        4   0.366  0.046  64.094  0.000
                                        5  -0.211  0.172  66.665  0.000
                                        6   0.194  0.128  68.895  0.000
                                        7  -0.182 -0.081  70.902  0.000
                                        8   0.157 -0.034  72.419  0.000
                                        9  -0.132 -0.022  73.521  0.000
                                       10   0.139  0.016  74.779  0.000
                                       11  -0.175 -0.111  76.819  0.000
                                       12   0.131 -0.077  77.993  0.000
                                       13  -0.177 -0.127  80.188  0.000
                                       14   0.134 -0.098  81.487  0.000
                                       15  -0.154 -0.063  83.247  0.000
                                       16   0.065 -0.115  83.568  0.000
                                       17  -0.078 -0.037  84.051  0.000
                                       18   0.047  0.025  84.230  0.000
                                       19  -0.044  0.032  84.393  0.000
```

b) 负自相关的相关图

```
Date: 10/08/12   Time: 16:18
Sample: 1951 2000
Included observations: 50

 Autocorrelation   Partial Correlation      AC     PAC    Q-Stat   Prob

                                        1   0.069  0.069  0.2507  0.617
                                        2   0.222  0.219  2.9323  0.231
                                        3  -0.040 -0.070  3.0197  0.389
                                        4   0.182  0.149  4.8925  0.299
                                        5   0.123  0.135  5.7706  0.329
                                        6   0.130  0.046  6.7635  0.343
                                        7  -0.132 -0.190  7.8148  0.349
                                        8  -0.040 -0.073  7.9142  0.442
                                        9   0.001  0.052  7.9142  0.543
                                       10  -0.075 -0.135  8.2802  0.601
                                       11  -0.098 -0.099  8.9145  0.630
                                       12  -0.074  0.041  9.2933  0.678
                                       13  -0.146 -0.088  10.789  0.628
                                       14  -0.019 -0.008  10.817  0.700
                                       15  -0.136 -0.068  12.183  0.665
                                       16  -0.131 -0.085  13.488  0.637
                                       17  -0.094 -0.018  14.185  0.654
                                       18   0.018  0.062  14.210  0.715
                                       19  -0.016  0.032  14.231  0.770
```

c) 无自相关的相关图

图 11-5 （续）

偏相关图中；第六栏 Q-Stat 是 Q 检验统计量；第七栏 Prob 是 Q 检验统计量的伴随概率，当概率值很小时，比如小于 0.05 时，表明此序列存在自相关，反之则不存在自相关。正或负自相关可根据相关图或 AC 的值来判断，图 11-5a 是正自相关，图 11-5b 是负自相关，图 11-5c 不存在自相关。

绘制例 11-1 残差的相关图，如图 11-6 所示。

从图中可以看到，残差的相关图与图 11-5a 相符，故模型中可能存在正自相关。

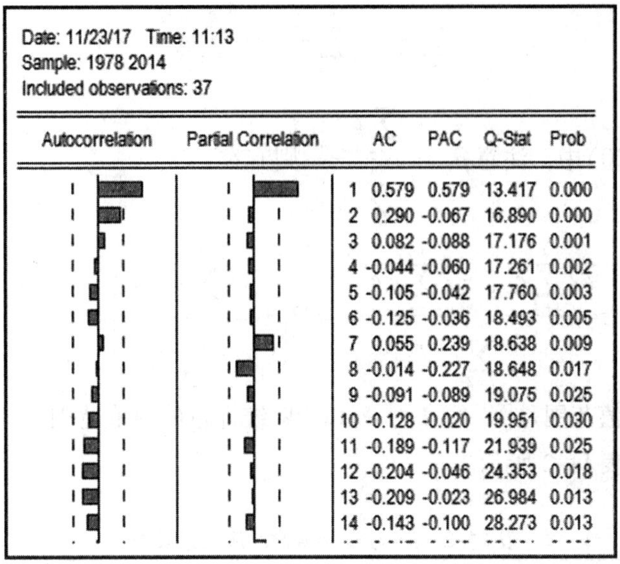

```
Date: 11/23/17   Time: 11:13
Sample: 1978 2014
Included observations: 37

Autocorrelation  Partial Correlation      AC     PAC   Q-Stat  Prob

                                       1   0.579   0.579  13.417  0.000
                                       2   0.290  -0.067  16.890  0.000
                                       3   0.082  -0.088  17.176  0.001
                                       4  -0.044  -0.060  17.261  0.002
                                       5  -0.105  -0.042  17.760  0.003
                                       6  -0.125  -0.036  18.493  0.005
                                       7   0.055   0.239  18.638  0.009
                                       8  -0.014  -0.227  18.648  0.017
                                       9  -0.091  -0.089  19.075  0.025
                                      10  -0.128  -0.020  19.951  0.030
                                      11  -0.189  -0.117  21.939  0.025
                                      12  -0.204  -0.046  24.353  0.018
                                      13  -0.209  -0.023  26.984  0.013
                                      14  -0.143  -0.100  28.273  0.013
```

图 11-6 例 11-1 残差的相关图

3. DW 检验法

DW(Durbin-Watson)检验是 J. 杜宾与 G. S. 沃森于 1950 年和 1951 年提出的。它是利用残差 e_t 构成的统计量推断随机扰动项 u_t 是否存在自相关。

运用 DW 检验,应满足如下条件。

(1) 随机扰动项 u_t 的自相关为一阶自回归形式。

(2) 模型含有截距。

(3) 模型中不包含滞后的被解释变量,即不包含 Y_{t-1}。

(4) 样本容量应充分大($n>15$)。

DW 检验步骤如下。

(1) 提出假设。$H_0: \rho_1 = 0$(不存在一阶自相关),$H_1: \rho_1 \neq 0$(存在一阶自相关)。

(2) 用残差值构造统计量 DW。

$$DW = \frac{\sum_{t=2}^{n}(e_t - e_{t-1})^2}{\sum_{t=1}^{n}e_t^2} \qquad (11-19)$$

其中分子是残差的一阶差分平方和,分母是残差平方和。将式(11-19)展开,得:

$$DW = \frac{\sum_{t=2}^{n}e_t^2 + \sum_{t=2}^{n}e_{t-1}^2 - 2\sum_{t=2}^{n}e_t e_{t-1}}{\sum_{t=1}^{n}e_t^2} \qquad (11-20)$$

当样本容量充分大时,有:

$$\sum_{t=2}^{n} e_t^2 \approx \sum_{t=2}^{n} e_{t-1}^2 \approx \sum_{t=1}^{n} e_t^2$$

代入式(11-20)中，注意 $\hat{\rho}_1 \approx \dfrac{\sum_{t=2}^{n} e_t e_{t-1}}{\sum_{t=2}^{n} e_{t-1}^2}$ 则有：

$$DW \approx \frac{2\sum_{t=2}^{n} e_{t-1}^2 - 2\sum_{t=2}^{n} e_t e_{t-1}}{\sum_{t=2}^{n} e_{t-1}^2} = 2\left(1 - \frac{\sum_{t=2}^{n} e_t e_{t-1}}{\sum_{t=2}^{n} e_{t-1}^2}\right) = 2(1 - \hat{\rho}_1) \quad (11\text{-}21)$$

因为 $\hat{\rho}_1$ 的取值范围是 $[-1, 1]$，所以 DW 统计量的取值范围是 $[0, 4]$。$\hat{\rho}_1$ 与 DW 值的对应关系如表 11-2 所示。

表 11-2　$\hat{\rho}_1$ 与 DW 值的对应关系及意义

$\hat{\rho}_1$	DW	u_t 的表现
$\hat{\rho}_1 = 0$	$DW = 2$	u_t 无自相关
$\hat{\rho}_1 = 1$	$DW = 0$	u_t 完全正自相关
$\hat{\rho}_1 = -1$	$DW = 4$	u_t 完全负自相关
$0 < \hat{\rho}_1 < 1$	$0 < DW < 2$	u_t 有某种程度的正自相关
$-1 < \hat{\rho}_1 < 0$	$2 < DW < 4$	u_t 有某种程度的负自相关

实际中 $DW = 0, 2, 4$ 的情形是很少见的。当 DW 取值在 $(0, 2)$，$(2, 4)$ 之间时，如何判别误差项 u_t 是否存在自相关呢？DW 根据样本容量和被估计的参数个数，在给定的显著性水平下，给出了检验用的上、下两个临界值 d_l 和 d_u，将区间 $[0, 4]$ 分为 5 个部分，如图 11-7 所示。

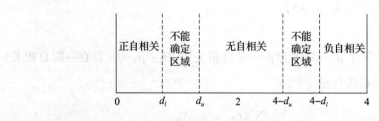

图 11-7　DW 统计量决策图

我们可以根据 DW 的值落入的区域做出决策，决策规则如下。

(1) 若 DW 取值在 $(0, d_l)$ 之间，即 $\hat{\rho}_1$ 接近 1 时，拒绝原假设 H_0，u_t 存在一阶正自相关。

(2) 若 DW 取值在 $(4 - d_l, 4)$ 之间，即 $\hat{\rho}_1$ 接近 -1 时，拒绝原假设 H_0，u_t 存在一阶负自相关。

(3) 若 DW 取值在 $(d_u, 4 - d_u)$ 之间，即 $\hat{\rho}_1$ 接近 0 时，不拒绝原假设 H_0，u_t 不存

在一阶自相关。

(4) 若 DW 取值在 (d_l, d_u) 或 $(4-d_u, 4-d_l)$ 之间时，这种检验没有结论，即不能确定 u_t 是否存在一阶自相关。

当 DW 值落入"不确定"区域时，一般有两种处理方法：一是加大样本容量或重新选取样本，重新做 DW 检验；二是选用其他检验方法。

DW 检验临界值与三个参数有关：一是显著性水平 α；二是样本容量 n；三是原回归模型中解释变量个数 k。

DW 检验临界值表给出了 DW 检验临界值，见附录 E。

在例 11-1 中，$n=37$，$k=1$，设 $\alpha=0.05$，查表得：$d_l=1.419$，$d_u=1.530$。由 OLS 回归结果可知 $DW=0.639\,846$，取值在 $(0, 1.419)$ 之间，故模型中存在正的一阶自相关。

特别要注意的是，DW 统计量不适用于对高阶自相关的检验。那么如果模型中不存在一阶自相关，而存在高阶自相关时，我们该如何做出判断呢？

4. BG 检验法

BG 检验法由 Breusch 和 Godfrey 提出，也称为 LM（Lagrange Multiplicator，拉格朗日乘数）检验。利用 LM 统计量可建立一个适用性更强的自相关检验方法，既可检验一阶自相关，也可检验高阶自相关。

设一元线性回归模型：

$$Y_t = \beta_0 + \beta_1 X_t + u_t \tag{11-22}$$

假设其随机扰动项存在 m 阶自回归形式：

$$u_t = \rho_1 u_{t-1} + \rho_2 u_{t-2} + \cdots + \rho_m u_{t-m} + v_{mt} \tag{11-23}$$

其中 v_{mt} 满足古典假定条件。

建立假定：

$$H_0: \rho_1 = \rho_2 = \cdots = \rho_m = 0 \,(u_t \text{ 不存在自回归})$$

$$H_1: \rho_i \text{ 不全为 } 0 \,(i=1,2,\cdots,m)\,(u_t \text{ 存在某阶自回归})$$

BG 检验是通过一个辅助回归式完成的，具体步骤如下。

(1) 估计式 (11-22) 得到的残差 e_t。

(2) 建立辅助回归。

$$e_t = \hat{\alpha}_0 + \hat{\alpha}_1 X_t + \hat{\rho}_1 e_{t-1} + \hat{\rho}_2 e_{t-2} + \cdots + \hat{\rho}_m e_{t-m} + \varepsilon_t \tag{11-24}$$

估计式 (11-24) 得到可决系数 R^2。如果是多元线性回归模型，那么辅助回归中应包括所有解释变量。

(3) 计算检验统计量。检验统计量为：$LM=nR^2$，其中 n 为样本容量。

可以证明，当样本容量足够大时，有：

$$nR^2 \sim \chi^2(m) \tag{11-25}$$

式中 m——自相关的阶数或滞后期长度。

（4）决策。设显著性水平为 α，查表得到临界值 $\chi^2_\alpha(m)$。如果有 $LM > \chi^2_\alpha(m)$，则拒绝原假设，说明模型中存在某阶自相关；否则不拒绝原假设，模型中不存在自相关。BG 检验还可以运用 p 值检验。

BG 检验比 DW 检验有更广泛的适用性，比如能够检验高阶自相关，还允许模型中有滞后的被解释变量。但从其过程和结论来看也存在一些缺陷：一是滞后期长度 m 事先不能明确确定，这可能需要进行多次辅助回归才能得到满意的结果；二是如果拒绝了原假设，只能说明模型中存在某阶自相关，但具体是哪一阶还不能确定。

为弥补这些缺陷，可以通过相关图来做判断。观察相关图中的偏相关图，如果有条形超过了虚线，则表明与此相对应的滞后期存在自相关。

EViews 可以直接计算 LM 估计量的值，并运用 p 值进行检验，操作方法如下：打开方程文件，选择菜单命令：View \ Residual tests \ Serial Correlation LM Test，会出现一个对话框，选择滞后期长度 m 确定，即可得到 BG 检验的结果。

例 11-1 的二阶 BG 检验结果如表 11-3 所示。

表 11-3　BG 检验结果

Breusch-Godfrey Serial Correlation LM Test:			
F-statistic	8.874018	Prob. F(2, 33)	0.0008
Obs * R-squared	12.93996	Prob. Chi-Square(2)	0.0015

由这个结果可知，$LM = 12.93996$，伴随概率 $p = 0.0015$。设 $\alpha = 0.05$，$m = 2$，查表得：$\chi^2_{0.05}(2) = 5.99$。由于 $LM = 12.93996 > \chi^2_{0.05}(2) = 5.99$，说明模型中存在某阶自相关；如果做 p 值检验，则有 $p = 0.0015 < \alpha = 0.05$，同样说明模型中存在某阶自相关。至于自相关的阶数可以通过偏相关图来判断，在图 11-5 中可以看到，偏相关图中只有第一个条形超过了虚线，故可判断模型存在一阶自相关。

11.5　自相关的修正

如果模型中存在自相关，可能会导致严重的误导性结论，故经过检验发现模型中存在自相关后，需要对自相关进行修正。

1. 广义差分法

如果模型中存在一阶自相关，即 $AR(1)$：$u_t = \rho_1 u_{t-1} + v_{1t}$，可以运用广义差分法来消除自相关。

设原模型为：
$$Y_t = \beta_0 + \beta_1 X_t + u_t \tag{11-26}$$
则有：
$$Y_{t-1} = \beta_0 + \beta_1 X_{t-1} + u_{t-1} \tag{11-27}$$
在式(11-27)两边同乘以 ρ_1 得：
$$\rho_1 Y_{t-1} = \rho_1 \beta_0 + \rho_1 \beta_1 X_{t-1} + \rho_1 u_{t-1} \tag{11-28}$$
用式(11-26)减去式(11-28)得：
$$Y_t - \rho_1 Y_{t-1} = \beta_0(1-\rho_1) + \beta_1(X_t - \rho_1 X_{t-1}) + (u_t - \rho_1 u_{t-1}) \tag{11-29}$$
令 $Y_t^* = Y_t - \rho_1 Y_{t-1}$，$\beta^* = \beta_0(1-\rho_1)$，$X_t^* = Y_t - \rho_1 X_{t-1}$，$u_t^* = u_t - \rho_1 u_{t-1}$，则式(11-29)可以写成：
$$Y_t^* = \beta^* + \beta_1 X_t^* + u_t^* \tag{11-30}$$
由 AR(1) 可得 $u_t^* = v_{1t}$，则其满足古典假定，故式(11-30)无自相关，说明自相关得到了修正。

特别要说明的是，式(11-30)与原模型式(11-26)的斜率项系数没有发生变化。这是我们非常看重的，通过广义差分，不仅修正了自相关，而且非常重要的斜率项系数没有发生变化，这是一个非常好的结果。但是，这种方法也存在一些缺陷，一是 ρ_1 事先是未知的；二是经过广义差分后会丢失一项，当样本容量较小时，会影响估计的结果，此时可对所有值项进行补充，方法是将第一个观测值分别变换成 $Y_1\sqrt{1-\rho_1^2}$ 和 $X_1\sqrt{1-\rho_1^2}$，再补充到差分序列中的第一项中。

如果取 $\rho_1 = 1$，即假定是完全的正自相关，可得：
$$Y_t - Y_{t-1} = \beta_1(X_t - X_{t-1}) + (u_t - u_{t-1}) \tag{11-31}$$
记 $\Delta Y_t = Y_t - Y_{t-1}$，$\Delta X_t = X_t - X_{t-1}$，$\Delta u_t = u_t - u_{t-1}$，则式(11-31)可写成：
$$\Delta Y_t = \beta_1 \Delta X_t + \Delta u_t \tag{11-32}$$
式(11-32)称为一阶差分模型。在 $\hat{\rho}_1$ 值接近 1 且大样本条件下一阶差分方法能较好地修正自相关，但其没有常数项，故这种方法有一定的局限性。

如果模型中存在高阶自相关，也可以运用广义差分法来消除自相关，读者可自行验证。

虽然广义差分法存在一些缺陷，但在理论上给我们指明了修正自相关的思路和方法。

2. Cochrane-Orcutt 迭代法

广义差分法虽然能很好地修正自相关，但各阶自相关系数事先是未知的。Cochrane-Orcutt 迭代法的基本思想是通过逐次迭代的方法来寻找适合各阶自相关系数的估计值。

我们仍然以一元线性回归模型和 AR(1) 为例来说明具体的方法，操作步骤如下。

（1）对原模型做 OLS 估计，得到第一次残差 $e_t^{(1)}$。

(2) 利用 $e_t^{(1)}$ 做如下回归 $e_t^{(1)} = \hat{\rho}_1^{(1)} e_{t-1}^{(1)} + \varepsilon_t^{(1)}$，得到 ρ_1 的第一轮估计值 $\hat{\rho}_1^{(1)}$。

(3) 用 $\hat{\rho}_1^{(1)}$ 做广义差分，得到残差的第二次估计值 $e_t^{(2)}$。如果此时 DW 检验不存在自相关，则迭代结束；如果仍存在自相关，则用 $e_t^{(2)}$ 做第二次回归 $e_t^{(2)} = \hat{\rho}_1^{(2)} e_{t-1}^{(2)} + \varepsilon_t^{(2)}$，得到 ρ_1 的第二轮估计值 $\hat{\rho}_1^{(2)}$。

(4) 重复第三步。如果此时 DW 检验不存在自相关，则迭代结束，如果仍存在自相关，则继续进行迭代，直到 DW 检验不存在自相关或当 $\hat{\rho}_1^{(m)}$ 与 $\hat{\rho}_1^{(m-1)}$ 的差足够小时结束。

3. Durbin 两步法

将广义差分方程式(11-29)写成：

$$Y_t = \beta_0(1 - \rho_1) + \beta_1 X_t - \beta_1 \rho_1 X_{t-1} + \rho_1 Y_{t-1} + v_t \tag{11-33}$$

对式(11-33)做 OLS 估计，则 Y_{t-1} 对应的系数即为一阶自相关系数的估计值 $\hat{\rho}_1$。再利用 $\hat{\rho}_1$ 做广义差分，可修正自相关。

11.6 案例分析

【例11-2】 GDP 和财政收入是经济指标中的重要指标，无论是中长期发展规划或年度经济增长的预期目标，还是考核区域综合经济实力及发展水平都把二者摆在重要的位置上。在某种意义上说，GDP 与财政收入是一个区域经济实力和发展水平的"晴雨表"与"显示器"。为了研究这两个变量的关系，选取上海的 GDP 与财政收入的数据（数据见教学资源 data11-2，数据来源：《上海统计年鉴2016》），建立双对数线性回归模型，并检验模型中是否存在自相关？如果存在自相关，对模型进行修正。

解： 双对数线性回归模型估计的结果（见表11-4）。

表11-4 GDP 与财政收入双对数线性回归 OLS 估计结果

Dependent Variable: LOG(Y)				
Method: Least Squares				
Date: 12/26/17 Time: 14:23				
Sample: 1978 2015				
Included observations: 38				
Variable	Coefficient	Std. Error	t-Statistic	Prob.
C	0.345552	0.373397	0.925428	0.3609
LOG(X)	0.752273	0.046701	16.10845	0.0000
R-squared	0.878165	Mean dependent var		6.249935
Adjusted R-squared	0.874781	S. D. dependent var		1.240917
S. E. of regression	0.439115	Akaike info criterion		1.243083
Sum squared resid	6.941580	Schwarz criterion		1.329272
Log likelihood	−21.61858	Hannan-Quinn criter.		1.273749
F-statistic	259.4821	Durbin-Watson stat		0.076332
Prob(F-statistic)	0.000000			

从回归结果可以看出，$\log(X)$ 显著地对 $\log(Y)$ 做出了解释。

绘制残差的线图和散点图，如图 11-8 所示。

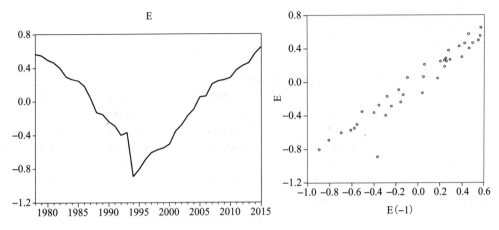

图 11-8　残差的线图和散点图

残差的线图和散点图表现出正自相关的特征。

做 DW 检验。$n = 38$，$k = 1$，设 $\alpha = 0.05$，查表得：$d_l = 1.427$，$d_u = 1.535$，$DW = 0.076332$，则有 $DW < d_l$，故模型中存在一阶自相关。

为了判断是否存在高阶自相关，绘制残差的自相关图，如图 11-9 所示。

```
Date: 12/26/17   Time: 14:29
Sample: 1978 2015
Included observations: 38

Autocorrelation  Partial Correlation      AC     PAC   Q-Stat  Prob

                                    1   0.908   0.908  33.901  0.000
                                    2   0.811  -0.080  61.691  0.000
                                    3   0.707  -0.096  83.376  0.000
                                    4   0.593  -0.112  99.092  0.000
                                    5   0.464  -0.156 109.02   0.000
                                    6   0.339  -0.065 114.48   0.000
                                    7   0.194  -0.206 116.33   0.000
                                    8   0.042  -0.168 116.42   0.000
                                    9  -0.109  -0.145 117.04   0.000
                                   10  -0.233   0.001 119.99   0.000
                                   11  -0.343  -0.059 126.63   0.000
                                   12  -0.437  -0.061 137.81   0.000
```

图 11-9　残差的自相关图

由于偏相关图中只有一个条形超过了虚线，故我们判断模型中可能只存在一阶自相关。

对模型做广义差分，修正自相关。

在命令栏中输入命令：ls log(y) c log(x) ar(1)，然后按回车键，即可得到广义差分的估计结果，如表 11-5 所示。

表 11-5　广义差分估计结果

Dependent Variable：LOG(Y)
Method：ARMAMaximum Likelihood (BFGS)
Date：12/25/17　Time：16:00
Sample：1978 2015
Included observations：38
Convergence achieved after 2 iterations
Coefficient covariance computed using outer product of gradients

Variable	Coefficient	Std. Error	t-Statistic	Prob.
C	0.974705	3.152538	0.309181	0.7591
LOG(X)	0.719066	0.254625	2.824018	0.0079
AR(1)	0.966892	0.076121	12.70209	0.0000
SIGMASQ	0.013898	0.003431	4.051426	0.0003
R-squared	0.990730	Mean dependent var		6.249935
Adjusted R-squared	0.989912	S.D. dependent var		1.240917
S.E. of regression	0.124634	Akaike info criterion		-1.155693
Sum squared resid	0.528141	Schwarz criterion		-0.983315
Log likelihood	25.95816	Hannan-Quinn criter.		-1.094362
F-statistic	1211.297	Durbin-Watson stat		1.576518
Prob(F-statistic)	0.000000			
Inverted AR Roots	.97			

由修正后的估计结果可以看出，X 仍然显著地对 Y 做出解释，而 $DW=1.576518$，$n=37$，$k=1$，设 $\alpha=0.05$，查表得 $d_l=1.419$，$d_u=1.530$，则有 DW 检验无自相关的区间为 $(1.530, 2.581)$，此时的 DW 统计量落入此区间，故模型中的自相关已经得到修正，并且 t 统计量、F 统计量以及可决系数都很理想。由于是大样本，故不需要补充缺损的数据。

则修正后的结果为：

$$\log(\hat{Y}_t) = 0.974705 + 0.719066\log(X)$$

即当 GDP 增长 1% 时，财政收入增长约 0.72%。

本章小结

自相关是一种不满足古典假定的情况。自相关产生的原因主要是经济现象的趋势和模型设定的偏误，自相关的主要表现形式是一阶自相关。如果模型中存在自相关就会对估计结果产生很大的误导作用，检验自相关的常用方法是 DW 检验，修正自相关的常用方法是广义差分法。

学习建议

本章要理解自相关的含义，了解自相关产生的原因，掌握自相关的修正方法。

1. 本章重点

自相关的含义　　自相关的表现形式　　DW 检验　　自相关的修正方法

2. 本章难点

自相关的表现形式　　自相关的性质　　自相关的修正方法

核心概念

自相关　　高斯–马尔可夫自相关模式　　DW 检验

课后思考与练习

1. 什么是自相关？常见的自相关表现为何种形式？
2. 产生自相关的主要原因有哪些？
3. 运用 DW 检验自相关时需要满足哪些条件？
4. 如何用相关图来判断自相关？
5. 修正自相关的常用方法是什么？

上机实验 11-1

实验目的

(1) 收集、整理数据。

(2) 掌握 EViews 的基本操作。

(3) 建立一元线性回归模型，检验模型中是否存在自相关。

(4) 修正自相关。

实验步骤和内容

1. 收集、整理数据

以国家统计局公布的官方数据为准。

(1) 登录国家统计局网站。

(2) 进入"统计数据"—"年度数据"—"中国统计年鉴"。

(3) 查找"国内生产总值""各项税收"的时间序列数据，并下载。

(4) 整理数据。选取"合计税收"为被解释变量，"国内生产总值"为解释变量。

2. EViews 的基本操作

(1) 建立"工作文件"。

(2) 建立"工作对象"。

(3) 录入数据。

扫二维码可详细了解上机实验操作过程。

(4) 估计税收与国内生产总值的双对数线性回归方程。

(5) 生成残差序列,并绘制残差的线图、散点图和相关图。

(6) 做 DW 检验。

(7) 做 $BG(LM)$ 检验。

(8) 用广义差分法对一元线性回归方程的自相关进行修正。

3. 实验要求与结果

在实验报告中记录 EViews 的基本操作的步骤,并报告以下内容。

扫二维码可详细了解上机实验操作过程。

(1) 税收与国内生产总值的双对数线性回归方程估计结果。

(2) 对税收与国内生产总值的双对数线性回归方程进行检验(经济意义检验、拟合优度检验、统计检验、计量经济学检验),模型中有没有不满足古典假定的情形?

(3) 残差的线图、散点图和相关图。

(4) 双对数线性回归方程 DW 检验和 BG 检验的结果。

(5) 运用广义差分法对双对数线性回归模型的自相关进行修正,并分析修正后的结果。

(6) 利用修正后的结果对参数做区间估计,并预测当国内生产总值达到 800 000 亿元时,税收将达到什么水平。

上机实验 11-2

实验目的

(1) 收集、整理数据。

(2) 掌握 EViews 的基本操作。

(3) 建立一元线性回归模型,检验模型中是否存在自相关。

(4) 修正自相关。

实验步骤和内容

1. 收集、整理数据

以国家统计局公布的官方数据为准。

(1) 登录国家统计局网站。

(2) 进入"统计数据"—"年度数据"—"中国统计年鉴"。

(3) 查找"居民消费水平""城乡居民家庭人均收入及恩格尔系数""各种价格定基指数"的时间序列数据,并下载。

(4) 整理数据。选取"城镇居民消费水平指数"为被解释变量,"城镇居民家庭人均可支配收入指数""居民消费价格指数"为解释变量。

2. EViews 的基本操作

(1) 建立"工作文件"。

(2) 建立"工作对象"。

(3) 录入数据。

(4) 估计城镇居民消费水平指数与城镇居民家庭人均可支配收入指数的一元线性回归方程。

(5) 生成残差序列,并绘制残差的线图、散点图和相关图。

(6) 做 DW 检验。

(7) 做 BG 检验(LM 检验)。

(8) 估计城镇居民消费水平指数与城镇居民家庭人均可支配收入指数、居民消费价格指数的二元线性回归方程。

(9) 生成残差序列,并绘制残差相关图。

(10) 用广义差分法对一元线性回归方程的自相关进行修正。

3. 实验要求与结果

在实验报告中记录 EViews 的基本操作的步骤,并报告以下内容。

扫二维码可详细了解上机实验操作过程。

(1) 城镇居民消费水平指数与城镇居民家庭人均可支配收入指数的一元线性回归方程估计结果。

(2) 对城镇居民消费水平指数与城镇居民家庭人均可支配收入指数的一元线性回归方程进行检验(经济意义检验、拟合优度检验、统计检验、计量经济学检验),模型中有没有不满足古典假定的情形?

(3) 一元线性回归方程残差的线图、散点图和相关图。

(4) 一元线性回归方程 DW 检验的结果。

(5) 一元线性回归方程 BG 检验的结果。

(6) 城镇居民消费水平指数与城镇居民家庭人均可支配收入指数、居民消费价格指数的二元线性回归方程估计结果,并观察 DW 统计量的值发生了什么变化。

(7) 二元线性回归方程残差的相关图,并与一元线性回归方程残差的相关图做比较。

(8) 运用广义差分法对一元线性回归模型的自相关进行修正,并分析修正后的结果。

(9) 利用修正后的结果对参数做区间估计,并预测当城镇居民人均可支配收入指数达到 1 500 时,消费水平指数将达到什么水平。

Chapter 12
第 12 章

时间序列模型

> 学习目标
> - 理解时间序列计量经济模型的基本概念
> - 掌握时间序列平稳性检验
> - 理解协整的概念并掌握协整检验的思想
> - 掌握误差修正模型的设定
> - 运用时间序列计量经济模型的思想解决实际经济问题

　　时间序列计量经济模型作为现代计量经济学的主要研究内容，是对经典计量经济学的延伸，也给经典的回归分析提出了巨大挑战。经典计量经济模型在分析时间序列数据时都假定了时间序列是平稳的，但是大多数宏观经济变量，如国内生产总值、消费物价指数、利率、货币供给量等从长期来讲可能并不是平稳的。当所依据的时间序列为非平稳序列时，假设检验和预测可能失效。当时间序列为非平稳序列时，用一个时间序列对另一个时间序列做回归分析时，可能两者并无任何有意义的联系，但把两者的数据做回归分析却常常会得到一个很高的可决系数，我们把这种现象叫作伪回归分析。曾经有人做过这样的数据分析，把太阳黑子的爆发数量与股票价格指数做回归分析，发现太阳黑子的爆发数量是影响股票价格指数的很显著的因素。这种伪回归分析是没有现实意义的，应该避免。因此本章主要探讨如何检验时间序列数据的平稳性以及如何处理时间序列的非平稳性问题。

12.1 时间序列中的基本概念

1. 随机过程的含义

随机变量是分析随机事件的重要工具。通常随机变量有两种表现形式:连续型的随机变量和离散型的随机变量,前者常记为 $Y(t)$,后者常记为 Y_t。如 GDP 就属于离散型的随机变量,若考查随机变量 GDP 随着时间的变化而变化的情形,这时的 GDP 就是一个随机过程,用符号表示为 $\{GDP_t\}$。因此,若对于每一特定的时间 $t(t \in T)$,Y_t 为一个随机变量,则一族 $\{Y_t\}$ 为一个随机过程。若区间为连续型的区间,则 $\{Y_t\}$ 为一个连续型随机过程;若区间为离散型区间,则 $\{Y_t\}$ 为离散型随机过程。通常所说的时间序列指的就是离散型时间指标集的随机过程。

2. 平稳随机过程

广泛地讲,若一个随机过程的特征(均值和方差)在时间上保持常数,并且在任何两个时期之间的协方差仅依赖于该两时期间的距离或滞后长度,则这个随机过程称为平稳随机过程。在时间序列中这种平稳称为弱平稳(weakly stationary),即随机过程 $\{Y_t\}$ 满足如下的性质时为平稳随机过程。

$$均值: E(Y_t) = \mu \tag{12-1}$$

$$方差: Var(Y_t) = E(Y_t - \mu)^2 = \sigma^2 \tag{12-2}$$

$$协方差: Cov(Y_t, Y_s) = Cov(Y_{t+h}, Y_{s+h}) = r_{t-s} \tag{12-3}$$

如果一个时间序列是平稳的,则不管在什么时间测量,它的均值、方差和自协方差都不会随时间变化而变化。这种时间序列有回到其均值的趋势,而且围绕其均值波动的幅度大致相同。为什么平稳的时间序列这么重要呢?因为如果一个时间序列是非平稳的,那么我们只能研究其在某个期间的行为,并且无法把它推广到其他区间。从预测的角度来讲,这种时间序列没有多大的研究价值。

3. 非平稳随机过程

在经济领域中,我们所得到的许多时间序列观测值大都不是由平稳过程产生的。例如,GDP 在大多数情况下是随着时间的推移而持续增长的,货币供给量在正常状态下会随位移而扩大。其中非平稳序列的经典例子就是随机游走模型,又称随机漫步模型。随机游走模型可以分为三类:不带漂移的随机游走模型(不出现常数项)、带漂移的随机游走模型(存在常数项或截距项)和带趋势的随机游走模型(存在趋势项)。

(1) 不带漂移的随机游走模型。

$$Y_t = Y_{t-1} + u_t \tag{12-4}$$

其中 u_t 是均值为 0,方差为 σ^2 的白噪声误差项,Y_t 在 t 期的值等于其在 $t-1$ 期的值加上一个随机冲击,因此式(12-4)是一个一阶自回归模型,记作 AR(1)模型。

把式(12-4)的每项展开,得

$$\begin{aligned} Y_1 &= Y_0 + u_1 \\ Y_2 &= Y_1 + u_2 = Y_0 + u_1 + u_2 \\ Y_3 &= Y_2 + u_3 = Y_0 + u_1 + u_2 + u_3 \\ &\vdots \\ Y_t &= Y_0 + \Sigma u_t \end{aligned} \tag{12-5}$$

因此,

$$E(Y_t) = E(Y_0 + \Sigma u_t) = Y_0 \tag{12-6}$$

$$\text{Var}(Y_t) = t\sigma^2 \tag{12-7}$$

通常取 Y_0 等于 0,显然不带漂移的随机游走模型不满足平稳随机过程的基本特征,属于非平稳的随机过程。同时,Y_t 等于初始的 Y_0 加上各期随机冲击项之和,结果是一个特定的冲击永远都不会消失,因此我们说随机游走具有无限记忆的能力。

有趣的是,当我们把式(12-4)写成一阶差分形式,即:

$$Y_t - Y_{t-1} = \Delta Y_t = u_t \tag{12-8}$$

发现尽管 Y_t 是非平稳的,但其一阶差分是平稳的,也就是说,一个随机游走时间序列一阶差分是平稳的。这为我们分析非平稳序列提供了新的思路。

(2) 带漂移的随机游走模型。

$$Y_t = \delta + Y_{t-1} + u_t \tag{12-9}$$

其中 δ 称为漂移参数(drift parameter);Y_t 根据 δ 为正或为负而向上或向下漂移,从而保证 Y_t 不会偏离其均值太远。和不带漂移的随机游走模型相同,带漂移的随机游走模型的均值和方差可写为:

$$E(Y_t) = Y_0 + t\delta \tag{12-10}$$

$$\text{Var}(Y_t) = t\sigma^2 \tag{12-11}$$

可见带漂移的 *RMW* 的均值和方差都是随着时间的增加而增加的,同样违背了弱平稳性的条件。因此,不管是带漂移的还是不带漂移的随机游走模型都是非平稳的时间序列。

(3) 带趋势的随机游走模型。

$$Y_t = \delta + \alpha t + Y_{t-1} + u_t \tag{12-12}$$

随机游走如式(12-4)、式(12-9)所示是比较简单的非平稳序列,它们是式(12-

12)的特例。可以证明：

$$E(Y_t) = Y_0 + t\delta + \frac{1}{2}t(t+1)\alpha$$

$$\text{Var}(Y_t) = t\sigma^2$$

它们均是时间 t 的函数，而且随时间发散到无穷大。因而带趋势的随机游走模型是非平稳的时间序列。

特别地，如果 Y_t 可以表示为 $Y_t = \delta + \alpha t + u_t$，其中 u_t 为白噪声序列，那么去掉时间趋势 $\delta + \alpha t$ 之后的部分 $Y_t - (\delta + \alpha t) = u_t$ 就是平稳的，称时间序列 Y_t 为"趋势平稳"。

以上三种情况都可以写成如下形式：

$$Y_t = \omega + \gamma Y_{t-1} + u_t \tag{12-13}$$

当 $\omega = 0$，$\gamma = 1$ 时，式(12-13)为不带漂移的随机游走模型；当 $\omega = \delta$，$\gamma = 1$ 时，式(12-13)为带漂移的随机游走模型；当 $\omega = \delta + \alpha t$，$\gamma = 1$ 时，式(12-13)为带趋势的随机游走模型。

12.2 时间序列平稳性检验

1. 图形分析法

在进行规范的检验之前，可以对所研究的时间序列描点，从而对时间序列的可能性质给出初步线索。图 12-1 和图 12-2 是北京地区 GDP 和财政收入的线图，可以看出，这两个变量都有随着时间变化不断上升的趋势，从而表明 GDP 和财政收入的均值发生了变化。这可能说明这些时间序列是非平稳的，这种直观感受是进行更规范的平稳性检验的起点。

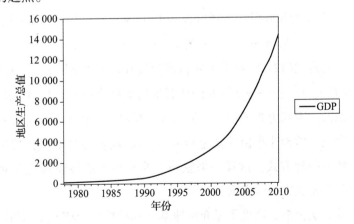

图 12-1　北京地区 1978～2010 年地区生产总值变化趋势图

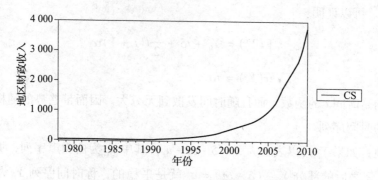

图 12-2　北京地区 1978~2010 年财政收入变化趋势图

2. 单位根检验

对时间序列数据的平稳性判断，除了通过图形直观判断外，运用统计量进行统计检验则更是尤为准确与重要的。单位根(unit root test)检验则是统计检验中最重要的检验方法之一。

在式(12-13)中，如果 $\omega = 0$，则有：

$$Y_t = \gamma Y_{t-1} + u_t \qquad (12\text{-}14)$$

其中 u_t 为白噪声序列，式(12-14)称为一阶自回归过程，记为 AR(1)。

可以证明，当 $|\gamma| < 1$ 时，该序列是平稳的；当 $|\gamma| \geq 1$ 时，则该序列是非平稳的。

将 $Y_t = \gamma Y_{t-1} + u_t$ 写成 $(1 - \gamma L)Y_t = u_t$，其中 L 为滞后运算符，其作用是取时间序列的滞后。如 Y_t 的一期滞后可以表示为 $L(Y_t)$，即 $L(Y_t) = Y_{t-1}$。

Y_t 平稳的条件是特征方程 $1 - \gamma L = 0$ 的根的绝对值大于 1，此方程仅有一个根 $L = 1/\gamma$，即要求 $|\gamma| < 1$。

因此检验 Y_t 平稳的原假设和备择假设为 $H_0: |\gamma| \geq 1$；$H_1: |\gamma| < 1$。

$$Y_t = \gamma_1 Y_{t-1} + \gamma_2 Y_{t-2} + \cdots + \gamma_p Y_{t-p} + u_t \qquad (12\text{-}15)$$

一般地，我们将式(12-15)称为 p 阶自回归过程，记为 AR(p)。可以证明，如果特征方程 $1 - \gamma_1 L - \gamma_2 L^2 - \cdots - \gamma_p L^p = 0$ 的所有根的绝对值均大于 1，则如式(12-15)所示的模型是平稳的，否则为非平稳。如果特征方程有一个根为 1，则称 Y_t 有一个单位根。在某种程度上，检验非平稳性就是检验 $\gamma = 1$，或者说是单位根检验。单位根是表示非平稳性的另一种方式，这样一来就将对非平稳性的检验转化为对单位根的检验，这就是单位根检验方法的由来。

单位根检验方法很多，这里主要介绍迪基－福勒检验(DF 检验)和扩展迪基－福勒检验(ADF 检验)。

3. 迪基-福勒检验(DF 检验)

早在 20 世纪七八十年代,美国学者迪基(Dickey D. A)和福勒(Fuller W. A)在他们一系列文章中建立了一种检验单位根过程的方法,其思想可以用下述步骤表示:

根据观察的数据序列生成下列自回归模型:

$$Y_t = \gamma Y_{t-1} + \mu_t \tag{12-16}$$

得到参数估计量:

$$\hat{\gamma} = \frac{\sum Y_{t-1} Y_t}{\sum Y_{t-1}^2} \tag{12-17}$$

同时构造 t 统计量:

$$t = \frac{\hat{\gamma} - \gamma}{\hat{\sigma}_{\hat{\gamma}}} \tag{12-18}$$

提出假设 $H_0: \gamma = 1$;$H_1: \gamma < 1$。原假设为时间序列是非平稳的,备择假设为时间序列是平稳的。因此检验所用的 t 统计量可以写为:

$$t = \frac{\hat{\gamma} - 1}{\hat{\sigma}_{\hat{\gamma}}} \tag{12-19}$$

经迪基、福勒研究发现,在原假设成立的情况下,Y_t 是非平稳的,该统计量不服从 t 分布,所以不能使用标准 t 分布表中的临界值,但是他们发现该统计量的极限分布是存在的,我们把这种分布称为迪基-福勒分布。根据这一分布所做的检验称为迪基-福勒检验(DF 检验),这时 t 统计量值也称为 τ(读 tao)值。同时迪基、福勒编制了 DF 临界值表,比较 τ 值与 DF 临界值的大小可以判断在某个显著性水平下是拒绝还是接受原假设。

若 t 统计量值小于 DF 检验临界值,则拒绝原假设,说明时间序列不存在单位根。
若 t 统计量值大于 DF 检验临界值,则接受原假设,说明时间序列存在单位根。

此外,迪基和福勒研究发现,DF 检验的临界值与所选用的模型类型以及数据生成的过程有关,因此他们对以下三种类型的模型分别编制了临界值表。

$$Y_t = \gamma Y_{t-1} + u_t \tag{12-20}$$

$$Y_t = \alpha + \gamma Y_{t-1} + u_t \tag{12-21}$$

$$Y_t = \alpha + \beta t + \gamma Y_{t-1} + u_t \tag{12-22}$$

后来麦金农在此基础上加以扩充,形成了目前广泛使用的麦金农临界值表,EViews 软件使用的就是该表。

4. 扩展迪基-福勒检验

在上述使用式(12-20)~式(12-22)对时间序列进行平稳性检验中,实际上假定了时间序列是由一阶自回归过程 AR(1) 生成的，而实际中，可能由更高阶的自回归过程 AR(p) 生成，又或者随机扰动项 u_t 并非白噪声序列，因此直接用 DF 检验会出现偏误。为了保证单位根检验的有效性，人们对 DF 检验进行了扩展，形成了扩展 DF(augmented Dickey-Fuller) 检验，简称 ADF 检验。为了消除模型中的自相关现象，迪基和福勒在原来的 DF 检验所用模型上加入 Y_t 的滞后差分项，因此 ADF 检验的模型采用以下形式。

$$Y_t = \gamma Y_{t-1} + \sum_{i=1}^{p} \alpha_i \Delta Y_{t-i} + u_t \tag{12-23}$$

$$Y_t = \alpha + \gamma Y_{t-1} + \sum_{i=1}^{p} \alpha_i \Delta Y_{t-i} + u_t \tag{12-24}$$

$$Y_t = \alpha + \beta t + \gamma Y_{t-1} + \sum_{i=1}^{p} \alpha_i \Delta Y_{t-i} + u_t \tag{12-25}$$

在 ADF 模型中，引入了 $\Delta Y_{t-i}(i=1,2,3,\cdots,p)$，目的是消除自相关。可以证明，上述模型检验可以和 DF 检验使用相同的临界值表。

实际检验时从如式(12-25)的模型开始，然后是如式(12-24)的模型，如式(12-23)的模型。何时检验拒绝原假设，即原序列不存在单位根，为平稳序列，停止检验；否则，就要继续检验，直到检验完如式(12-23)的模型为止。只要其中有一个模型的检验结果拒绝了原假设，就可以认为时间序列是平稳的。当三个模型的检验结果都不能拒绝原假设时，则认为时间序列式是非平稳的。模型滞后差分项的选取一般选择能保证 μ_t 是白噪声的最小 p 值即可。

【例 12-1】 用上述所学的几种方法对中国 1978～2015 年 GDP 时间序列的平稳性做检验。(数据见教学资源 data12-1，数据来源：《中国统计年鉴2016》)。

解：（1）图形法。绘制线图(见图 12-3)。

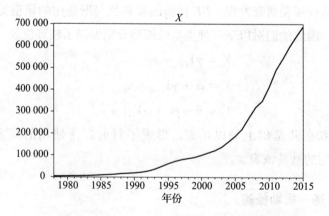

图 12-3　1978～2015 年中国 GDP 趋势图

1978～2015 年中国 GDP 时间序列图表现出一个持续上升的过程，均值显然是非定值。我们初步判断这段时间里 GDP 时间序列是非平稳序列。

（2）DF 检验法：在命令窗口分别输入命令：LS D(X) X(-1)；LS D(X) C X(-1)；LS D(X) C @TREND(1978) X(-1) 得到三个回归方程，X(-1) 对应的 t 检验统计量分别为 14.212 66、10.372 48 和 3.435 541，分别大于 ADF 分布临界值表从 0.01～0.10 的各种显著性水平下的 τ 值。因此三种情况下都不能拒绝原假设，即 GDP 时间序列有一个单位根，也就是非平稳序列。

（3）ADF 检验法。在 Workfile 中双击要检验的序列，点击 View/Unit Root Test，弹出"单位根检验"对话框，如图 12-4 所示。检验方法默认选择的是 ADF 检验。所检验的序列默认选择的是原序列。检验式默认选择的是只包含常数项。检验式中差分项的最大滞后期数可以有七种选择标准，也可以自己定义。

先尝试检验式(12-25)，模型中包含常数项和趋势项，经尝试取滞后长度为 3 进行单位根检验，得到 ADF = -2.164 702，分别大于显

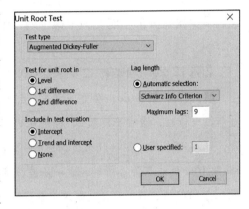

图 12-4　单位根检验

著性水平为 1%、5% 和 10% 的临界值。因此不能拒绝原假设，该序列可能存在单位根，需要进一步做检验。

再尝试检验式(12-24)，模型中仅包含常数项，经尝试取滞后长度为 3 进行单位根检验，得到 ADF = -1.535 012，分别大于显著性水平为 1%、5% 和 10% 的临界值。因此不能拒绝原假设，该序列可能存在单位根，需要进一步做检验。

最后尝试检验式(12-23)，经尝试取滞后长度为 3 进行单位根检验，得到 ADF = -1.508 410，分别大于显著性水平为 1%、5% 和 10% 的临界值，因此也不能拒绝 GDP 存在单位根的假设。

至此可以判断，GDP 时间序列非平稳。

12.3　协整

20 世纪 80 年代发展起来的协整理论是处理非平稳经济变量关系行之有效的方法。该理论自诞生以来受到众多经济学家的重视，并广泛运用于经济问题的研究中。

1. 单整

对于随机游走序列 $Y_t = Y_{t-1} + u_t$，经过一阶差分变换 $\Delta Y_t = Y_t - Y_{t-1} = u_t$ 后是平稳

序列。如果一个时间序列经过一阶差分变成平稳的,就称原序列是一阶单整序列,记为 $I(1)$。若非平稳序列必须经过二阶差分 $\Delta^2 Y_t = \Delta Y_t - \Delta Y_{t-1}$ 才能被变为平稳序列,则称原序列是二阶单整序列,记为 $I(2)$。

一般地,若一个非平稳的时间序列 Y_t 经过 d 阶差分 $\Delta^d Y_t = \Delta(\Delta^{d-1} Y_t)$ 后变为平稳的时间序列,则称这个时间序列是 d 阶单整序列,记为 $I(d)$。平稳序列是 0 阶单整,记为 $I(0)$。

大多数经济变量是一阶单整的,如消费、收入、物价指数等。如果一个序列不管经过多少次差分都不能变为平稳序列,则称这种序列为非单整的。

【例 12-2】 检验例 12-1 中国 GDP 时间序列的单整性。

解:打开 Workfile,双击序列 X,点击 View/Unit Root Test,选择对原序列的一阶差分做单位根检验,滞后阶数选 2,分别从式(12-25)、式(12-24)、式(12-23)检验式开始检验,得到 ADF 值分别为 1.623 589、-2.029 28、0.852 987,均大于显著性水平为 1%、5% 和 10% 的临界值。所以经过一阶差分变换后的 GDP 仍然非平稳。

将 GDP 的二阶差分序列做单位根检验,滞后阶数选 1,分别从式(12-25)、式(12-24)、式(12-23)检验式开始检验,得到 ADF 值分别为 7.232 051、-7.289 263、-6.931 482。以上三种情况得到的 ADF 值均小于显著性水平为 5% 的临界值。

由此可知,GDP 时间序列是二阶单整的,即 GDP ~ $I(2)$。

2. 协整的概念

协整是指多个非平稳变量的某种线性组合是平稳的。例如,收入与消费、工资与价格、政府支出与税收、出口与进口等,这些经济时间序列一般是非平稳序列,但它们之间往往存在长期均衡关系,下面给出协整的严格定义。

若序列 x_{1t},x_{2t},…,x_{kt} 都是 d 阶单整的,且存在向量 $\alpha = (\alpha_1, \alpha_2, \cdots, \alpha_k)$,使得 $z_t = \alpha X_t' \sim I(d-b)$,其中 $(d \geq b > 0)$,$X_t = (x_{1t}, x_{2t}, \cdots, x_{kt})'$,则称序列 x_{1t},x_{2t},…,x_{kt} 是 (d, b) 阶协整,记为 $X_t \sim CI(d, b)$,α 称为协整向量。

关于协整的概念,给予以下说明:当两个变量都是单整变量,且单整阶数相同时,才有可能协整;如果它们的单整阶数不同,则不可能协整。协整概念的提出对于用非平稳变量建立经济计量模型,以检验这些变量之间的长期均衡关系非常重要。

可以证明,如果多个非平稳变量具有协整性,则这些变量可以合成一个平稳序列。这个平稳序列就可以用来描述原变量之间的均衡关系。当且仅当多个非平稳变量之间具有协整性时,由这些变量建立的回归模型才有意义。所以协整性检验也是区别真实回归分析与伪回归分析的有效方法。

3. 协整检验的方法

多元非平稳序列之间能否建立动态回归模型,关键在于它们之间是否具有协整关系。所以要对多元非平稳序列建模必须先进行协整检验。常用的协整检验有两种方法:第一种为基于回归残差的协整检验,这种检验也称为单一方程的协整检验;第二种为基于回归系数的完全信息协整检验。这里我们仅考虑单一方程的情形,而且主要介绍两变量协整关系的 EG 检验。

EG 检验的假设可表示为:

H_0:二元非平稳序列之间不存在协整关系

H_1:二元非平稳序列之间存在协整关系

由于协整关系主要是通过考察回归残差的平稳性来确定的,因此上述假设等同于:

H_0:回归残差序列 u_t 非平稳

H_1:回归残差序列 u_t 平稳

假设两个变量 X_t 和 Y_t 都是 $I(1)$ 序列,用普通最小二乘法给出长期动态回归模型 $Y_t = \alpha_1 + \alpha_2 X_t + u_t$ 的参数估计,然后对模型中的残差项 e_t 进行平稳性检验。如果 X_t 和 Y_t 不是协整的,则它们的任意线性组合都是非平稳的,因此残差序列 e_t 将是非平稳的。简单地说,序列 X_t 和 Y_t 是否存在协整关系就是检验残差 e_t 是否平稳。

一般地,我们有以下两个步骤:

(1) 用 ADF 检验检验各变量的单整阶数。协整回归要求所有的变量都是一阶单整的,因此,高阶单整变量需要进行差分,以获得 $I(1)$ 序列。

(2) 用普通最小二乘法估计长期动态回归方程,用 ADF 检验检验残差的平稳性。

【例 12-3】 检验中国城镇居民人均消费性支出和人均可支配收入之间的协整关系(数据见教学资源 data12-3,数据来源:《中国统计年鉴 2016》)。

解:中国城镇居民人均消费性支出和人均可支配收入,其线图如图 12-5 所示。

经过一阶差分后,序列 ΔLNPC、ΔLNPI 为平稳序列,如图 12-6 所示。

第一步,用 ADF 检验分别对其对数序列进行单整检验。容易验证:当 $\alpha = 0.05$、滞后项 $p = 2$、有常数项、无趋势项时,LNPC ~ $I(1)$;当 $\alpha = 0.05$、滞后项 $p = 2$、有常数项、有趋势项时,LNPI ~ $I(1)$。由此可知,LNPI 和 INPC 是同阶单整的,满足 EG 检验的前提。

第二步,用变量 LNPC 和 LNPI 做普通最小二乘法回归(见表 12-1),并对残差序列进行平稳性检验。

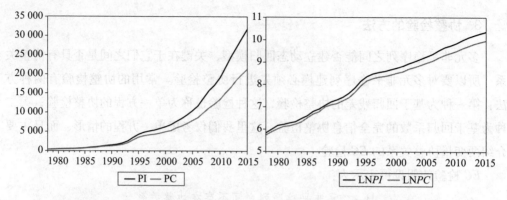

图 12-5　1978~2015 年中国城镇居民人均消费和人均收入及其对数序列

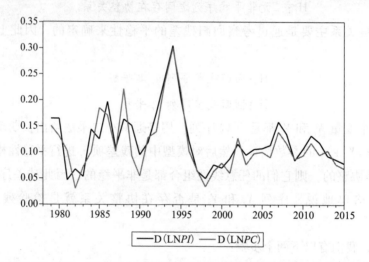

图 12-6　1978~2015 年中国城镇居民人均消费和人均收入一阶差分序列

表 12-1　LNPC 对 LNPI 的回归结果

Dependent Variable：LNPC
Method：ARMAMaximum Likelihood（BFGS）
Date：10/28/17　Time：15:27
Sample：1978 2015
Included observations：38
Convergence achieved after 5 iterations
Coefficient covariance computed using outer product of gradients

Variable	Coefficient	Std. Error	t-Statistic	Prob.
C	0.317294	0.057707	5.498340	0.0000
LNPI	0.933978	0.007733	120.7768	0.0000
AR(1)	0.587353	0.143592	4.090438	0.0002
SIGMASQ	0.000523	0.000106	4.926794	0.0000
R-squared	0.999691	Mean dependent var		7.990811
Adjusted R-squared	0.999663	S. D. dependent var		1.318477
S. E. of regression	0.024186	Akaike info criterion		-4.495624

（续）

Sum squared resid	0.019889	Schwarz criterion	-4.323247
Log likelihood	89.41686	Hannan-Quinn criter.	-4.434294
F-statistic	36639.69	Durbin-Watson stat	2.333768
Prob(F-statistic)	0.000000		

容易验证：当 $\alpha = 0.05$、滞后项 $p = 9$、无常数项和趋势项时，残差序列平稳。检验结果如表12-2所示。

表12-2 残差序列的 ADF 检验结果

Null Hypothesis: E has a unit root			
Exogenous: None			
Lag Length: 2 (Automatic-based on SIC, maxlag = 9)			
		t-Statistic	Prob.*
Augmented Dickey-Fuller test statistic		-2.908773	0.0049
Test critical values:	1% level	-2.632688	
	5% level	-1.950687	
	10% level	-1.611059	

* MacKinnon (1996) one-sided p-values.

上述分析表明，中国城镇居民人均消费性支出与可支配收入存在长期稳定的均衡关系，因此可以建立动态回归模型准确地拟合它们之间的长期互动关系。

4. 误差修正模型

误差修正模型(error correction model，ECM)，由 Davidson、Hendry、Srba 和 Yeo 于1978年提出的，故也称为 DHSY 模型。它常常作为协整回归模型的补充模型出现。

对于非平稳的时间序列模型，通过差分的方法将其化为平稳序列后才能建立经典回归模型，但这样做会引起一些问题：第一，如果 X_t 和 Y_t 存在长期稳定的均衡关系，即 $Y_t = \beta_0 + \beta_1 X_t + u_t$，且误差项不存在序列相关，那么经过差分变换后，即 $\Delta Y_t = \beta_1 \Delta X_t + v_t$，其中 $v_t = u_t - u_{t-1}$，v_t 是一个一阶移动平均的时间序列，因而是序列相关；第二，差分后的模型只表达了 X_t 和 Y_t 的短期关系，没有揭示其长期关系；第三，使用差分变量建立经典回归模型往往很少出现截距项显著为零的情况，即我们常常会得到如下模型 $\Delta Y_t = \hat{\beta}_0 + \hat{\beta}_1 \Delta X_t$，这样，在 X_t 不变的情况下，Y_t 会长期处于上升($\hat{\beta}_0 > 0$)或下降($\hat{\beta}_0 < 0$)的过程中，这意味着 X_t 和 Y_t 之间不存在静态均衡，这与很多经济学理论是相违背的。

为了弥补这些缺陷，并且把短期行为和长期值相联系，并对失衡部分做出纠正，误差修正模型就应运而生了。

假设模型具有(1，1)阶分布滞后形式：

$$Y_t = \beta_0 + \beta_1 X_t + \beta_2 X_{t-1} + \lambda Y_{t-1} + \mu_t \tag{12-26}$$

该模型显示出 Y_t 不仅与 X_t 有关，还与 X_t 的滞后项和 Y_t 自身的滞后项有关，由于变量可能是非平稳的，因此不能直接用普通最小二乘法来估计参数。对式(12-26)做出如下变形：

$$\Delta Y_t = \beta_0 + \beta_1 \Delta X_t + (\beta_1 + \beta_2) X_{t-1} - (1 - \lambda) Y_{t-1} + \mu_t$$

$$= \beta_1 \Delta X_t - (1 - \lambda)\left(Y_{t-1} - \frac{\beta_0}{1-\lambda} - \frac{\beta_1 + \beta_2}{1-\lambda} X_{t-1}\right) + \mu_t \tag{12-27}$$

$$\Delta Y_t = \beta_1 \Delta X_t - \gamma(Y_{t-1} - \alpha_0 - \alpha_1 X_{t-1}) + \mu_t$$

其中 $\gamma = 1 - \lambda$, $\alpha_0 = \frac{\beta_0}{1-\lambda}$, $\alpha_1 = \frac{\beta_1 + \beta_2}{1-\lambda}$。

式(12-27)中，括号内的项就是 $t-1$ 期的非均衡误差项。也就是说，Y_t 的短期波动可以由 X_t 的短期波动以及前一期的非均衡程度，弥补简单差分的不足，Y_t 的值已经对前期的非均衡程度做出了修正。式(12-27)称为一阶误差修正模型(first-order error correction model)，通常写成：

$$\Delta Y_t = \beta_1 \Delta X_t - \gamma ECM_{t-1} + \mu_t \tag{12-28}$$

其中 $ECM_{t-1} = Y_{t-1} - \beta_0 - \beta_1 X_{t-1}$ 表示 $t-1$ 期非均衡误差，γECM_{t-1} 表示误差修正项，$-\gamma$ 称为误差修正系数，表示误差修正项对当期波动的修正力度。如果 γ 在统计上是显著的，则说明 Y_t 在一个时期的失衡有多大比例可以在下一期得到修正。由分布滞后模型式(12-26)可知，一般情况下 $|\lambda| < 1$，由关系式 $\gamma = 1 - \lambda$ 得，$\gamma > 0$，则 $-\gamma < 0$，即误差修正机制是一个负反馈机制。当 $Y_{t-1} < \hat{\beta}_0 + \hat{\beta}_1 X_{t-1}$，即 $ECM_{t-1} < 0$，$-\gamma ECM_{t-1} > 0$ 时，从而使得 ΔY_t 变大，这种误差反馈回来，导致下一期的 Y_t 增加；同理，当 $Y_{t-1} > \hat{\beta}_0 + \hat{\beta}_1 X_{t-1}$，即 $ECM_{t-1} > 0$，$-\gamma ECM_{t-1} < 0$ 时，从而使得 ΔY_t 变小，这种误差反馈回来，导致下一期的 Y_t 回落。所以该模型能对前期误差做出自动修正。

高阶误差修正模型可依照一阶误差修正模型类似建立。

那么，是不是任何变量间的关系总能由一个误差修正模型来表述呢？1978年，著名经济学家恩格尔(Engle)和格兰杰(Granger)提出了著名的 Granger 表述定理。

如果变量 X_t 和 Y_t 是协整的，则它们之间的短期均衡关系总能由一个误差修正模型来表述：

$$\Delta Y_t = lagged(\Delta Y_t, \Delta X_t) - \gamma ECM_{t-1} + \mu_t \tag{12-29}$$

建立误差修正模型一般分为两步。

第一步，建立长期关系模型。先检验两变量的单整阶数，如果都是一阶单整，则用 OLS 法做回归，如果估计结果形成平稳的残差序列，那么这些变量间就存在协整关系，这说明长期关系模型的变量选择是合理的，回归系数具有经济意义。

第二步，建立误差修正模型。由于式(12-29)中非均衡误差项是由第一步求得的残差加入误差修正模型中,因此 ECM 模型中包含的全部差分变量和非均衡误差都具有平稳性,所以可以继续使用 OLS 法估计相应的参数。将长期关系模型各个变量(解释变量和被解释变量)以一阶差分形式重新构造,并将第一步中的残差序列引入模型中,对短期动态关系进行逐项检验,剔除不显著项,直到得到最适当的模型形式。

需要注意的是,在进行变量间的协整检验时,如有必要,可在协整回归式中加入趋势项,这时,对残差项的稳定性检验就无须再设趋势项。另外,第二步中变量的差分滞后项的多少,可以根据残差序列是否存在自相关性来判断。如果存在自相关,则应该加入变量差分的滞后项。

【例 12-4】 根据例 12-3 的结论,建立中国城镇居民人均消费性支出和人均可支配收入的误差修正模型。

解:由例 12-3 的分析,我们知道 LNPC、LNPI 为一阶单整序列,且呈(1,1)阶协整,即回归估计结果形成平稳的残差序列,下面可以建立误差修正模型。

LNPC 和 LNPI 的长期稳定的均衡关系为 $LNPC_t = 0.317294 + 0.933978LNPI_t$,且残差序列 e_t 是平稳序列,以它为误差修正项,利用 $\Delta LNPI_t$ 和 $\Delta LNPC_t$ 进行 OLS 回归,所得结果如表 12-3 所示。

表 12-3 误差修正模型参数估计结果

Dependent Variable: D(LNPC)
Method: Least Squares
Date: 11/26/17   Time: 19:29
Sample (adjusted): 1979 2015
Included observations: 37 after adjustments

Variable	Coefficient	Std. Error	t-Statistic	Prob.
D(LNPI)	0.946209	0.027402	34.53045	0.0000
E(-1)	-0.607275	0.158807	-3.823971	0.0005
R-squared	0.855327	Mean dependent var		0.114337
Adjusted R-squared	0.851193	S.D. dependent var		0.057432
S.E. of regression	0.022155	Akaike info criterion		-4.729010
Sum squared resid	0.017179	Schwarz criterion		-4.641933
Log likelihood	89.48668	Hannan-Quinn criter.		-4.698311
Durbin-Watson stat	2.055746			

ECM 模型回归结果为 $\Delta LNPC_t = 0.946209 \Delta LNPI_t - 0.607275 e_{t-1}$。

上述结果表明,模型拟合度较高,并通过 DW 检验,且 $\Delta LNPI_t$ 和 e_{t-1} 的回归系数均通过 t 检验。说明城镇居民人均可支配收入当期波动对人均消费性支出的当期波动有显著影响,且上期误差对当期人均消费性支出的当期波动调整幅度为 60.7%。

12.4 案例分析

【例 12-5】 根据湖北省城镇居民家庭平均可支配收入和平均消费性支出数据(数据见教学资源 data4-1，数据来源:《湖北省统计年鉴》)，建立误差修正模型。

解：我们用 X 表示居民家庭平均可支配收入，Y 表示居民家庭平均消费性支出，分别取对数进行考察。

第一步：生成 $\ln X$ 和 $\ln Y$ 序列，并画出其走势图，如图 12-7 所示。

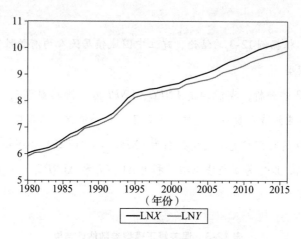

图 12-7　$\ln X$ 和 $\ln Y$ 的线图

第二步：分别对 $\ln Y$ 序列和 $\ln X$ 序列进行单位根检验。打开 $\ln Y$ 序列，点击 View，选择 Unit root test。从图 12-7 中可以看出，序列 $\ln Y$ 有截距项和趋势项，故在 EViews 9.0 中选取截距项和趋势项，同时最大滞后长度取 9 进行单位根检验，检验结果如表 12-4 所示。

表 12-4　$\ln Y$ 的单位根检验结果

Null Hypothesis: LNY has a unit root			
Exogenous: Constant, Linear Trend			
Lag Length: 1 (Automatic-based on SIC, maxlag=9)			
		t-Statistic	Prob.*
Augmented Dickey-Fuller test statistic		-1.572795	0.7834
Test critical values:	1% level	-4.243644	
	5% level	-3.544284	
	10% level	-3.204699	
*MacKinnon (1996) one-sided p-values.			

很明显，t 统计量大于所有显著性水平下的 MacKinnon 临界值，故不能拒绝原假设，该序列是不平稳的。

再看 $\ln X$ 的线性图，从图形中可看出，序列 $\ln X$ 有截距项和趋势项，故在 EViews 9.0 中选取截距项和趋势项,同时最大滞后长度取 9 进行单位根检验,检验结果如表 12-5 所示。

表 12-5　ln$X$ 的单位根检验结果

		t-Statistic	Prob.*
Null Hypothesis：LNX has a unit root			
Exogenous：Constant, Linear Trend			
Lag Length：1（Automatic-based on SIC，maxlag =9）			
Augmented Dickey-Fuller test statistic		−2.164912	0.4934
Test critical values：	1% level	−4.243644	
	5% level	−3.544284	
	10% level	−3.204699	

*MacKinnon (1996) one-sided p-values.

t 统计量大于所有显著性水平下的 MacKinnon 临界值,故不能拒绝原假设,该序列也是不平稳的。

第三步:检验 ln$Y$、ln$X$ 是否同阶单整。一阶差分后的 ln$Y$ 序列有截距项,无趋势项,故在 EViews 9.0 中选取截距项,同时最大滞后长度取 9 进行单位根检验,检验结果如表 12-6 所示。

表 12-6　ln$Y$ 的一阶差分的单位根检验结果

		t-Statistic	Prob.*
Null Hypothesis：D(LNY) has a unit root			
Exogenous：Constant			
Lag Length：0（Automatic-based on SIC，maxlag =9）			
Augmented Dickey-Fuller test statistic		−3.733449	0.0078
Test critical values：	1% level	−3.632900	
	5% level	−2.948404	
	10% level	−2.612874	

*MacKinnon (1996) one-sided p-values.

t 统计量小于所有显著性水平下的 MacKinnon 临界值,故拒绝原假设,一阶差分后的序列是平稳的,所以 ln$Y \sim I(1)$。一阶差分后的 ln$X$ 序列有截距项,无趋势项,故在 EViews 9.0 中选取截距项,同时最大滞后长度取 9 进行单位根检验,检验结果如表 12-7 所示。

表 12-7　ln$X$ 的一阶差分的单位根检验结果

		t-Statistic	Prob.*
Null Hypothesis：D(LNX) has a unit root			
Exogenous：Constant			
Lag Length：1（Automatic-based on SIC，maxlag =9）			
Augmented Dickey-Fuller test statistic		−3.418179	0.0172
Test critical values：	1% level	−3.639407	
	5% level	−2.951125	
	10% level	−2.614300	

*MacKinnon (1996) one-sided p-values.

t 统计量小于 5% 显著性水平下的 MacKinnon 临界值,故拒绝原假设,一次差分后的序列是平稳的,所以 $\ln X \sim I(1)$,故 $\ln Y$、$\ln X$ 是同阶单整的。

第四步:建立协整回归方程,$\ln Y_t = \beta_0 + \beta_1 \ln X_t + u_t$,输入命令:ls lny c lnx ar(1),得到估计的回归结果如表 12-8 所示。

表 12-8 $\ln Y$ 对 $\ln X$ 的回归结果

Dependent Variable: LNY
Method: ARMA Maximum Likelihood (BFGS)
Date: 11/26/17 Time: 19:53
Sample: 1980 2016
Included observations: 37
Convergence achieved after 5 iterations
Coefficient covariance computed using outer product of gradients

Variable	Coefficient	Std. Error	t-Statistic	Prob.
C	0.334115	0.089797	3.720783	0.0007
LNX	0.933509	0.011526	80.98931	0.0000
AR(1)	0.719648	0.166633	4.318760	0.0001
SIGMASQ	0.000736	0.000194	3.797788	0.0006

R-squared	0.999505	Mean dependent var		8.067865
Adjusted R-squared	0.999460	S. D. dependent var		1.236092
S. E. of regression	0.028734	Akaike info criterion		-4.139968
Sum squared resid	0.027246	Schwarz criterion		-3.965815
Log likelihood	80.58941	Hannan-Quinn criter.		-4.078571
F-statistic	22196.52	Durbin-Watson stat		2.493405
Prob(F-statistic)	0.000000			

第五步:检查回归残差的平稳性。先定义 genr e = resid,选择无截距项、无趋势项的 ADF 检验,其结果如表 12-9 所示。

表 12-9 残差序列的单位根检验结果

Null Hypothesis: E has a unit root
Exogenous: None
Lag Length: 0 (Automatic-based on SIC, maxlag = 9)

		t-Statistic	Prob.*
Augmented Dickey-Fuller test statistic		-7.942996	0.0000
Test critical values:	1% level	-2.630762	
	5% level	-1.950394	
	10% level	-1.611202	

*MacKinnon (1996) one-sided p-values.

由上表可知,t 统计量小于各个显著性水平下的 MacKinnon 临界值,表明残差序列不存在单位根，是平稳序列，所以 lnY、lnX 间存在协整关系，表明两者间存在着长期均衡关系。

第六步：建立误差修正模型。在命令栏输入命令 lsd(lny) d(lnx) e(-1)，得到回归的估计结果如表 12-10 所示。

表 12-10　误差修正模型的估计结果

Dependent Variable：D(LNY)				
Method：Least Squares				
Date：11/26/17　Time：21:41				
Sample (adjusted)：1981 2016				
Included observations：36 after adjustments				
Variable	Coefficient	Std. Error	t-Statistic	Prob.
D(LNX)	0.958138	0.032422	29.55242	0.0000
E(-1)	-0.557749	0.155083	-3.596453	0.0010
R-squared	0.852756	Mean dependent var		0.110941
Adjusted R-squared	0.848425	S. D. dependent var		0.065592
S. E. of regression	0.025537	Akaike info criterion		-4.443452
Sum squared resid	0.022172	Schwarz criterion		-4.355479
Log likelihood	81.98213	Hannan-Quinn criter.		-4.412747
Durbin-Watson stat	1.986679			

回归方程为 $\Delta \ln Y_t = 0.958138 \Delta \ln X_t - 0.557749 e_{t-1}$。

由结果看出，模型拟合度较高，方程通过 DW 检验，且 D(LNX)、e_{t-1} 项的回归系数通过 t 检验，误差修正系数为负，符合反向修正机制。说明湖北省城镇居民家庭平均可支配收入当期波动对平均消费性支出的当期波动有显著影响，上期误差对当期波动的影响也高度显著；同时，从回归系数的绝对值大小可以看出，平均可支配收入的当期波动对平均消费性支出的当期波动调整幅度很大，每增加 1 元的平均可支配收入便会增加 0.958138 元的平均消费性支出，上期误差对当期平均消费性支出的当期波动调整幅度也相当大，单位调整比例为 -0.557749。

本章小结

大多数的经济时间序列是非平稳的，如果直接把非平稳时间序列当作平稳时间序列来进行回归，很可能导致伪回归问题。造成伪回归的根本原因在于时间序列的非平稳性，因此首先需要对序列的平稳性进行检验。时间序列平稳性检验的方法主要有两种：图示法和单位根检验法。

学习建议

在本章的学习中重点掌握时间序列的一些基本概念，学会运用 EViews 软件进行 ADF 检验、协整检验，并建立误差修正模型。

1. 本章重点

平稳性　　非平稳模型　　伪回归　　随机过程　　协整　　误差修正模型

2. 本章难点

时间序列的平稳性检验　　误差修正模型的设立

核心概念

时间序列　　单位根检验　　协整　　误差修正

课后思考与练习

1. 在对时间序列进行分析时为什么要考虑平稳性问题？
2. 什么是非平稳时间序列，为什么随机游走模型是非平稳的？
3. 单位根检验的步骤有哪些？
4. 什么是协整关系？如何判断变量之间是否存在协整关系？
5. 误差修正模型有哪些特点？如何建立误差修正模型？

上机实验

实验目的

（1）收集、整理数据。
（2）掌握 EViews 的基本操作。
（3）掌握时间序列的平稳性检验和两变量协整检验。
（4）建立我国财政收入与税收的回归方程，并进行协整检验。

实验步骤和内容

1. 收集、整理数据。

以国家统计局公布的官方数据为准。

（1）登录国家统计局网站。
（2）进入"统计数据"—"年度数据"—"中国统计年鉴"。
（3）查找"财政收入""税收"的时间序列数据，并下载。
（4）整理数据。设定"财政收入"为被解释变量，"税收"为解释变量。

2. EViews 的基本操作

（1）建立"工作文件"。
（2）建立"工作对象"。
（3）录入数据。
（4）对两个变量取对数，分别生成对数序列。

扫二维码可详细了解上机实验操作过程。

(5) 判断 LnY 和 LnX 的平稳性，检验它们之间是否存在协整关系。

(6) 如果协整，就建立相应的协整模型。

3. 实验要求与结果

在实验报告中记录 EViews 的基本操作的步骤，并报告以下内容。

(1) 建立我国财政收入与税收的一元线性回归方程。

(2) 对上述两个一元线性回归进行检验（经济意义检验、拟合优度检验、统计检验）。

(3) 两变量单位根检验的结果。

(4) 两变量协整检验的结果。

扫二维码可详细了解上机实验操作过程。

Appendix A

附录 A

标准正态分布表

$$\Phi(z) = \int_{-\infty}^{z} \frac{1}{\sqrt{2\pi}} e^{-\frac{x^2}{2}} dx$$

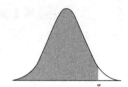

z	0.00	0.01	0.02	0.03	0.04	0.05	0.06	0.07	0.08	0.09
0.0	0.500 000	0.503 989	0.507 978	0.511 966	0.515 953	0.519 939	0.523 922	0.527 903	0.531 881	0.535 856
0.1	0.539 828	0.543 795	0.547 758	0.551 717	0.555 670	0.559 618	0.563 559	0.567 495	0.571 424	0.575 345
0.2	0.579 260	0.583 166	0.587 064	0.590 954	0.594 835	0.598 706	0.602 568	0.606 420	0.610 261	0.614 092
0.3	0.617 911	0.621 720	0.625 516	0.629 300	0.633 072	0.636 831	0.640 576	0.644 309	0.648 027	0.651 732
0.4	0.655 422	0.659 097	0.662 757	0.666 402	0.670 031	0.673 645	0.677 242	0.680 822	0.684 386	0.687 933
0.5	0.691 462	0.694 974	0.698 468	0.701 944	0.705 401	0.708 840	0.712 260	0.715 661	0.719 043	0.722 405
0.6	0.725 747	0.729 069	0.732 371	0.735 653	0.738 914	0.742 154	0.745 373	0.748 571	0.751 748	0.754 903
0.7	0.758 036	0.761 148	0.764 238	0.767 305	0.770 350	0.773 373	0.776 373	0.779 350	0.782 305	0.785 236
0.8	0.788 145	0.791 030	0.793 892	0.796 731	0.799 546	0.802 337	0.805 105	0.807 850	0.810 570	0.813 267
0.9	0.815 940	0.818 589	0.821 214	0.823 814	0.826 391	0.828 944	0.831 472	0.833 977	0.836 457	0.838 913
1.0	0.841 345	0.843 752	0.846 136	0.848 495	0.850 830	0.853 141	0.855 428	0.857 690	0.859 929	0.862 143
1.1	0.864 334	0.866 500	0.868 643	0.870 762	0.872 857	0.874 928	0.876 976	0.879 000	0.881 000	0.882 977
1.2	0.884 930	0.886 861	0.888 768	0.890 651	0.892 512	0.894 350	0.896 165	0.897 958	0.899 727	0.901 475
1.3	0.903 200	0.904 902	0.906 582	0.908 241	0.909 877	0.911 492	0.913 085	0.914 657	0.916 207	0.917 736
1.4	0.919 243	0.920 730	0.922 196	0.923 641	0.925 066	0.926 471	0.927 855	0.929 219	0.930 563	0.931 888
1.5	0.933 193	0.934 478	0.935 745	0.936 992	0.938 220	0.939 429	0.940 620	0.941 792	0.942 947	0.944 083
1.6	0.945 201	0.946 301	0.947 384	0.948 449	0.949 497	0.950 529	0.951 543	0.952 540	0.953 521	0.954 486
1.7	0.955 435	0.956 367	0.957 284	0.958 185	0.959 070	0.959 941	0.960 796	0.961 636	0.962 462	0.963 273
1.8	0.964 070	0.964 852	0.965 620	0.966 375	0.967 116	0.967 843	0.968 557	0.969 258	0.969 946	0.970 621
1.9	0.971 283	0.971 933	0.972 571	0.973 197	0.973 810	0.974 412	0.975 002	0.975 581	0.976 148	0.976 705
2.0	0.977 250	0.977 784	0.978 308	0.978 822	0.979 325	0.979 818	0.980 301	0.980 774	0.981 237	0.981 691
2.1	0.982 136	0.982 571	0.982 997	0.983 414	0.983 823	0.984 222	0.984 614	0.984 997	0.985 371	0.985 738

(续)

z	0.00	0.01	0.02	0.03	0.04	0.05	0.06	0.07	0.08	0.09
2.2	0.986 097	0.986 447	0.986 791	0.987 126	0.987 455	0.987 776	0.988 089	0.988 396	0.988 696	0.988 989
2.3	0.989 276	0.989 556	0.989 830	0.990 097	0.990 358	0.990 613	0.990 863	0.991 106	0.991 344	0.991 576
2.4	0.991 802	0.992 024	0.992 240	0.992 451	0.992 656	0.992 857	0.993 053	0.993 244	0.993 431	0.993 613
2.5	0.993 790	0.993 963	0.994 132	0.994 297	0.994 457	0.994 614	0.994 766	0.994 915	0.995 060	0.995 201
2.6	0.995 339	0.995 473	0.995 604	0.995 731	0.995 855	0.995 975	0.996 093	0.996 207	0.996 319	0.996 427
2.7	0.996 533	0.996 636	0.996 736	0.996 833	0.996 928	0.997 020	0.997 110	0.997 197	0.997 282	0.997 365
2.8	0.997 445	0.997 523	0.997 599	0.997 673	0.997 744	0.997 814	0.997 882	0.997 948	0.998 012	0.998 074
2.9	0.998 134	0.998 193	0.998 250	0.998 305	0.998 359	0.998 411	0.998 462	0.998 511	0.998 559	0.998 605
3.0	0.998 650	0.998 694	0.998 736	0.998 777	0.998 817	0.998 856	0.998 893	0.998 930	0.998 965	0.998 999

Appendix B
附录 B

t 分布表

$$p\{t(k) > t_\alpha(k)\} = \alpha$$

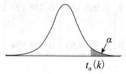

α \ k	0.10	0.05	0.025	0.01	0.005
1	3.077 684	6.313 752	12.706 205	31.820 516	63.656 741
2	1.885 618	2.919 986	4.302 653	6.964 557	9.924 843
3	1.637 744	2.353 363	3.182 446	4.540 703	5.840 909
4	1.533 206	2.131 847	2.776 445	3.746 947	4.604 095
5	1.475 884	2.015 048	2.570 582	3.364 930	4.032 143
6	1.439 756	1.943 180	2.446 912	3.142 668	3.707 428
7	1.414 924	1.894 579	2.364 624	2.997 952	3.499 483
8	1.396 815	1.859 548	2.306 004	2.896 459	3.355 387
9	1.383 029	1.833 113	2.262 157	2.821 438	3.249 836
10	1.372 184	1.812 461	2.228 139	2.763 769	3.169 273
11	1.363 430	1.795 885	2.200 985	2.718 079	3.105 807
12	1.356 217	1.782 288	2.178 813	2.680 998	3.054 540
13	1.350 171	1.770 933	2.160 369	2.650 309	3.012 276
14	1.345 030	1.761 310	2.144 787	2.624 494	2.976 843
15	1.340 606	1.753 050	2.131 450	2.602 480	2.946 713
16	1.336 757	1.745 884	2.119 905	2.583 487	2.920 782
17	1.333 379	1.739 607	2.109 816	2.566 934	2.898 231
18	1.330 391	1.734 064	2.100 922	2.552 380	2.878 440
19	1.327 728	1.729 133	2.093 024	2.539 483	2.860 935
20	1.325 341	1.724 718	2.085 963	2.527 977	2.845 340
21	1.323 188	1.720 743	2.079 614	2.517 648	2.831 360
22	1.321 237	1.717 144	2.073 873	2.508 325	2.818 756
23	1.319 460	1.713 872	2.068 658	2.499 867	2.807 336
24	1.317 836	1.710 882	2.063 899	2.492 159	2.796 940
25	1.316 345	1.708 141	2.059 539	2.485 107	2.787 436

（续）

α\k	0.10	0.05	0.025	0.01	0.005
26	1.314 972	1.705 618	2.055 529	2.478 630	2.778 715
27	1.313 703	1.703 288	2.051 831	2.472 660	2.770 683
28	1.312 527	1.701 131	2.048 407	2.467 140	2.763 262
29	1.311 434	1.699 127	2.045 230	2.462 021	2.756 386
30	1.310 415	1.697 261	2.042 272	2.457 262	2.749 996
31	1.309 464	1.695 519	2.039 513	2.452 824	2.744 042
32	1.308 573	1.693 889	2.036 933	2.448 678	2.738 481
33	1.307 737	1.692 360	2.034 515	2.444 794	2.733 277
34	1.306 952	1.690 924	2.032 245	2.441 150	2.728 394
35	1.306 212	1.689 572	2.030 108	2.437 723	2.723 806
36	1.305 514	1.688 298	2.028 094	2.434 494	2.719 485
37	1.304 854	1.687 094	2.026 192	2.431 447	2.715 409
38	1.304 230	1.685 954	2.024 394	2.428 568	2.711 558
39	1.303 639	1.684 875	2.022 691	2.425 841	2.707 913
40	1.303 077	1.683 851	2.021 075	2.423 257	2.704 459
41	1.302 543	1.682 878	2.019 541	2.420 803	2.701 181
42	1.302 035	1.681 952	2.018 082	2.418 470	2.698 066
43	1.301 552	1.681 071	2.016 692	2.416 250	2.695 102
44	1.301 090	1.680 230	2.015 368	2.414 134	2.692 278
45	1.300 649	1.679 427	2.014 103	2.412 116	2.689 585
46	1.300 228	1.678 660	2.012 896	2.410 188	2.687 013
47	1.299 825	1.677 927	2.011 741	2.408 345	2.684 556
48	1.299 439	1.677 224	2.010 635	2.406 581	2.682 204
49	1.299 069	1.676 551	2.009 575	2.404 892	2.679 952
50	1.298 714	1.675 905	2.008 559	2.403 272	2.677 793
51	1.298 373	1.675 285	2.007 584	2.401 718	2.675 722
52	1.298 045	1.674 689	2.006 647	2.400 225	2.673 734
53	1.297 730	1.674 116	2.005 746	2.398 790	2.671 823
54	1.297 426	1.673 565	2.004 879	2.397 410	2.669 985
55	1.297 134	1.673 034	2.004 045	2.396 081	2.668 216
56	1.296 853	1.672 522	2.003 241	2.394 801	2.666 512
57	1.296 581	1.672 029	2.002 465	2.393 568	2.664 870
58	1.296 319	1.671 553	2.001 717	2.392 377	2.663 287
59	1.296 066	1.671 093	2.000 995	2.391 229	2.661 759
60	1.295 821	1.670 649	2.000 298	2.390 119	2.660 283
61	1.295 585	1.670 219	1.999 624	2.389 047	2.658 857
62	1.295 356	1.669 804	1.998 972	2.388 011	2.657 479
63	1.295 134	1.669 402	1.998 341	2.387 008	2.656 145
64	1.294 920	1.669 013	1.997 730	2.386 037	2.654 854
65	1.294 712	1.668 636	1.997 138	2.385 097	2.653 604

(续)

α \ k	0.10	0.05	0.025	0.01	0.005
66	1.294 511	1.668 271	1.996 564	2.384 186	2.652 394
67	1.294 315	1.667 916	1.996 008	2.383 302	2.651 220
68	1.294 126	1.667 572	1.995 469	2.382 446	2.650 081
69	1.293 942	1.667 239	1.994 945	2.381 615	2.648 977
70	1.293 763	1.666 914	1.994 437	2.380 807	2.647 905
71	1.293 589	1.666 600	1.993 943	2.380 024	2.646 863
72	1.293 421	1.666 294	1.993 464	2.379 262	2.645 852
73	1.293 256	1.665 996	1.992 997	2.378 522	2.644 869
74	1.293 097	1.665 707	1.992 543	2.377 802	2.643 913
75	1.292 941	1.665 425	1.992 102	2.377 102	2.642 983
76	1.292 790	1.665 151	1.991 673	2.376 420	2.642 078
77	1.292 643	1.664 885	1.991 254	2.375 757	2.641 198
78	1.292 500	1.664 625	1.990 847	2.375 111	2.640 340
79	1.292 360	1.664 371	1.990 450	2.374 482	2.639 505
80	1.292 224	1.664 125	1.990 063	2.373 868	2.638 691
81	1.292 091	1.663 884	1.989 686	2.373 270	2.637 897
82	1.291 961	1.663 649	1.989 319	2.372 687	2.637 123
83	1.291 835	1.663 420	1.988 960	2.372 119	2.636 369
84	1.291 711	1.663 197	1.988 610	2.371 564	2.635 632
85	1.291 591	1.662 978	1.988 268	2.371 022	2.634 914
86	1.291 473	1.662 765	1.987 934	2.370 493	2.634 212
87	1.291 358	1.662 557	1.987 608	2.369 977	2.633 527
88	1.291 246	1.662 354	1.987 290	2.369 472	2.632 858
89	1.291 136	1.662 155	1.986 979	2.368 979	2.632 204
90	1.291 029	1.661 961	1.986 675	2.368 497	2.631 565
91	1.290 924	1.661 771	1.986 377	2.368 026	2.630 940
92	1.290 821	1.661 585	1.986 086	2.367 566	2.630 330
93	1.290 721	1.661 404	1.985 802	2.367 115	2.629 732
94	1.290 623	1.661 226	1.985 523	2.366 674	2.629 148
95	1.290 527	1.661 052	1.985 251	2.366 243	2.628 576
96	1.290 432	1.660 881	1.984 984	2.365 821	2.628 016
97	1.290 340	1.660 715	1.984 723	2.365 407	2.627 468
98	1.290 250	1.660 551	1.984 467	2.365 002	2.626 931
99	1.290 161	1.660 391	1.984 217	2.364 606	2.626 405
100	1.290 075	1.660 234	1.983 972	2.364 217	2.625 891

Appendix C
附录 C

χ^2 分布表

$$p\{\chi^2(k) > \chi^2_\alpha(k)\} = \alpha$$

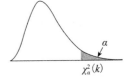

α k	0.995	0.99	0.975	0.95	0.90	0.75	0.25	0.10	0.05	0.025	0.01	0.005
1	0.0000	0.0002	0.0010	0.0039	0.0158	0.1015	1.3233	2.7055	3.8415	5.0239	6.6349	7.8794
2	0.0100	0.0201	0.0506	0.1026	0.2107	0.5754	2.7726	4.6052	5.9915	7.3778	9.2103	10.5966
3	0.0717	0.1148	0.2158	0.3518	0.5844	1.2125	4.1083	6.2514	7.8147	9.3484	11.3449	12.8382
4	0.2070	0.2971	0.4844	0.7107	1.0636	1.9226	5.3853	7.7794	9.4877	11.1433	13.2767	14.8603
5	0.4117	0.5543	0.8312	1.1455	1.6103	2.6746	6.6257	9.2364	11.0705	12.8325	15.0863	16.7496
6	0.6757	0.8721	1.2373	1.6354	2.2041	3.4546	7.8408	10.6446	12.5916	14.4494	16.8119	18.5476
7	0.9893	1.2390	1.6899	2.1673	2.8331	4.2549	9.0371	12.0170	14.0671	16.0128	18.4753	20.2777
8	1.3444	1.6465	2.1797	2.7326	3.4895	5.0706	10.2189	13.3616	15.5073	17.5346	20.0902	21.9550
9	1.7349	2.0879	2.7004	3.3251	4.1682	5.8988	11.3888	14.6837	16.9190	19.0228	21.6660	23.5894
10	2.1559	2.5582	3.2470	3.9403	4.8652	6.7372	12.5489	15.9872	18.3070	20.4832	23.2093	25.1882
11	2.6032	3.0535	3.8157	4.5748	5.5778	7.5841	13.7007	17.2750	19.6751	21.9200	24.7250	26.7568
12	3.0738	3.5706	4.4038	5.2260	6.3038	8.4384	14.8454	18.5493	21.0261	23.3367	26.2170	28.2995
13	3.5650	4.1069	5.0088	5.8919	7.0415	9.2991	15.9839	19.8119	22.3620	24.7356	27.6882	29.8195
14	4.0747	4.6604	5.6287	6.5706	7.7895	10.1653	17.1169	21.0641	23.6848	26.1189	29.1412	31.3193
15	4.6009	5.2293	6.2621	7.2609	8.5468	11.0365	18.2451	22.3071	24.9958	27.4884	30.5779	32.8013
16	5.1422	5.8122	6.9077	7.9616	9.3122	11.9122	19.3689	23.5418	26.2962	28.8454	31.9999	34.2672
17	5.6972	6.4078	7.5642	8.6718	10.0852	12.7919	20.4887	24.7690	27.5871	30.1910	33.4087	35.7185
18	6.2648	7.0149	8.2307	9.3905	10.8649	13.6753	21.6049	25.9894	28.8693	31.5264	34.8053	37.1565
19	6.8440	7.6327	8.9065	10.1170	11.6509	14.5620	22.7178	27.2036	30.1435	32.8523	36.1909	38.5823
20	7.4338	8.2604	9.5908	10.8508	12.4426	15.4518	23.8277	28.4120	31.4104	34.1696	37.5662	39.9968
21	8.0337	8.8972	10.2829	11.5913	13.2396	16.3444	24.9348	29.6151	32.6706	35.4789	38.9322	41.4011

(续)

k \ α	0.995	0.99	0.975	0.95	0.90	0.75	0.25	0.10	0.05	0.025	0.01	0.005
22	8.6427	9.5425	10.9823	12.3380	14.0415	17.2396	26.0393	30.8133	33.9244	36.7807	40.2894	42.7957
23	9.2604	10.1957	11.6886	13.0905	14.8480	18.1373	27.1413	32.0069	35.1725	38.0756	41.6384	44.1813
24	9.8862	10.8564	12.4012	13.8484	15.6587	19.0373	28.2412	33.1962	36.4150	39.3641	42.9798	45.5585
25	10.5197	11.5240	13.1197	14.6114	16.4734	19.9393	29.3389	34.3816	37.6525	40.6465	44.3141	46.9279
26	11.1602	12.1981	13.8439	15.3792	17.2919	20.8434	30.4346	35.5632	38.8851	41.9232	45.6417	48.2899
27	11.8076	12.8785	14.5734	16.1514	18.1139	21.7494	31.5284	36.7412	40.1133	43.1945	46.9629	49.6449
28	12.4613	13.5647	15.3079	16.9279	18.9392	22.6572	32.6205	37.9159	41.3371	44.4608	48.2782	50.9934
29	13.1211	14.2565	16.0471	17.7084	19.7677	23.5666	33.7109	39.0875	42.5570	45.7223	49.5879	52.3356
30	13.7867	14.9535	16.7908	18.4927	20.5992	24.4776	34.7997	40.2560	43.7730	46.9792	50.8922	53.6720
31	14.4578	15.6555	17.5387	19.2806	21.4336	25.3901	35.8871	41.4217	44.9853	48.2319	52.1914	55.0027
32	15.1340	16.3622	18.2908	20.0719	22.2706	26.3041	36.9730	42.5847	46.1943	49.4804	53.4858	56.3281
33	15.8153	17.0735	19.0467	20.8665	23.1102	27.2194	38.0575	43.7452	47.3999	50.7251	54.7755	57.6484
34	16.5013	17.7891	19.8063	21.6643	23.9523	28.1361	39.1408	44.9032	48.6024	51.9660	56.0609	58.9639
35	17.1918	18.5089	20.5694	22.4650	24.7967	29.0540	40.2228	46.0588	49.8018	53.2033	57.3421	60.2748
36	17.8867	19.2327	21.3359	23.2686	25.6433	29.9730	41.3036	47.2122	50.9985	54.4373	58.6192	61.5812
37	18.5858	19.9602	22.1056	24.0749	26.4921	30.8933	42.3833	48.3634	52.1923	55.6680	59.8925	62.8833
38	19.2889	20.6914	22.8785	24.8839	27.3430	31.8146	43.4619	49.5126	53.3835	56.8955	61.1621	64.1814
39	19.9959	21.4262	23.6543	25.6954	28.1958	32.7369	44.5395	50.6598	54.5722	58.1201	62.4281	65.4756
40	20.7065	22.1643	24.4330	26.5093	29.0505	33.6603	45.6160	51.8051	55.7585	59.3417	63.6907	66.7660
41	21.4208	22.9056	25.2145	27.3256	29.9071	34.5846	46.6916	52.9485	56.9424	60.5606	64.9501	68.0527
42	22.1385	23.6501	25.9987	28.1440	30.7654	35.5099	47.7663	54.0902	58.1240	61.7768	66.2062	69.3360
43	22.8595	24.3976	26.7854	28.9647	31.6255	36.4361	48.8400	55.2302	59.3035	62.9904	67.4593	70.6159
44	23.5837	25.1480	27.5746	29.7875	32.4871	37.3631	49.9129	56.3685	60.4809	64.2015	68.7095	71.8926
45	24.3110	25.9013	28.3662	30.6123	33.3504	38.2910	50.9849	57.5053	61.6562	65.4102	69.9568	73.1661
46	25.0413	26.6572	29.1601	31.4390	34.2152	39.2197	52.0562	58.6405	62.8296	66.6165	71.2014	74.4365
47	25.7746	27.4158	29.9562	32.2676	35.0814	40.1492	53.1267	59.7743	64.0011	67.8206	72.4433	75.7041
48	26.5106	28.1770	30.7545	33.0981	35.9491	41.0794	54.1964	60.9066	65.1708	69.0226	73.6826	76.9688
49	27.2493	28.9406	31.5549	33.9303	36.8185	42.0104	55.2653	62.0375	66.3386	70.2224	74.9195	78.2307
50	27.9907	29.7067	32.3574	34.7643	37.6886	42.9421	56.3336	63.1671	67.5048	71.4202	76.1539	79.4900

Appendix D
附录 D

F 分布表

$$p\{F(k_1,k_2) > F_\alpha(k_1,k_2)\} = \alpha$$

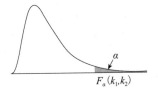

($\alpha = 0.10$)

k_2 \ k_1	1	2	3	4	5	6	7	8	9	10	12	15	20	24	30	40	60	120	∞
1	39.86	49.50	53.59	55.83	57.24	58.20	58.91	59.44	59.86	60.19	60.71	61.22	61.74	62.00	62.26	62.53	62.79	63.06	63.33
2	8.53	9.00	9.16	9.24	9.29	9.33	9.35	9.37	9.38	9.39	9.41	9.42	9.44	9.45	9.46	9.47	9.47	9.48	9.49
3	5.54	5.46	5.39	5.34	5.31	5.28	5.27	5.25	5.24	5.23	5.22	5.20	5.18	5.18	5.17	5.16	5.15	5.14	5.13
4	4.54	4.32	4.19	4.11	4.05	4.01	3.98	3.95	3.94	3.92	3.90	3.87	3.84	3.83	3.82	3.80	3.79	3.78	3.76
5	4.06	3.78	3.62	3.52	3.45	3.40	3.37	3.34	3.32	3.30	3.27	3.24	3.21	3.19	3.17	3.16	3.14	3.12	3.11
6	3.78	3.46	3.29	3.18	3.11	3.05	3.01	2.98	2.96	2.94	2.90	2.87	2.84	2.82	2.80	2.78	2.76	2.74	2.72
7	3.59	3.26	3.07	2.96	2.88	2.83	2.78	2.75	2.72	2.70	2.67	2.63	2.59	2.58	2.56	2.54	2.51	2.49	2.47
8	3.46	3.11	2.92	2.81	2.73	2.67	2.62	2.59	2.56	2.54	2.50	2.46	2.42	2.40	2.38	2.36	2.34	2.32	2.29
9	3.36	3.01	2.81	2.69	2.61	2.55	2.51	2.47	2.44	2.42	2.38	2.34	2.30	2.28	2.25	2.23	2.21	2.18	2.16
10	3.29	2.92	2.73	2.61	2.52	2.46	2.41	2.38	2.35	2.32	2.28	2.24	2.20	2.18	2.16	2.13	2.11	2.08	2.06
11	3.23	2.86	2.66	2.54	2.45	2.39	2.34	2.30	2.27	2.25	2.21	2.17	2.12	2.10	2.08	2.05	2.03	2.00	1.97
12	3.18	2.81	2.61	2.48	2.39	2.33	2.28	2.24	2.21	2.19	2.15	2.10	2.06	2.04	2.01	1.99	1.96	1.93	1.90
13	3.14	2.76	2.56	2.43	2.35	2.28	2.23	2.20	2.16	2.14	2.10	2.05	2.01	1.98	1.96	1.93	1.90	1.88	1.85
14	3.10	2.73	2.52	2.39	2.31	2.24	2.19	2.15	2.12	2.10	2.05	2.01	1.96	1.94	1.91	1.89	1.86	1.83	1.80
15	3.07	2.70	2.49	2.36	2.27	2.21	2.16	2.12	2.09	2.06	2.02	1.97	1.92	1.90	1.87	1.85	1.82	1.79	1.76
16	3.05	2.67	2.46	2.33	2.24	2.18	2.13	2.09	2.06	2.03	1.99	1.94	1.89	1.87	1.84	1.81	1.78	1.75	1.72
17	3.03	2.64	2.44	2.31	2.22	2.15	2.10	2.06	2.03	2.00	1.96	1.91	1.86	1.84	1.81	1.78	1.75	1.72	1.69
18	3.01	2.62	2.42	2.29	2.20	2.13	2.08	2.04	2.00	1.98	1.93	1.89	1.84	1.81	1.78	1.75	1.72	1.69	1.66
19	2.99	2.61	2.40	2.27	2.18	2.11	2.06	2.02	1.98	1.96	1.91	1.86	1.81	1.79	1.76	1.73	1.70	1.67	1.63
20	2.97	2.59	2.38	2.25	2.16	2.09	2.04	2.00	1.96	1.94	1.89	1.84	1.79	1.77	1.74	1.71	1.68	1.64	1.61
21	2.96	2.57	2.36	2.23	2.14	2.08	2.02	1.98	1.95	1.92	1.87	1.83	1.78	1.75	1.72	1.69	1.66	1.62	1.59
22	2.95	2.56	2.35	2.22	2.13	2.06	2.01	1.97	1.93	1.90	1.86	1.81	1.76	1.73	1.70	1.67	1.64	1.60	1.57
23	2.94	2.55	2.34	2.21	2.11	2.05	1.99	1.95	1.92	1.89	1.84	1.80	1.74	1.72	1.69	1.66	1.62	1.59	1.55

(续)

k_2\k_1	1	2	3	4	5	6	7	8	9	10	12	15	20	24	30	40	60	120	∞
24	2.93	2.54	2.33	2.19	2.10	2.04	1.98	1.94	1.91	1.88	1.83	1.78	1.73	1.70	1.67	1.64	1.61	1.57	1.53
25	2.92	2.53	2.32	2.18	2.09	2.02	1.97	1.93	1.89	1.87	1.82	1.77	1.72	1.69	1.66	1.63	1.59	1.56	1.52
26	2.91	2.52	2.31	2.17	2.08	2.01	1.96	1.92	1.88	1.86	1.81	1.76	1.71	1.68	1.65	1.61	1.58	1.54	1.50
27	2.90	2.51	2.30	2.17	2.07	2.00	1.95	1.91	1.87	1.85	1.80	1.75	1.70	1.67	1.64	1.60	1.57	1.53	1.49
28	2.89	2.50	2.29	2.16	2.06	2.00	1.94	1.90	1.87	1.84	1.79	1.74	1.69	1.66	1.63	1.59	1.56	1.52	1.48
29	2.89	2.50	2.28	2.15	2.06	1.99	1.93	1.89	1.86	1.83	1.78	1.73	1.68	1.65	1.62	1.58	1.55	1.51	1.47
30	2.88	2.49	2.28	2.14	2.05	1.98	1.93	1.88	1.85	1.82	1.77	1.72	1.67	1.64	1.61	1.57	1.54	1.50	1.46
40	2.84	2.44	2.23	2.09	2.00	1.93	1.87	1.83	1.79	1.76	1.71	1.66	1.61	1.57	1.54	1.51	1.47	1.42	1.38
60	2.79	2.39	2.18	2.04	1.95	1.87	1.82	1.77	1.74	1.71	1.66	1.60	1.54	1.51	1.48	1.44	1.40	1.35	1.29
120	2.75	2.35	2.13	1.99	1.90	1.82	1.77	1.72	1.68	1.65	1.60	1.55	1.48	1.45	1.41	1.37	1.32	1.26	1.19
∞	2.71	2.30	2.08	1.94	1.85	1.77	1.72	1.67	1.63	1.60	1.55	1.49	1.42	1.38	1.34	1.30	1.24	1.17	1.00

($\alpha = 0.05$)

k_2\k_1	1	2	3	4	5	6	7	8	9	10	12	15	20	24	30	40	60	120	∞
1	161.4	199.5	215.7	224.6	230.2	234.0	236.8	238.9	240.5	241.9	243.9	245.9	248.0	249.1	250.1	251.1	252.2	253.3	254.3
2	18.51	19.00	19.16	19.25	19.30	19.33	19.35	19.37	19.38	19.40	19.41	19.43	19.45	19.45	19.46	19.47	19.48	19.49	19.50
3	10.13	9.55	9.28	9.12	9.01	8.94	8.89	8.85	8.81	8.79	8.74	8.70	8.66	8.64	8.62	8.59	8.57	8.55	8.53
4	7.71	6.94	6.59	6.39	6.26	6.16	6.09	6.04	6.00	5.96	5.91	5.86	5.80	5.77	5.75	5.72	5.69	5.66	5.63
5	6.61	5.79	5.41	5.19	5.05	4.95	4.88	4.82	4.77	4.74	4.68	4.62	4.56	4.53	4.50	4.46	4.43	4.40	4.37
6	5.99	5.14	4.76	4.53	4.39	4.28	4.21	4.15	4.10	4.06	4.00	3.94	3.87	3.84	3.81	3.77	3.74	3.70	3.67
7	5.59	4.74	4.35	4.12	3.97	3.87	3.79	3.73	3.68	3.64	3.57	3.51	3.44	3.41	3.38	3.34	3.30	3.27	3.23
8	5.32	4.46	4.07	3.84	3.69	3.58	3.50	3.44	3.39	3.35	3.28	3.22	3.15	3.12	3.08	3.04	3.01	2.97	2.93
9	5.12	4.26	3.86	3.63	3.48	3.37	3.29	3.23	3.18	3.14	3.07	3.01	2.94	2.90	2.86	2.83	2.79	2.75	2.71
10	4.96	4.10	3.71	3.48	3.33	3.22	3.14	3.07	3.02	2.98	2.91	2.85	2.77	2.74	2.70	2.66	2.62	2.58	2.54
11	4.84	3.98	3.59	3.36	3.20	3.09	3.01	2.95	2.90	2.85	2.79	2.72	2.65	2.61	2.57	2.53	2.49	2.45	2.41
12	4.75	3.89	3.49	3.26	3.11	3.00	2.91	2.85	2.80	2.75	2.69	2.62	2.54	2.51	2.47	2.43	2.38	2.34	2.30
13	4.67	3.81	3.41	3.18	3.03	2.92	2.83	2.77	2.71	2.67	2.60	2.53	2.46	2.42	2.38	2.34	2.30	2.25	2.21
14	4.60	3.74	3.34	3.11	2.96	2.85	2.76	2.70	2.65	2.60	2.53	2.46	2.39	2.35	2.31	2.27	2.22	2.18	2.13
15	4.54	3.68	3.29	3.06	2.90	2.79	2.71	2.64	2.59	2.54	2.48	2.40	2.33	2.29	2.25	2.20	2.16	2.11	2.07
16	4.49	3.63	3.24	3.01	2.85	2.74	2.66	2.59	2.54	2.49	2.42	2.35	2.28	2.24	2.19	2.15	2.11	2.06	2.01
17	4.45	3.59	3.20	2.96	2.81	2.70	2.61	2.55	2.49	2.45	2.38	2.31	2.23	2.19	2.15	2.10	2.06	2.01	1.96
18	4.41	3.55	3.16	2.93	2.77	2.66	2.58	2.51	2.46	2.41	2.34	2.27	2.19	2.15	2.11	2.06	2.02	1.97	1.92
19	4.38	3.52	3.13	2.90	2.74	2.63	2.54	2.48	2.42	2.38	2.31	2.23	2.16	2.11	2.07	2.03	1.98	1.93	1.88
20	4.35	3.49	3.10	2.87	2.71	2.60	2.51	2.45	2.39	2.35	2.28	2.20	2.12	2.08	2.04	1.99	1.95	1.90	1.84
21	4.32	3.47	3.07	2.84	2.68	2.57	2.49	2.42	2.37	2.32	2.25	2.18	2.10	2.05	2.01	1.96	1.92	1.87	1.81
22	4.30	3.44	3.05	2.82	2.66	2.55	2.46	2.40	2.34	2.30	2.23	2.15	2.07	2.03	1.98	1.94	1.89	1.84	1.78

(续)

k_2 \ k_1	1	2	3	4	5	6	7	8	9	10	12	15	20	24	30	40	60	120	∞
23	4.28	3.42	3.03	2.80	2.64	2.53	2.44	2.37	2.32	2.27	2.20	2.13	2.05	2.01	1.96	1.91	1.86	1.81	1.76
24	4.26	3.40	3.01	2.78	2.62	2.51	2.42	2.36	2.30	2.25	2.18	2.11	2.03	1.98	1.94	1.89	1.84	1.79	1.73
25	4.24	3.39	2.99	2.76	2.60	2.49	2.40	2.34	2.28	2.24	2.16	2.09	2.01	1.96	1.92	1.87	1.82	1.77	1.71
26	4.23	3.37	2.98	2.74	2.59	2.47	2.39	2.32	2.27	2.22	2.15	2.07	1.99	1.95	1.90	1.85	1.80	1.75	1.69
27	4.21	3.35	2.96	2.73	2.57	2.46	2.37	2.31	2.25	2.20	2.13	2.06	1.97	1.93	1.88	1.84	1.79	1.73	1.67
28	4.20	3.34	2.95	2.71	2.56	2.45	2.36	2.29	2.24	2.19	2.12	2.04	1.96	1.91	1.87	1.82	1.77	1.71	1.65
29	4.18	3.33	2.93	2.70	2.55	2.43	2.35	2.28	2.22	2.18	2.10	2.03	1.94	1.90	1.85	1.81	1.75	1.70	1.64
30	4.17	3.32	2.92	2.69	2.53	2.42	2.33	2.27	2.21	2.16	2.09	2.01	1.93	1.89	1.84	1.79	1.74	1.68	1.62
40	4.08	3.23	2.84	2.61	2.45	2.34	2.25	2.18	2.12	2.08	2.00	1.92	1.84	1.79	1.74	1.69	1.64	1.58	1.51
60	4.00	3.15	2.76	2.53	2.37	2.25	2.17	2.10	2.04	1.99	1.92	1.84	1.75	1.70	1.65	1.59	1.53	1.47	1.39
120	3.92	3.07	2.68	2.45	2.29	2.18	2.09	2.02	1.96	1.91	1.83	1.75	1.66	1.61	1.55	1.50	1.43	1.35	1.26
∞	3.84	3.00	2.60	2.37	2.21	2.10	2.01	1.94	1.88	1.83	1.75	1.67	1.57	1.52	1.46	1.39	1.32	1.22	1.02

($\alpha = 0.025$)

k_2 \ k_1	1	2	3	4	5	6	7	8	9	10	12	15	20	24	30	40	60	120	∞
1	647.8	799.5	864.2	899.6	921.8	937.1	948.2	956.7	963.3	968.6	976.7	984.9	993.1	997.2	1 001.4	1 005.6	1 009.80	1 014.02	1 018.25
2	38.51	39.00	39.17	39.25	39.30	39.33	39.36	39.37	39.39	39.40	39.41	39.43	39.45	39.46	39.46	39.47	39.48	39.49	39.50
3	17.44	16.04	15.44	15.10	14.88	14.73	14.62	14.54	14.47	14.42	14.34	14.25	14.17	14.12	14.08	14.04	13.99	13.95	13.90
4	12.22	10.65	9.98	9.60	9.36	9.20	9.07	8.98	8.90	8.84	8.75	8.66	8.56	8.51	8.46	8.41	8.36	8.31	8.26
5	10.01	8.43	7.76	7.39	7.15	6.98	6.85	6.76	6.68	6.62	6.52	6.43	6.33	6.28	6.23	6.18	6.12	6.07	6.02
6	8.81	7.26	6.60	6.23	5.99	5.82	5.70	5.60	5.52	5.46	5.37	5.27	5.17	5.12	5.07	5.01	4.96	4.90	4.85
7	8.07	6.54	5.89	5.52	5.29	5.12	4.99	4.90	4.82	4.76	4.67	4.57	4.47	4.41	4.36	4.31	4.25	4.20	4.14
8	7.57	6.06	5.42	5.05	4.82	4.65	4.53	4.43	4.36	4.30	4.20	4.10	4.00	3.95	3.89	3.84	3.78	3.73	3.67
9	7.21	5.71	5.08	4.72	4.48	4.32	4.20	4.10	4.03	3.96	3.87	3.77	3.67	3.61	3.56	3.51	3.45	3.39	3.33
10	6.94	5.46	4.83	4.47	4.24	4.07	3.95	3.85	3.78	3.72	3.62	3.52	3.42	3.37	3.31	3.26	3.20	3.14	3.08
11	6.72	5.26	4.63	4.28	4.04	3.88	3.76	3.66	3.59	3.53	3.43	3.33	3.23	3.17	3.12	3.06	3.00	2.94	2.88
12	6.55	5.10	4.47	4.12	3.89	3.73	3.61	3.51	3.44	3.37	3.28	3.18	3.07	3.02	2.96	2.91	2.85	2.79	2.73
13	6.41	4.97	4.35	4.00	3.77	3.60	3.48	3.39	3.31	3.25	3.15	3.05	2.95	2.89	2.84	2.78	2.72	2.66	2.60
14	6.30	4.86	4.24	3.89	3.66	3.50	3.38	3.29	3.21	3.15	3.05	2.95	2.84	2.79	2.73	2.67	2.61	2.55	2.49
15	6.20	4.77	4.15	3.80	3.58	3.41	3.29	3.20	3.12	3.06	2.96	2.86	2.76	2.70	2.64	2.59	2.52	2.46	2.40
16	6.12	4.69	4.08	3.73	3.50	3.34	3.22	3.12	3.05	2.99	2.89	2.79	2.68	2.63	2.57	2.51	2.45	2.38	2.32
17	6.04	4.62	4.01	3.66	3.44	3.28	3.16	3.06	2.98	2.92	2.82	2.72	2.62	2.56	2.50	2.44	2.38	2.32	2.25
18	5.98	4.56	3.95	3.61	3.38	3.22	3.10	3.01	2.93	2.87	2.77	2.67	2.56	2.50	2.44	2.38	2.32	2.26	2.19
19	5.92	4.51	3.90	3.56	3.33	3.17	3.05	2.96	2.88	2.82	2.72	2.62	2.51	2.45	2.39	2.33	2.27	2.20	2.13
20	5.87	4.46	3.86	3.51	3.29	3.13	3.01	2.91	2.84	2.77	2.68	2.57	2.46	2.41	2.35	2.29	2.22	2.16	2.09
21	5.83	4.42	3.82	3.48	3.25	3.09	2.97	2.87	2.80	2.73	2.64	2.53	2.42	2.37	2.31	2.25	2.18	2.11	2.04

(续)

k_2 \ k_1	1	2	3	4	5	6	7	8	9	10	12	15	20	24	30	40	60	120	∞
22	5.79	4.38	3.78	3.44	3.22	3.05	2.93	2.84	2.76	2.70	2.60	2.50	2.39	2.33	2.27	2.21	2.14	2.08	2.00
23	5.75	4.35	3.75	3.41	3.18	3.02	2.90	2.81	2.73	2.67	2.57	2.47	2.36	2.30	2.24	2.18	2.11	2.04	1.97
24	5.72	4.32	3.72	3.38	3.15	2.99	2.87	2.78	2.70	2.64	2.54	2.44	2.33	2.27	2.21	2.15	2.08	2.01	1.94
25	5.69	4.29	3.69	3.35	3.13	2.97	2.85	2.75	2.68	2.61	2.51	2.41	2.30	2.24	2.18	2.12	2.05	1.98	1.91
26	5.66	4.27	3.67	3.33	3.10	2.94	2.82	2.73	2.65	2.59	2.49	2.39	2.28	2.22	2.16	2.09	2.03	1.95	1.88
27	5.63	4.24	3.65	3.31	3.08	2.92	2.80	2.71	2.63	2.57	2.47	2.36	2.25	2.19	2.13	2.07	2.00	1.93	1.85
28	5.61	4.22	3.63	3.29	3.06	2.90	2.78	2.69	2.61	2.55	2.45	2.34	2.23	2.17	2.11	2.05	1.98	1.91	1.83
29	5.59	4.20	3.61	3.27	3.04	2.88	2.76	2.67	2.59	2.53	2.43	2.32	2.21	2.15	2.09	2.03	1.96	1.89	1.81
30	5.57	4.18	3.59	3.25	3.03	2.87	2.75	2.65	2.57	2.51	2.41	2.31	2.20	2.14	2.07	2.01	1.94	1.87	1.79
40	5.42	4.05	3.46	3.13	2.90	2.74	2.62	2.53	2.45	2.39	2.29	2.18	2.07	2.01	1.94	1.88	1.80	1.72	1.64
60	5.29	3.93	3.34	3.01	2.79	2.63	2.51	2.41	2.33	2.27	2.17	2.06	1.94	1.88	1.82	1.74	1.67	1.58	1.48
120	5.15	3.80	3.23	2.89	2.67	2.52	2.39	2.30	2.22	2.16	2.05	1.94	1.82	1.76	1.69	1.61	1.53	1.43	1.31
∞	5.02	3.69	3.12	2.79	2.57	2.41	2.29	2.19	2.11	2.05	1.94	1.83	1.71	1.64	1.57	1.48	1.39	1.27	1.00

($\alpha = 0.01$)

k_2 \ k_1	1	2	3	4	5	6	7	8	9	10	12	15	20	24	30	40	60	120	∞
1	4 052	4 999	5 403	5 625	5 764	5 859	5 928	5 981	6 022	6 056	6 106	6 157	6 209	6 235	6 261	6 287	6 313	6 339	6 366
2	98.50	99.00	99.17	99.25	99.30	99.33	99.36	99.37	99.39	99.40	99.42	99.43	99.45	99.46	99.47	99.47	99.48	99.49	99.50
3	34.12	30.82	29.46	28.71	28.24	27.91	27.67	27.49	27.35	27.23	27.05	26.87	26.69	26.60	26.50	26.41	26.32	26.22	26.13
4	21.20	18.00	16.69	15.98	15.52	15.21	14.98	14.80	14.66	14.55	14.37	14.20	14.02	13.93	13.84	13.75	13.65	13.56	13.46
5	16.26	13.27	12.06	11.39	10.97	10.67	10.46	10.29	10.16	10.05	9.89	9.72	9.55	9.47	9.38	9.29	9.20	9.11	9.02
6	13.75	10.92	9.78	9.15	8.75	8.47	8.26	8.10	7.98	7.87	7.72	7.56	7.40	7.31	7.23	7.14	7.06	6.97	6.88
7	12.25	9.55	8.45	7.85	7.46	7.19	6.99	6.84	6.72	6.62	6.47	6.31	6.16	6.07	5.99	5.91	5.82	5.74	5.65
8	11.26	8.65	7.59	7.01	6.63	6.37	6.18	6.03	5.91	5.81	5.67	5.52	5.36	5.28	5.20	5.12	5.03	4.95	4.86
9	10.56	8.02	6.99	6.42	6.06	5.80	5.61	5.47	5.35	5.26	5.11	4.96	4.81	4.73	4.65	4.57	4.48	4.40	4.31
10	10.04	7.56	6.55	5.99	5.64	5.39	5.20	5.06	4.94	4.85	4.71	4.56	4.41	4.33	4.25	4.17	4.08	4.00	3.91
11	9.65	7.21	6.22	5.67	5.32	5.07	4.89	4.74	4.63	4.54	4.40	4.25	4.10	4.02	3.94	3.86	3.78	3.69	3.60
12	9.33	6.93	5.95	5.41	5.06	4.82	4.64	4.50	4.39	4.30	4.16	4.01	3.86	3.78	3.70	3.62	3.54	3.45	3.36
13	9.07	6.70	5.74	5.21	4.86	4.62	4.44	4.30	4.19	4.10	3.96	3.82	3.66	3.59	3.51	3.43	3.34	3.25	3.17
14	8.86	6.51	5.56	5.04	4.69	4.46	4.28	4.14	4.03	3.94	3.80	3.66	3.51	3.43	3.35	3.27	3.18	3.09	3.01
15	8.68	6.36	5.42	4.89	4.56	4.32	4.14	4.00	3.89	3.80	3.67	3.52	3.37	3.29	3.21	3.13	3.05	2.96	2.87
16	8.53	6.23	5.29	4.77	4.44	4.20	4.03	3.89	3.78	3.69	3.55	3.41	3.26	3.18	3.10	3.02	2.93	2.84	2.75
17	8.40	6.11	5.18	4.67	4.34	4.10	3.93	3.79	3.68	3.59	3.46	3.31	3.16	3.08	3.00	2.92	2.83	2.75	2.65
18	8.29	6.01	5.09	4.58	4.25	4.01	3.84	3.71	3.60	3.51	3.37	3.23	3.08	3.00	2.92	2.84	2.75	2.66	2.57

(续)

k_2 \ k_1	1	2	3	4	5	6	7	8	9	10	12	15	20	24	30	40	60	120	∞
19	8.18	5.93	5.01	4.50	4.17	3.94	3.77	3.63	3.52	3.43	3.30	3.15	3.00	2.92	2.84	2.76	2.67	2.58	2.49
20	8.10	5.85	4.94	4.43	4.10	3.87	3.70	3.56	3.46	3.37	3.23	3.09	2.94	2.86	2.78	2.69	2.61	2.52	2.42
21	8.02	5.78	4.87	4.37	4.04	3.81	3.64	3.51	3.40	3.31	3.17	3.03	2.88	2.80	2.72	2.64	2.55	2.46	2.36
22	7.95	5.72	4.82	4.31	3.99	3.76	3.59	3.45	3.35	3.26	3.12	2.98	2.83	2.75	2.67	2.58	2.50	2.40	2.31
23	7.88	5.66	4.76	4.26	3.94	3.71	3.54	3.41	3.30	3.21	3.07	2.93	2.78	2.70	2.62	2.54	2.45	2.35	2.26
24	7.82	5.61	4.72	4.22	3.90	3.67	3.50	3.36	3.26	3.17	3.03	2.89	2.74	2.66	2.58	2.49	2.40	2.31	2.21
25	7.77	5.57	4.68	4.18	3.85	3.63	3.46	3.32	3.22	3.13	2.99	2.85	2.70	2.62	2.54	2.45	2.36	2.27	2.17
26	7.72	5.53	4.64	4.14	3.82	3.59	3.42	3.29	3.18	3.09	2.96	2.81	2.66	2.58	2.50	2.42	2.33	2.23	2.13
27	7.68	5.49	4.60	4.11	3.78	3.56	3.39	3.26	3.15	3.06	2.93	2.78	2.63	2.55	2.47	2.38	2.29	2.20	2.10
28	7.64	5.45	4.57	4.07	3.75	3.53	3.36	3.23	3.12	3.03	2.90	2.75	2.60	2.52	2.44	2.35	2.26	2.17	2.07
29	7.60	5.42	4.54	4.04	3.73	3.50	3.33	3.20	3.09	3.00	2.87	2.73	2.57	2.49	2.41	2.33	2.23	2.14	2.04
30	7.56	5.39	4.51	4.02	3.70	3.47	3.30	3.17	3.07	2.98	2.84	2.70	2.55	2.47	2.39	2.30	2.21	2.11	2.01
40	7.31	5.18	4.31	3.83	3.51	3.29	3.12	2.99	2.89	2.80	2.66	2.52	2.37	2.29	2.20	2.11	2.02	1.92	1.81
60	7.08	4.98	4.13	3.65	3.34	3.12	2.95	2.82	2.72	2.63	2.50	2.35	2.20	2.12	2.03	1.94	1.84	1.73	1.60
120	6.85	4.79	3.95	3.48	3.17	2.96	2.79	2.66	2.56	2.47	2.34	2.19	2.03	1.95	1.86	1.76	1.66	1.53	1.38
∞	6.63	4.61	3.78	3.32	3.02	2.80	2.64	2.51	2.41	2.32	2.18	2.04	1.88	1.79	1.70	1.59	1.47	1.32	1.00

Appendix E
附录 E

DW 检验临界值表

（$\alpha = 0.05$ n——样本容量 k——解释变量的个数）

n	k=1 d_l	k=1 d_u	k=2 d_l	k=2 d_u	k=3 d_l	k=3 d_u	k=4 d_l	k=4 d_u	k=5 d_l	k=5 d_u	k=6 d_l	k=6 d_u	k=7 d_l	k=7 d_u	k=8 d_l	k=8 d_u
6	0.610	1.400														
7	0.700	1.356	0.467	1.896												
8	0.763	1.332	0.559	1.777	0.367	2.287										
9	0.824	1.320	0.629	1.699	0.455	2.128	0.296	2.588								
10	0.879	1.320	0.697	1.641	0.525	2.016	0.376	2.414	0.243	2.822						
11	0.927	1.324	0.758	1.604	0.595	1.928	0.444	2.283	0.315	2.645	0.203	3.004				
12	0.971	1.331	0.812	1.579	0.658	1.864	0.512	2.177	0.380	2.506	0.268	2.832	0.171	3.149		
13	1.010	1.340	0.861	1.562	0.715	1.816	0.574	2.094	0.444	2.390	0.328	2.692	0.230	2.985	0.147	3.266
14	1.045	1.350	0.905	1.551	0.767	1.779	0.632	2.030	0.505	2.296	0.389	2.572	0.286	2.848	0.200	3.111
15	1.077	1.361	0.946	1.543	0.814	1.750	0.685	1.977	0.562	2.220	0.447	2.471	0.343	2.727	0.251	2.979
16	1.106	1.371	0.982	1.539	0.857	1.728	0.734	1.935	0.615	2.157	0.502	2.388	0.398	2.624	0.304	2.860
17	1.133	1.381	1.015	1.536	0.897	1.710	0.779	1.900	0.664	2.104	0.554	2.318	0.451	2.537	0.356	2.757
18	1.158	1.391	1.046	1.535	0.933	1.696	0.820	1.872	0.710	2.060	0.603	2.258	0.502	2.461	0.407	2.668
19	1.180	1.401	1.074	1.536	0.967	1.685	0.859	1.848	0.752	2.023	0.649	2.206	0.549	2.396	0.456	2.589
20	1.201	1.411	1.100	1.537	0.998	1.676	0.894	1.828	0.792	1.991	0.691	2.162	0.595	2.339	0.502	2.521
21	1.221	1.420	1.125	1.538	1.026	1.669	0.927	1.812	0.829	1.964	0.731	2.124	0.637	2.290	0.546	2.461
22	1.239	1.429	1.147	1.541	1.053	1.664	0.958	1.797	0.863	1.940	0.769	2.090	0.677	2.246	0.588	2.407
23	1.257	1.437	1.168	1.543	1.078	1.660	0.986	1.785	0.895	1.920	0.804	2.061	0.715	2.208	0.628	2.360
24	1.273	1.446	1.188	1.546	1.101	1.656	1.013	1.775	0.925	1.902	0.837	2.035	0.750	2.174	0.666	2.318
25	1.288	1.454	1.206	1.550	1.123	1.654	1.038	1.767	0.953	1.886	0.868	2.013	0.784	2.144	0.702	2.280
26	1.302	1.461	1.224	1.553	1.143	1.652	1.062	1.759	0.979	1.873	0.897	1.992	0.816	2.117	0.735	2.246
27	1.316	1.469	1.240	1.556	1.162	1.651	1.084	1.753	1.004	1.861	0.925	1.974	0.845	2.093	0.767	2.216
28	1.328	1.476	1.255	1.560	1.181	1.650	1.104	1.747	1.028	1.850	0.951	1.959	0.874	2.071	0.798	2.188
29	1.341	1.483	1.270	1.563	1.198	1.650	1.124	1.743	1.050	1.841	0.975	1.944	0.900	2.052	0.826	2.164
30	1.352	1.489	1.284	1.567	1.214	1.650	1.143	1.739	1.071	1.833	0.998	1.931	0.926	2.034	0.854	2.141
31	1.363	1.496	1.297	1.570	1.229	1.650	1.160	1.735	1.090	1.825	1.020	1.920	0.950	2.018	0.879	2.120
32	1.373	1.502	1.309	1.574	1.244	1.650	1.177	1.732	1.109	1.819	1.041	1.909	0.972	2.004	0.904	2.102

(续)

n	k=1 d_l	k=1 d_u	k=2 d_l	k=2 d_u	k=3 d_l	k=3 d_u	k=4 d_l	k=4 d_u	k=5 d_l	k=5 d_u	k=6 d_l	k=6 d_u	k=7 d_l	k=7 d_u	k=8 d_l	k=8 d_u
33	1.383	1.508	1.321	1.577	1.258	1.651	1.193	1.730	1.127	1.813	1.061	1.900	0.994	1.991	0.927	2.085
34	1.393	1.514	1.333	1.580	1.271	1.652	1.208	1.728	1.144	1.808	1.079	1.891	1.015	1.978	0.950	2.069
35	1.402	1.519	1.343	1.584	1.283	1.653	1.222	1.726	1.160	1.803	1.097	1.884	1.034	1.967	0.971	2.054
36	1.411	1.525	1.354	1.587	1.295	1.654	1.236	1.724	1.175	1.799	1.114	1.876	1.053	1.957	0.991	2.041
37	1.419	1.530	1.364	1.590	1.307	1.655	1.249	1.723	1.190	1.795	1.131	1.870	1.071	1.948	1.011	2.029
38	1.427	1.535	1.373	1.594	1.318	1.656	1.261	1.722	1.204	1.792	1.146	1.864	1.088	1.939	1.029	2.017
39	1.435	1.540	1.382	1.597	1.328	1.658	1.273	1.722	1.218	1.789	1.161	1.859	1.104	1.932	1.047	2.007
40	1.442	1.544	1.391	1.600	1.338	1.659	1.285	1.721	1.230	1.786	1.175	1.854	1.120	1.924	1.064	1.997
41	1.449	1.549	1.399	1.603	1.348	1.660	1.296	1.720	1.243	1.784	1.189	1.849	1.135	1.918	1.080	1.988
42	1.456	1.553	1.407	1.606	1.357	1.662	1.306	1.720	1.255	1.781	1.202	1.845	1.149	1.911	1.096	1.980
43	1.463	1.558	1.415	1.609	1.366	1.663	1.317	1.720	1.266	1.779	1.215	1.841	1.163	1.906	1.111	1.972
44	1.469	1.562	1.423	1.612	1.375	1.665	1.326	1.720	1.277	1.778	1.227	1.838	1.176	1.900	1.125	1.965
45	1.475	1.566	1.430	1.615	1.383	1.666	1.336	1.720	1.287	1.776	1.238	1.835	1.189	1.895	1.139	1.958
46	1.481	1.570	1.437	1.618	1.391	1.668	1.345	1.720	1.298	1.775	1.250	1.832	1.201	1.891	1.152	1.951
47	1.487	1.574	1.444	1.620	1.399	1.669	1.354	1.720	1.307	1.774	1.260	1.829	1.213	1.886	1.165	1.945
48	1.493	1.578	1.450	1.623	1.406	1.671	1.362	1.721	1.317	1.773	1.271	1.826	1.224	1.882	1.178	1.940
49	1.498	1.581	1.456	1.626	1.414	1.672	1.370	1.721	1.326	1.772	1.281	1.824	1.235	1.879	1.190	1.935
50	1.503	1.585	1.462	1.628	1.421	1.674	1.378	1.721	1.335	1.771	1.291	1.822	1.246	1.875	1.201	1.930
51	1.509	1.588	1.468	1.631	1.427	1.675	1.386	1.722	1.343	1.770	1.300	1.820	1.256	1.872	1.212	1.925
52	1.514	1.592	1.474	1.633	1.434	1.677	1.393	1.722	1.351	1.769	1.309	1.818	1.266	1.869	1.223	1.921
53	1.518	1.595	1.480	1.636	1.440	1.678	1.400	1.723	1.359	1.769	1.318	1.817	1.276	1.866	1.233	1.917
54	1.523	1.598	1.485	1.638	1.446	1.680	1.407	1.723	1.367	1.768	1.326	1.815	1.285	1.863	1.243	1.913
55	1.528	1.601	1.490	1.641	1.452	1.681	1.414	1.724	1.374	1.768	1.334	1.814	1.294	1.861	1.253	1.909
56	1.532	1.605	1.495	1.643	1.458	1.683	1.420	1.725	1.382	1.768	1.342	1.812	1.303	1.858	1.263	1.906
57	1.536	1.608	1.500	1.645	1.464	1.684	1.426	1.725	1.389	1.768	1.350	1.811	1.311	1.856	1.272	1.903
58	1.540	1.610	1.505	1.647	1.469	1.686	1.433	1.726	1.395	1.767	1.358	1.810	1.319	1.854	1.281	1.900
59	1.545	1.613	1.510	1.650	1.474	1.687	1.438	1.727	1.402	1.767	1.365	1.809	1.327	1.852	1.289	1.897
60	1.549	1.616	1.514	1.652	1.480	1.689	1.444	1.727	1.408	1.767	1.372	1.808	1.335	1.850	1.298	1.894
61	1.552	1.619	1.519	1.654	1.485	1.690	1.450	1.728	1.415	1.767	1.379	1.807	1.342	1.849	1.306	1.891
62	1.556	1.622	1.523	1.656	1.490	1.692	1.455	1.729	1.421	1.767	1.385	1.807	1.350	1.847	1.314	1.889
63	1.560	1.624	1.527	1.658	1.494	1.693	1.461	1.730	1.427	1.767	1.392	1.806	1.357	1.846	1.321	1.887
64	1.563	1.627	1.532	1.660	1.499	1.695	1.466	1.730	1.432	1.767	1.398	1.805	1.364	1.844	1.329	1.884
65	1.567	1.629	1.536	1.662	1.503	1.696	1.471	1.731	1.438	1.767	1.404	1.805	1.370	1.843	1.336	1.882
66	1.570	1.632	1.539	1.664	1.508	1.697	1.476	1.732	1.443	1.767	1.410	1.804	1.377	1.842	1.343	1.880
67	1.574	1.634	1.543	1.666	1.512	1.699	1.481	1.733	1.449	1.768	1.416	1.804	1.383	1.841	1.350	1.879
68	1.577	1.637	1.547	1.668	1.516	1.700	1.485	1.733	1.454	1.768	1.422	1.803	1.389	1.840	1.356	1.877
69	1.580	1.639	1.551	1.670	1.521	1.701	1.490	1.734	1.459	1.768	1.427	1.803	1.395	1.838	1.363	1.875
70	1.583	1.641	1.554	1.672	1.525	1.703	1.494	1.735	1.464	1.768	1.433	1.802	1.401	1.838	1.369	1.874

(续)

n	k=1		k=2		k=3		k=4		k=5		k=6		k=7		k=8	
	d_l	d_u	d_l	d_u	d_l	d_u	d_l	d_u	d_l	d_u	d_l	d_u	d_l	d_u	d_l	d_u
71	1.586	1.644	1.558	1.673	1.528	1.704	1.499	1.736	1.468	1.769	1.438	1.802	1.407	1.837	1.376	1.872
72	1.589	1.646	1.561	1.675	1.532	1.705	1.503	1.737	1.473	1.769	1.443	1.802	1.412	1.836	1.382	1.871
73	1.592	1.648	1.564	1.677	1.536	1.707	1.507	1.737	1.478	1.769	1.448	1.802	1.418	1.835	1.387	1.869
74	1.595	1.650	1.568	1.679	1.540	1.708	1.511	1.738	1.482	1.769	1.453	1.801	1.423	1.834	1.393	1.868
75	1.598	1.652	1.571	1.680	1.543	1.709	1.515	1.739	1.487	1.770	1.458	1.801	1.428	1.834	1.399	1.867
76	1.601	1.654	1.574	1.682	1.547	1.710	1.519	1.740	1.491	1.770	1.462	1.801	1.433	1.833	1.404	1.866
77	1.604	1.656	1.577	1.683	1.550	1.712	1.523	1.741	1.495	1.770	1.467	1.801	1.438	1.832	1.410	1.864
78	1.606	1.658	1.580	1.685	1.554	1.713	1.527	1.741	1.499	1.771	1.471	1.801	1.443	1.832	1.415	1.863
79	1.609	1.660	1.583	1.687	1.557	1.714	1.530	1.742	1.503	1.771	1.476	1.801	1.448	1.831	1.420	1.862
80	1.611	1.662	1.586	1.688	1.560	1.715	1.534	1.743	1.507	1.772	1.480	1.801	1.453	1.831	1.425	1.861
81	1.614	1.664	1.589	1.690	1.563	1.716	1.537	1.744	1.511	1.772	1.484	1.801	1.457	1.830	1.430	1.861
82	1.616	1.666	1.592	1.691	1.566	1.718	1.541	1.745	1.515	1.772	1.488	1.801	1.462	1.830	1.435	1.860
83	1.619	1.668	1.594	1.693	1.569	1.719	1.544	1.745	1.518	1.773	1.492	1.801	1.466	1.830	1.439	1.859
84	1.621	1.669	1.597	1.694	1.572	1.720	1.547	1.746	1.522	1.773	1.496	1.801	1.470	1.829	1.444	1.858
85	1.624	1.671	1.600	1.696	1.575	1.721	1.550	1.747	1.525	1.774	1.500	1.801	1.474	1.829	1.448	1.857
86	1.626	1.673	1.602	1.697	1.578	1.722	1.554	1.748	1.529	1.774	1.504	1.801	1.478	1.828	1.453	1.857
87	1.628	1.674	1.605	1.699	1.581	1.723	1.557	1.749	1.532	1.774	1.507	1.801	1.482	1.828	1.457	1.856
88	1.630	1.676	1.607	1.700	1.584	1.724	1.560	1.749	1.536	1.775	1.511	1.801	1.486	1.828	1.461	1.855
89	1.632	1.678	1.610	1.701	1.586	1.725	1.563	1.750	1.539	1.775	1.515	1.801	1.490	1.828	1.465	1.855
90	1.635	1.679	1.612	1.703	1.589	1.726	1.566	1.751	1.542	1.776	1.518	1.801	1.494	1.827	1.469	1.854
91	1.637	1.681	1.614	1.704	1.592	1.727	1.569	1.752	1.545	1.776	1.522	1.801	1.498	1.827	1.473	1.854
92	1.639	1.683	1.617	1.705	1.594	1.729	1.571	1.752	1.548	1.777	1.525	1.802	1.501	1.827	1.477	1.853
93	1.641	1.684	1.619	1.707	1.597	1.730	1.574	1.753	1.551	1.777	1.528	1.802	1.505	1.827	1.481	1.853
94	1.643	1.686	1.621	1.708	1.599	1.731	1.577	1.754	1.554	1.778	1.531	1.802	1.508	1.827	1.485	1.852
95	1.645	1.687	1.623	1.709	1.602	1.732	1.579	1.755	1.557	1.778	1.535	1.802	1.512	1.827	1.489	1.852
96	1.647	1.689	1.625	1.710	1.604	1.733	1.582	1.755	1.560	1.779	1.538	1.802	1.515	1.827	1.492	1.851
97	1.649	1.690	1.628	1.712	1.606	1.734	1.585	1.756	1.563	1.779	1.541	1.802	1.518	1.826	1.496	1.851
98	1.650	1.692	1.630	1.713	1.609	1.735	1.587	1.757	1.566	1.779	1.544	1.803	1.522	1.826	1.499	1.850
99	1.652	1.693	1.632	1.714	1.611	1.735	1.590	1.757	1.568	1.780	1.547	1.803	1.525	1.826	1.503	1.850

参 考 文 献

[1] 李子奈,潘文卿. 计量经济学[M]. 3版. 北京:高等教育出版社,2010.

[2] 达摩达尔 N 古扎拉蒂. 计量经济学基础(原书第5版)[M]. 费剑平,译. 北京:中国人民大学出版社,2011.

[3] 杰弗里 M 伍德里奇. 计量经济学导论(原书第5版)[M]. 张成思,等译. 北京:中国人民大学出版社,2015.

[4] 庞晧. 计量经济学[M]. 3版. 北京:科学出版社,2014.

[5] 高铁梅. 计量经济分析方法与建模:EViews 应用及实例[M]. 3版. 北京:清华大学出版社,2016.

[6] 威廉 H 格林. 计量经济分析(原书第6版)(套装上下册)[M]. 张成思,译. 北京:中国人民大学出版社,2011.

[7] A H 施图德蒙德. 应用计量经济学(原书第7版)[M]. 杜江,李恒,译. 北京:机械工业出版社,2017.

[8] 张晓峒. EViews 使用指南与案例[M]. 北京:机械工业出版社,2007.

[9] 杜江. 计量经济学及其应用[M]. 2版. 北京:机械工业出版社,2015.

[10] 靳庭良. 计量经济学[M]. 成都:西南财经大学出版社,2011.

[11] 谢识予. 计量经济学[M]. 3版. 北京:高等教育出版社,2010.

[12] 彼得·肯尼迪. 计量经济学原理(原书第6版)[M]. 周尧,等译. 北京:中国人民大学出版社,2014.

普通高等教育"十三五"应用型教改系列规划教材
财会系列

即将出版			
会计学基础：基于企业全局视角（李爱红）	财务会计	高级财务会计	成本核算与管理
管理会计基础与实务	税法基础	纳税实务：计算、申报、筹划	财务管理基础
中级财务管理	会计信息系统	生产运作管理	审计基础与实务
行业会计比较	VBSE跨专业综合实训教程	财务报告分析	Excel会计数据处理

推荐阅读

序号	书号	定价	书名
1	47474	35.00	客户关系管理：销售的视角
2	47911	39.00	个人理财
3	47354	30.00	管理沟通
4	48211	35.00	品牌管理(第2版)
5	48247	35.00	服务营销：理论、方法与案例
6	48630	35.00	统计学（第2版）
7	48770	30.00	财务管理学
8	49158	35.00	企业会计综合实训
9	48755	35.00	市场营销学
10	49351	35.00	国际贸易理论与实务(第2版)
11	49566	35.00	金融学（第2版）
12	49492	35.00	网络营销实务（第2版）
13	49871	35.00	商务礼仪实务教程
14	50456	35.00	企业资源计划（ERP）原理与实践(第2版)
15	50483	30.00	商务谈判与沟通
16	50601	25.00	应用统计学习题与参考答案
17	50645	35.00	组织行为学
18	51020	45.00	工程造价与控制
19	51344	35.00	策划原理与实践 第2版
20	51818	30.00	网络营销实务
21	52425	35.00	供应链管理（第2版）
22	52423	35.00	企业资源计划（ERP）原理与沙盘模拟：基于中小企业与ITMC软件
23	52483	35.00	广告理论与实务
24	53013	35.00	营销渠道管理（第2版）
25	53174	35.00	现代实用市场营销
26	53799	40.00	管理学
27	54022	35.00	公共关系学
28	54494	25.00	计量经济学基础
29	54631	29.00	科学技术概论
30	54639	35.00	物流管理概论
31	54660	35.00	物流系统规划与设计
32	54839	30.00	实用运筹学

推荐阅读

序号	书号	定价	书名
33	54775	25.00	计量经济学综合实验：基于Eviews软件应用
34	54923	35.00	TRIZ创新思维与方法:理论及应用
35	55089	35.00	互联网脱媒金融
36	55238	35.00	基础会计学 第2版
37	55292	35.00	市场调查与预测
38	55302	35.00	国际商务函电双语教程 第2版
39	55629	35.00	门店管理实务 第2版
40	55695	40.00	税法
41	55803	35.00	国际经济学
42	55899	35.00	税法
43	56363	39.00	营销渠道管理——理论与实务
44	56471	35.00	基础会计
45	56615	39.00	统计学原理（第2版）
46	56841	35.00	人力资源管理（第3版）
47	56855	40.00	管理学：理论与实务
48	56866	20.00	统计学实验
49	56835	35.00	大学生心理健康指导(第2版)
50	57477	36.00	国际金融理论与实务（第2版）
51	57731	45.00	经济法（第3版）
52	57110	49.00	数据库基础及应用（SQL Server 2012）
53	57726	35.00	市场调查与预测
54	58188	39.00	西方经济学概论（第2版）
55	58576	39.00	现代物流管理概论
56	58694	39.00	员工招聘与录用
57	58675	40.00	企业战略管理：方法、案例与实践(第2版)
58	58897	39.00	物流系统规划与设计：理论与方法
59	59221	39.00	运输管理
60	59652	39.00	创新思维与管理
61	59877	39.00	公共关系学 第2版
62	60037	40.00	电子商务概论
63	60199	45.00	会计学基础：基于企业全局视角
64	60720	45.00	网络金融 第4版